How To Pick Stocks Like Warren Buffett

워렌 버핏의 가치투자 전략

How to Pick Stocks Like Warren Buffett ;
Profiting from the Bargain Hunting Strategies
by Timothy Vick

Copyright ⓒ 2001 by Timothy Vick
All rights reserved.

Korean Translation Copyright ⓒ 2005 by The Business Books Publishing
This Korean edition was published by arrangement with The McGraw-Hill Companies, Inc.,
New York through KCC, Seoul.

이 책의 한국어판 저작권은 한국저작권센터(KCC)를 통해
저작권자와 독점 계약을 맺은 비즈니스북스에게 있습니다.
저작권법에 의해 국내에서 보호를 받는 저작물이므로 무단 전재와 복제를 금합니다.

Warren Buffett

워렌 버핏의 가치투자 전략

· 티머시 빅 지음 | 김기준 옮김 ·

비즈니스북스

옮긴이 **김기준**
중앙대학교 영문과와 고려대학교 경영대학원을 졸업했으며, 현재 인트랜스 번역원의 전문 번역가 및 경영 컨설턴트로 활동 중이다. 옮긴 책으로는 《빌 게이츠와 스티브 발머의 마이크로소프트 재창조》《2005년 세계 대전망》(공역) 《2004년 세계 대전망》(공역) 《맥킨지 금융 보고서》(공역) 《게릴라 마케팅》《블루스 클루스의 성공 스토리》 등이 있다.

워렌 버핏의 가치투자 전략
워렌 버핏의 가치투자 전략

1판 1쇄 발행 2005년 7월 25일
1판 42쇄 발행 2023년 12월 11일

지은이 | 티머시 빅
옮긴이 | 김기준
발행인 | 홍영태
편집인 | 김미란
발행처 | (주)비즈니스북스
등 록 | 제2000-000225호(2000년 2월 28일)
주 소 | 03991 서울시 마포구 월드컵북로6길 3 이노베이스빌딩 7층
전 화 | (02)338-9449
팩 스 | (02)338-6543
대표메일 | bb@businessbooks.co.kr
홈페이지 | http://www.businessbooks.co.kr
블로그 | http://blog.naver.com/biz_books
페이스북 | thebizbooks
ISBN 89-91204-09-0 13320
ISBN 978-89-91204-09-6 13320

* 잘못된 책은 구입하신 서점에서 바꾸어 드립니다.
* 책값은 뒤표지에 있습니다.
* 비즈니스북스에 대한 더 많은 정보가 필요하신 분은 홈페이지를 방문해 주시기 바랍니다.

비즈니스북스는 독자 여러분의 소중한 아이디어와 원고 투고를 기다리고 있습니다.
원고가 있으신 분은 ms1@businessbooks.co.kr로 간단한 개요와 취지, 연락처 등을 보내 주세요.

CONTENTS

제1부 워렌 버핏은 어떻게 억만장자가 되었는가

제1장 전설적인 투자자의 시작 … 12

위대한 투자자들의 공통점 … 17
100달러를 300억 달러로 만든 사나이 … 20
워렌 버핏의 어린 시절 … 21
워렌 버핏의 투자조합 … 24

제2장 버크셔 해더웨이와 함께한 투자 인생 … 30

성공의 기반, 버크셔 해더웨이 … 34
벤저민 그레이엄을 넘어서다 … 42
버크셔 해더웨이의 운용 성과 … 44

# 제2부 워렌 버핏의 수학적 투자 마인드 기르기

제3장 복리의 마법으로 돈이 저절로 불어나는 버핏 수학 … 52
'마법'의 복리 효과를 누리자 … 55
가치와 주가는 어떤 관계인가 … 62
주가는 반드시 기업의 내재가치로 회귀한다 … 66
월스트리트의 예측을 믿지 마라 … 69
미래 예측 도구로서의 수학 … 73

제4장 시장 평균 수익률을 뛰어넘는 가장 쉬운 방법 … 79
저가 매수의 이점 … 81
집중투자를 할수록 승산이 있다 … 88
거래 비용에 주의하라 … 94

제5장 기회비용 : 미래의 부를 갉아먹는 오늘의 소비 … 97
2천만 달러짜리 자동차를 탈 것인가 … 102
현재의 기쁨과 미래의 부 … 104

제6장 매수-보유 전략으로 수익률을 높이는 방법 … 106
보유 기간이 수익률을 결정한다 … 113
자주 사고팔면 결국 손해 본다 … 119

제7장 연쇄 실패를 부르는 수학적 함정 … 127
한 번의 실수로 모든 게 빗나가는 실패의 연쇄법칙 … 131
애널리스트의 예측이 틀리기 쉬운 이유 … 133

제8장 7할5푼의 타율 : 고수익을 올릴 기회를 기다려라 … 136

30년간 타석에 서 있었던 워렌 버핏 … 142
언제 방망이를 휘둘러야 하는가 … 143

 최고의 종목을 고르는 워렌 버핏의 기업 분석법

제9장 워렌 버핏은 어떻게 기업의 가치를 평가하는가 … 150

기업의 미래이익 추산법 … 159
워렌 버핏만의 미래이익 할인법 … 166

제10장 주가는 신경 쓰지 말고 장부가치를 믿어라 … 177

장부가치를 증가시키는 방법 … 185
순이익보다 장부가치가 더 정확하다 … 188
회계처리로 주주를 속이는 기업들 … 191

제11장 ROE로 기업의 이익 성장률 진단하기 … 196

어떤 기업들의 ROE가 높은가 … 200
ROE 평가 방법 … 205
ROE 예측의 전제 조건 … 207

제12장 투자 수익률 15퍼센트의 마법 … 210

휴렛패커드의 투자 수익률 … 214
인텔의 투자 수익률 … 216

코카콜라의 투자 수익률 … 218
애벗 연구소의 투자 수익률 … 220

제13장 현재의 주가가 합당한지 알아보는 방법 … 225

2020년 야후의 매출은 미국 GDP의 64퍼센트? … 229
장밋빛 미래의 오류 … 232

제14장 하이테크보다 로테크에 투자하라 … 236

워렌 버핏이 기술주를 피한 진짜 이유 … 243
늘 한결같은 기업에 투자하라 … 246

제15장 채권보다 수익률이 높은 종목 고르기 … 251

주식의 이익 수익률 높이기 … 256
주식과 채권을 비교하는 여섯 가지 법칙 … 260
버핏 포트폴리오의 이익 수익률 … 262
주식이 채권보다 가치가 떨어질 때 … 265

 투자 손실을 피하는 워렌 버핏의 비밀 병기

제16장 손실을 피하기 위한 워렌 버핏의 규칙 … 272

무조건 손실을 막아라 … 275
'패자의 게임'에서 승자가 된 버핏 … 278

제17장 마켓 타이밍으로 손실을 줄여라 … 283

가치투자자도 마켓 타이밍을 이용한다 … 286
시장 진입과 후퇴의 기준 … 288
전환우선주에 투자해야 할 때 … 293
살로몬 브라더스의 전환우선주 매입 … 295
질레트에 투자하다 … 298
아메리칸 익스프레스를 회생시키다 … 300
옵션 거래에 대한 버핏의 생각 … 302

제18장 워렌 버핏만의 차익거래 전략 … 305

M&A를 앞둔 기업에 투자하다 … 308
코코아 열매로 차익거래를 하다 … 317
기다릴 줄 알아야 수익률이 올라간다 … 318
소규모 수익도 반드시 챙긴다 … 319
제너럴 다이내믹스로 행운을 잡다 … 321
포트폴리오의 일부는 차익거래로 … 323
버핏만의 차익거래 규칙 … 328

부록 1 현명한 투자자들의 17가지 습관 … 331
부록 2 '미스터 마켓'에게 당하지 않는 방법 … 351
부록 3 인터넷을 이용한 가치투자법 … 355

감사의 말 … 361
참고 문헌 … 363

제1부 | 워렌 버핏은 어떻게 억만장자가 되었는가

베타계수, 효율적 시장이론, 현대 포트폴리오 이론, 옵션 가격결정 모형, 신흥시장 등을 이해하지 못해도 누구나 투자에 성공할 수 있다. 어쩌면 이러한 것들을 모르는 것이 더 나을 수도 있다. 물론 대부분의 비즈니스 스쿨에서는 여전히 교과 과정을 그러한 과목들로 구성하고 있다. 그러나 나는 주식투자에 관해서는 두 가지만 제대로 배우면 된다고 생각한다. 하나는 기업의 가치를 평가하는 방법이고, 다른 하나는 주식의 시장가격을 판단하는 방법이다.

Warren Buffett

01

Becoming a Billionaire

제1장

전설적인 투자자의 시작

억만장자는 보통 사람들과 어떻게 다른가
100달러를 300억 달러로 만든 사나이
워렌 버핏의 어린 시절
워렌 버핏의 투자조합

> 버핏의 자금 관리 방식은 기존의 투자가들과 많이 달랐다. 버핏으로서는 일부 파트너들이 자신의 투자 방식을 쉽게 이해하지 못할 거라고 생각했기 때문에, 가능하면 알리지 않는 게 좋겠다고 생각했다. 버핏 투자조합의 자금 중 상당액은 차익거래에 투자됐다.

어떻게 하면 워렌 버핏처럼 300억 달러를 벌 수 있을까? 처음 100만 달러를 모으는 것이 가장 어렵고, 그 다음 100만 달러를 버는 것은 그보다 쉽다고들 한다. 다우존스 평균주가지수Dow Jones industrial average(이하 다우존스지수)가 2,000에서 3,000으로 오르는 것보다 10,000에서 11,000으로 오르는 것이 더 쉽고 상대적으로 빠른 것으로 보아 이 말은 어느 정도 사실임에 분명하다. 숫자가 커질수록 다음 목표에 도달하기까지 필요한 비율의 변화는 줄어든다. 돈을 모으는 것은 홈런 500개를 치는 것과는 다르다. 야구의 경우, 처음에 홈런 50개를 치는 것과 나중에 50개를 치는 것은 별다를 바 없다. 이 두 경우에는 거의 동일한 노력이 필요하다. 그러나 돈은 복리 효과를 가져다 주는 '황금 알을 낳는 거위'나 다름없다. 따라서 자금만 조달할 수 있으면 어느 정도 부를 축적하는 것은 그리 어려운 일이 아니다.

그럼에도 불구하고 단순한 백만장자와 100만 달러에 0을 세 개 덧붙일 수 있는 능력을 지닌 사람 사이에는 아주 큰 차이가 있다. 이런 복리 혜택을 누리는 사람들의 수는 순자산이 많은 층으로 올라갈수록 기하급수적으로 줄어든다. 이 세상에 억만장자는 백만장자의 1천분의 1 정도밖에 되지 않는다 해도 과언이 아니다. 그리고 아마도 100억 달러 이상의 재산을 가진 부자는 10억 달러를 지닌 부자의 10분의 1 정도에 지나지 않을 것이다.

그러나 어떠한 수학공식이나 통계자료를 들이댄다 해도 1930년 8월 30일 미국 중서부에 위치한 네브래스카 주 오마하에서 태어난 워렌 버핏이 성취한 것을 엿볼 수 없을 것이다. 비즈니스 역사상 그러한 전례가 없었다. 전 세계 억만장자의 자리는 교주와 왕, 기업가, 발명가, CEO, 뜻밖의 횡재를 한 사람 그리고 단순히 상속을 받은 부자 등으로 채워져 있다. 이들과 달리 워렌 버핏은 수학적으로 뛰어난 두뇌로 세계 주식시장의 비효율을 활용하며 자신의 길을 개척해 왔다.

주식투자로 돈을 번 억만장자들 중에 버핏을 제외하면 월스트리트에서 자신의 전 재산을 벌어들인 사람은 아무도 없다. 오히려 그들 대부분은 처음에는 회사생활을 하다가 나이가 든 후에야 변덕스럽고 변화가 극심한 월스트리트에 발을 들여놓음으로써 돈을 벌어 나갔다. 반면 워렌 버핏은 처음부터 주식투자가 돈 버는 수단이었다(그는 11세 때부터 주식을 사기 시작했다). 자신의 고향 사람들이 평범하게 생계를 꾸려 갈 때, 20대의 워렌 버핏은 여러 기업들의 연례보고서, 스탠더드 앤드 푸어스 Standard & Poor's(이하 S&P)의 투자안내서, 콜라 병이 어지럽게 널려 있는 자신의 침실에서 세계에서 가장 성공적인 투자조합을 운영하고 있었다.

45년 동안 워렌 버핏의 명함에는 간단하게 '자본 할당자capital allocator'라고 적혀 있었다. 어떤 사람들은 1950년대 이후 그의 실제 직업은 '자금 조달자fund raiser'라고 표현하는 것이 옳다고 주장한다. 젊었을 때 그는 보통 현금 동원력이 뛰어난 기업을 인수하는 식으로 저금리 자금의 원천을 찾아낸 후, 그 자금을 투자해서 으레 복리로 연 20~30퍼센트의 수익을 올렸다. 이렇게 그가 벌어들인 돈의 상당수는 후에 버크셔 해더웨이 Berkshire Hathaway라는 상장회사를 인수하는 데 쓰였다. 당시 유입된 돈은 얼마 후에 수십억 달러로 불어났으며, 마르지 않는 샘처럼 현재도 계속 늘어나고 있다. 버크셔 해더웨이에 돈을 맡긴 투자자들은 버핏이 자신을 대신하여 돈을 재투자하는 것에 크게 만족하고 있다. 1965년, 과거 섬유회사였던 이 회사의 지분을 사들인 덕에 지금 워렌 버핏과 그의 아내 수전 Susan(2004년 7월 사망—역자주)은 지분을 34퍼센트나 갖게 되었다. 이처럼 그는 자신을 믿고 돈을 투자한 사람들에게 단순한 아이디어 하나로 수십억 달러를 안겨 주었다.

주주들에게 이익을 배분하고 자금을 재투자하는 이 일련의 과정이 그에게는 아주 쉽고 자신감에 찬 일이었기 때문에 단지 10만 달러에 불과한 연봉을 두말없이 받아들였다. 그의 생활방식으로 판단해 보면, 10만 달러 이상의 연봉은 오히려 부담으로 작용했을지도 모른다. 버핏은 자기 자신의 돈을 가지고도 나름대로 고수익을 창출하고 있었기 때문에 두 달마다 지급되는 봉급도 필요가 없을 정도였다. 그는 이렇게 말하곤 했다. "나는 살 집과 차 한 대만 있으면 돼. 집과 차가 몇 개씩 있어 봐야 관리하기만 힘들지. 한 번에 차를 두 대 이상 몰 수는 없으니 말이야."

친구와 사업 동료, 주주들에게 워렌 버핏의 사람 됨됨이에 대해 물으면 모두들 한결같이 대답한다. 그는 마음 씀씀이나 금전적인 면 그리고 철학적인 면에서 언제나 일관성이 있다고 한다. 1950년대 워렌 버핏이 젊었을 때 쓴 글들과 1990년대 후반에 작성된 연례보고서가 크게 다르지 않다는 것 또한 이런 사실을 증명한다. 40여 년에 걸쳐 정치·경제적으로 큰 변화가 있었으나 이것은 신중하게 기업 데이터를 분석하는 그의 지혜와 논리, 능력에 어떠한 타격도 주지 못했다.

> 매년 5월이면 약 1만 4천 명의 투자자들이 그의 재담을 듣기 위해 하루 동안 시간을 내서 1인당 약 1천 달러를 써가며 오마하에서 열리는 버크셔 해더웨이의 주주총회에 참석한다. 투자 시간과 지속성으로 고객 충성도를 판단한다면 워렌 버핏은 전 세계 금융계에서 가장 뛰어난 브랜드다.

워렌 버핏과 5분 정도만 대면한 사람이라면 그의 평범한 외모와 낯선 사람들 사이에서 수줍어하는 모습을 보고서 실망을 할 수도 있다. 그러나 그의 신경세포가 준비운동을 하기에 충분한 시간인 20분간을 그와 함께 보낸다면 생각이 달라질 것이다. 각 대학의 미식축구 팀에서부터 코카콜라 사업부별 매출 성장률이나 주요 은행들의 대차대조표에 이르기까지, 다양한 주제에 관해 얼마나 해박한 지식을 갖고 있는지를 알고서는 놀라게 될 것이다.

20분간 버핏과 함께하는 행운을 누렸던 사람들은 그와의 재회를 위해 후에 다시 그를 찾곤 한다. 매년 5월이면 약 1만 4천 명의 투자자들이 그의 재담을 듣기 위해 하루 동안 시간을 내서 1인당 약 1천 달러를 써가며 오마하에서 열리는 버크셔 해더웨이의 주주총회에 참석한다. 시간과 지속성으로 고객 충성도를 판단한다면 워렌 버핏은 전 세계 금융계에서 가장 뛰어난 브랜드다.

위대한 투자자들의 공통점

1960~70년대를 주름잡았던 투자의 대가들은 모두 독립적으로 활동했다. 그들은 회합 같은 곳에 참가하는 것을 달가워하지 않았다. 또한 여론에 흔들리지 않고 자신의 신념을 고수하려 노력했다. 그들이 월스트리트의 정형화된 관습을 따랐더라면, 그만한 위업을 달성할 수 없었을 것이다. 애널리스트 겸 작가인 마틴 프리드슨Martin Fridson은 이렇게 말했다. "일반적인 상식대로 움직이는 사람들은 평생 〈포브스Forbes〉지 선정 400대 갑부의 대열에 들어가지 못한다. 남들과 똑같은 방식으로는 경쟁의 세계에서 성공할 수 없다."

전설적 투자가 존 템플턴John Templeton은 제2차 세계대전이 발발했을 때 많은 자금을 주식에 투자했다. 그 당시 미국은 유럽에서 일어난 여러 가지 불미스런 사건들에 연루되어 있었고, 여전히 경기 불황에 허덕이고 있었다. 투자자들은 이 전쟁이 수년간 계속될 것이며, 세계 경제와 미국의 주가에 악영향을 미칠 것이 분명하다고 전망했다.

그러나 템플턴은 상황을 다르게 바라보았다. 그는 전쟁이 침체 상태에 있는 미국 경제를 되살리고, 세계적으로 물품 생산량을 크게 증가시키는 계기가 될 것이라고 생각했다. 이와 더불어 고용이 확대되고, 수십 년 동안 겪어 보지 못한 속도로 부가 창출되리라고 확신했다. 그는 지방 은행에서 가능한 많은 돈을 빌려 뉴욕 증권시장으로 가서 주문을 냈다.

템플턴은 총 104개 회사의 주식을 샀고, 그중 34개 회사는 파산 직전의 회사였다. 그로서는 평생 동안 저축한 돈에 대출금까지 보태서 투자한 것이었지만, 투자 초기에는 주가가 하락해도 신경 쓰지 않았다. 주식시장이

다시 살아날 것임을 확신하고 있었던 것이다. 그의 생각이 옳았다. 4년 후 템플턴은 104개 기업의 주식 거의 모두를 처분했다. 처음에는 불과 1만 400달러를 투자했지만, 매도 시에는 총 4만 달러로 불어나 있었다.

전설적인 펀드 매니저이자 가치투자의 귀재로 통하는 존 네프John Neff는 웰링턴 매니지먼트Wellington Management 사로부터 윈저Windsor 펀드를 운용해 달라는 부탁을 받고 이를 수락했다. 이 일로 불가피하게 필라델피아로 이사하게 된 그는 주택을 한 채 사기로 결정했다. 하지만 부동산 중개업자는 그가 고른 지역이 비가 많이 오면 물에 잠길 우려가 있다면서 구입하지 말라고 충고했다. 그럼에도 네프는 그 집을 매입했다. 그는 후에 이렇게 말했다. "나는 그의 충고를 그 집 내부를 둘러보고 가치를 평가하라는 말로 받아들였다." 네프는 홍수 피해로 인한 손해보다 오랜 기간에 걸쳐 주택이 제공하게 될 효용성과 주택 가격 인상으로 인한 혜택이 더 클 것이라고 계산했다. 그 후 네프는 21년 동안 후회 없이 그 집에서 살았다.

20세기를 주름잡았던 다른 부자들과 같이 네프도 절약과 이윤을 추구하고자 하는 동기 사이에서 조화로운 결합을 도모했다. 그 집으로 이사를 하기 전에 네프는 YMCA에서 운영하는 임시 숙소에서 거주하면서 수입의 절반을 은행에 저축할 수 있었다. 10대 때는 낮에는 골프장에서 캐디로 일했고, 저녁에는 신문을 배달했다. 그가 처음으로 '가치'에 대해 눈을 뜨게 된 것은 어린 시절 슈퍼마켓 유리창에 매일 제품의 가격이 바뀌어 적히는 것을 보면서였다고 한다. 늘 돈을 벌기를 열망해 오던 청년 네프는 주크박스(동전을 넣어 음악을 듣는 일종의 자동전축—역자주)를 생산하는 회사에서 일했다. 그러나 더 많은 돈을 벌기 위해 곧 일을 그만두고 백과사전 방문판매에 나섰다.

거의 모든 투자의 대가들은 예리한 본능을 이용해 기존의 자산에다가 가치를 더하기 위해 노력해 왔다. 억만장자이자 기업 사냥꾼corporate raider으로 유명한 커크 커코리언Kirk Kerkorian은 젊었을 때 고장난 중고차를 구입하여 수리한 후 (당시 그는 엔진을 세척하는 일을 했다) 5~10달러의 이윤을 붙여 팔았다. 영국 공군에서 복무를 마친 후에는 7천~1만 달러를 주고 중고 DC-3를 몇 대 구입하여 상업용 항공기로 개조한 후 6만 달러에 판매했다.

> 거의 모든 투자의 대가들은 예리한 본능을 이용해 기존의 자산에다가 가치를 더하기 위해 노력해 왔다.

저가 매입의 달인 로렌스 티시Laurence Tisch는 23세에 부모를 설득하여 뉴저지 주 레이크우드의 한 리조트를 임차했다. 그 리조트는 과거에 비해 이용객이 크게 줄어든 상태였다. 그들은 리조트를 개조하여 라이브쇼를 제공함으로써 다시 고객을 불러 모으는 데 성공하였고, 개장한 지 2년 만에 그때까지 벌어들인 돈으로 결국 이 리조트를 매입했다. 1980년대 들어 석유산업이 파산 지경에 이르렀을 때, 티시는 평균 500만 달러에 석유 시추장치를 구매한 후 유가가 인상되기를 참을성 있게 기다렸다. 경기가 호전되자 이 유정은 티시에게 매년 2,500만 달러의 이익을 가져다 주었다.

템플턴, 네프, 티시, 워렌 버핏과 같은 위대한 투자자들은 일반 투자자에 비해 끈기와 자신의 돈 버는 능력에 대한 확신이 아주 뛰어났다. 그들 중에는 비극적인 가정환경에서 성장하고 순탄치 못한 젊은 시절을 보낸 사람도 있지만, 공통적으로 유사한 특징을 지녔던 것이다.

100달러를 300억 달러로 만든 사나이

워렌 버핏은 종종 자신이 부를 축적할 수 있었던 것은 노력한 만큼 보상을 받을 수 있는 부유한 국가에서 살았기 때문이라고 겸손하게 말한다. "나는 미국인으로 태어날 확률이 2퍼센트였고, 다른 나라에서 태어날 확률이 98퍼센트였다. 내가 만약 정글에서 태어났더라면, 어느 야수의 식사거리가 되었을지도 모른다. 그곳에서 내 재능은 전혀 쓸모가 없었을 것이다. 다행히도 나를 둘러싸고 있는 이 거대한 사회 덕에 부자가 될 수 있었다. 또한 내가 이 사회에 잘 적응한 결과이기도 하다."

그는 미국에서 태어남으로써 부를 축적할 수 있는 첫 번째 관문을 통과했다는 것을 스스로 인정했지만, 워렌 버핏이 금융계에 입문한 데는 그보다도 아버지 하워드 버핏Howard Buffett의 영향이 컸다. 그의 아버지는 오마하에서 증권사를 운영하면서, 어린 워렌 버핏에게 시세판에 주가를 기록하는 일을 맡겼다. 그때는 1930년대 후반으로 워렌 버핏이 막 10세가 되기 전이었다.

뉴욕 증권시장의 주가 대폭락으로 시작된 대공황은 워렌 버핏이 태어나기 직전인 1929년에 절정에 달했다. 그리하여 부자 양성소로 불리던 월스트리트의 명성에 금이 갔고, 이 상태는 수년간 지속되었다. 하워드 버핏 역시 그 여파를 피해 가지 못했다. 다니던 증권사가 폐쇄되는 바람에 일자리를 잃고 말았던 것이다. 이처럼 워렌 버핏이 출생한 후 그의 가족에게는 매우 어려운 시기가 도래했다.

그러나 하워드는 자신의 자녀가 네브래스카 주의 여느 밀 재배 농가의 아들딸처럼 무료 급식을 먹으려고 줄을 서는 일이 없도록 부단히 노력했다. 그 결과 이 어린 수학천재가 초등학교에 들어갈 무렵에는 증권사를 설립하고 가정의 재정 상태를 원만하게 회복할 수 있었다. 이처럼 어린 시절에 가난을 겪은데다 도덕심이 강한 아버지의 영향을 받은 워렌 버핏은 평생 사치스러운 생활과는 담을 쌓고 살았다.

워렌 버핏의 어린 시절

워렌 버핏의 어린 시절은 금융계의 거물이 될 것임을 보여 주는 예고편이다. 전기작가들이 입수한 그의 어린 시절에 관한 일화를 살펴보면, 공통적인 게 있다. 그는 돈과 숫자에 흥미를 보였고, 호기심이 많았으며, 사람들이든 물건이든 한 번 빠지면 깊이 빠지는 소년으로 묘사되어 있다. 그것이 월스트리트를 뒤흔들 전문 투자자의 탄생을 위한 조합이었을지도 모른다.

워렌 버핏은 10세 때부터 주식시장에 관심을 보였다. 당시 그는 아버지 회사에서 주가를 기록하고 주식과 채권을 정리하고 보관하는 일을 도왔으며, 여가시간에는 주가의 움직임을 차트로 만들었다. 어린 버핏은 불규칙적으로 변동하는 주가의 패턴을 분석하는 데 흥미를 느끼며, 이른바 기술적 분석technical analysis에 심취했다. 만약 버핏이 후에 벤저민 그레이엄Benjamin Graham과 그의 가치투자법을 접하지 못했더라면, 어쩌면 오늘날까지 기술적 분석가로 남아 있었을지도 모른다.

버핏은 어릴 때부터 수학천재라는 소리를 들으며, 탁월한 비즈니스 감각을 보였다. 그리고 그런 재능을 실제로 발휘했다. 여섯 살 때 콜라 여섯

> 만약 버핏이 후에 벤저민 그레이엄과 그의 가치투자법을 접하지 못했더라면, 어쩌면 오늘날까지 기술적 분석가로 남아 있었을지도 모른다.

병이 들어 있는 코카콜라 한 상자를 25센트에 사서 한 병당 5센트에 팔았다. 이것이 그의 평생에 걸친 수백 번의 차익거래arbitrage(어떤 상품의 가격이 시장에 따라 서로 다를 경우 가격이 싼 시장에서 매입한 후 비싼 시장에서 매각함으로써 차익을 얻는 거래 행위—역자주) 중 첫 번째 거래였다.

11세 때는 친구와 함께 경마에서 승리마를 예상하는 시스템을 개발하고, 경마장에서 '마구간지기 소년의 선택Stable-Boy's Selections'이라는 정보지를 만들어서 팔았다. 경마장 당국에서 버핏이 사업허가증을 갖고 있지 않다는 사실을 알고서 사업을 중지시킬 때까지는 모든 일이 순조롭게 진행되었다. 어린 버핏이 벌인 또 하나의 사업은 골프장 근처의 작은 호수나 연못에 빠진 골프공을 찾아내 파는 일이었다. 동네 친구들을 동원해서 이 사업을 주도한 어린 버핏은 엄청난 이익을 챙길 수 있었다. 10대 시절에 이미 버핏 자신과 친구들 사이에서는 장래 버핏이 주식시장과 관련된 직업을 가지리라는 것이 명백해졌다.

책을 많이 읽고 말수가 적은 버핏은 칭찬의 대상이 되기도 했고, 외톨이가 되기도 했다. 다소 소심하여 누군가에게 싸움을 걸지는 못했지만, 대신 버핏 때문에 다른 사람들이 싸움에 말려들 때가 있었다. 또한 친구들이 뭔가를 물어보려고 그를 둘러쌀 때가 있긴 했으나, 떠들썩한 파티가 시작되면 늘 홀로 남겨지곤 했다. 그는 이렇게 말했다. "나는 반에서 가장 인기 있는 학생은 아니었다. 그렇다고 가장 인기가 없는 학생도 아니었다. 단지 그저 그런 존재에 불과했다."

소년 버핏은 끊임없이 투자에 관한 책을 읽었다. 《천 달러를 버는 천 가지 방법A Thousand Ways to Make $1,000》이라는 책은 내용을 거의 다 외울 정도였다. 버스와 공원의 벤치, 자신의 방 또는 홀로 있을 수 있는 공간이라면 어디에서든 그 책을 읽었다. 친구들과 야구경기를 할 때도 휴식시간에 〈월스트리트 저널The Wall Street Journal〉을 읽었다.

그리고 그는 항상 뭔가 새로운 계획을 세웠다. 아버지 하워드 버핏은 1942년 루즈벨트의 뉴딜 정책에 반대하며 하원의원에 입후보해 당선되었다. 이로 인해 가족들은 워싱턴 DC에서 살게 되었다. 이때 워렌 버핏은 5개 일간지를 배달하는 아르바이트에 착수했다. 그중 네 신문은 서로 경쟁 관계에 있었다. 고객이 한 신문의 구독을 취소하면, 버핏은 경쟁지를 소개하여 소득을 일정하게 유지하려고 노력했다. 후에 잡지 하나를 추가로 취급하고, 모든 구독자의 계약 기간을 꼼꼼하게 따져서 재계약을 유도했다. 언젠가 버핏의 어머니가 말했다. "그애에게는 돈을 모으는 것이 매우 중요했다. 돈이 생길 때마다 서랍에 보관해 놓고 아무도 손대지 못하게 했다."

그 외에도 여러 가지 사업을 추진했다. 고등학교를 다닐 때는 친구 도널드 데인리Donald Danly와 함께 핀볼 게임기 대여업을 시작했다. 처음에는 핀볼 게임기 한 대를 25달러에 사들여 워싱턴의 한 이발소에 설치했다. 몇 주 내에 투자한 돈을 모두 회수할 수 있다는 것을 알게 된 그들은 게임기를 일곱 대로 확장하고 일주일에 50달러를 벌어들였다. 버핏은 이 사업을 하는 동안 매월 손익계산서를 작성했다.

후에 다시 데인리와 만나서 함께 사업을 벌였다. 대학에 재학 중이던 1947년이었다. 이번에는 폐차장에서 1928년형 롤스로이스를 350달러에 구입하여 수리한 후 하루 35달러에 임대해 주는 사업이었다. 데인리가 정비를 할 때 버핏은 가까이에서 비즈니스 서적을 크게 읽어 주었다.

15세 때 이미 버핏은 아버지로부터 네브래스카 주에 있는 40에이커의 농지를 구입해도 될 만한 돈을 모았다. 20세가 되자 그의 재산은 약 9,800달러에 달했다. 오늘날의 가치로 환산하면 약 6만 8천 달러에 달하는 돈이다. 버핏이 이 돈을 갖고 1년에 25퍼센트의 복리로 이자놀이를 했더라면, 1999년 말까지 5억 4,600만 달러로 불어났을 것이다. 그러나 그것으로는 충분하지 않았다. 자신감을 갖게 된 버핏에게는 더 많은 자금이 필요했다.

워렌 버핏의 투자조합

아버지의 권유로 대학에 진학하기로 결심을 굳힌 버핏은 1947년에 펜실베이니아 대학의 와튼 경영대학원의 학부 과정을 선택했다. 그러나 와튼에는 이미 수많은 금융 및 투자 관련 책을 섭렵한 버핏의 지적 욕구를 채워 줄 만한 교수가 없었다. 수업에 별 흥미를 느끼지 못한 그는 2년 후 링컨에 있는 네브래스카 대학으로 옮겼다. 이 대학 4학년에 재학 중일 때, 버핏은 벤저민 그레이엄이 쓴 《현명한 투자자 The Intelligent Investor》라는 책을 읽게 되었다. 이 책은 향후 버핏의 주식투자법에 지대한 영향을 미치게 된다.

  비즈니스에 대해 더 많이 배우고 싶었던 그는 1950년에 하버드 경영대학원에 원서를 넣었으나 탈락했다. 그 후 얼마 되지 않아 평소 존경하던 그레이엄이 있는 컬럼비아 경영대학원에 들어가서 경제학 석사학위를 받았다.

  버핏은 그레이엄의 강의를 열정적으로 들었다. 누가 봐도 그는 그레이엄의 제자들 중에서 가장 뛰어난 학생이었다. 두 사람이 활발하게 논쟁을 벌이고 있는 동안, 버핏의 급우들은 놀라움에 입을 크게 벌리고 뒤쪽으로 물러앉아 있었다고 한다. 벤저민 그레이엄과 함께하는 수업이야말로 버핏이 평소 갈망하던 카타르시스였던 것이다.

그는 이전부터 마켓 타이밍을 예측하고, 차트를 그리며 분석하는 등 여러 형태의 기술적 분석을 직접 시도해 왔다. 그런데 회사의 내재가치 instrinsic value에 비해 저평가된 주식을 사야 높은 수익을 올릴 수 있다는 그레이엄의 가르침이 천둥 번개와도 같이 버핏의 뇌리를 파고들었다. 이처럼 그레이엄은 버핏의 금융 지식에 깊이를 더해 준 재정적 멘토였다. 또한 버핏이 분석 능력, 검소한 마음가짐, 비즈니스 통찰력 등을 혼합해서 효과적인 주식투자 시스템을 개발할 수 있도록 도움을 주었다.

컬럼비아 경영대학원을 졸업한 버핏은 그레이엄의 이론을 하루 빨리 실행에 옮기고 싶었다. 그는 금융 업무에 본격적으로 발을 내딛고자 그레이엄 교수의 회사를 찾았다. 그러나 그는 버핏을 고용하기를 거절했다. 하는 수 없이 고향 오마하로 돌아간 버핏은 1954년까지 아버지 회사에서 증권 세일즈맨으로 일했다. 그 와중에도 3년간 끈질기게 그레이엄을 설득해 버핏은 마침내 그가 운영하는 투자회사 그레이엄 뉴먼Graham Newman에서 일하게 되었다. 거기에서 버핏은 후에 오마하에서 사용하게 될 투자 모델을 배웠다.

그로부터 2년이 지난 후 그레이엄은 회사의 문을 닫고 은퇴했고, 버핏은 다시 고향에 돌아왔다. 이때 그의 재산은 약 14만 달러에 달했다. 그 돈의 거의 대부분은 저가 주식에 투자하여 번 돈이었다. 이때 그는 오마하에서부터 알고 지내던 수전과 결혼한 상태였고, 이미 이들 부부의 세 자녀

중에 두 아이가 태어나 있었다.

비록 직장을 잃었지만 자신감에 부푼 버핏은 스스로 새로운 길을 개척하기로 했다. 그는 곧 버핏 투자조합Buffett Partnership이라는 투자회사를 설립했다. 자신의 침실을 사무실로 쓰고 집기라 봐야 메모지와 49센트짜리 회계장부, 수동 타자기만 있으면 되었기 때문에 별 어려움은 없었다. 버핏은 이 사업을 위해 개인자금 100달러를 내놓았고, 가족과 친구들을 설득해서 총 10만 5천 달러의 자금을 모았다. 이렇게 시작한 회사의 기본운영 원칙은 다음과 같이 간단했다.

- 적당한 값의 주식을 찾아 기꺼이 투자한다.
- 국채투자 시의 수익률인 6퍼센트를 넘어서는 수익률을 올리지 못하면, 버핏은 단 1센트의 수수료도 받지 않는다.
- 버핏이 받는 연간 수수료는 전체 수익률 중에서 국채수익률인 6퍼센트를 제외한 수익의 25퍼센트다.
- 투자자들은 버핏의 투자법에 대해 질문하지 않는다.
- 투자자들이 질문을 해와도 버핏은 대답할 의무가 없다.
- 버핏은 1년에 한두 번만 새로운 종목 투자에 뛰어든다.

미국의 머니 매니저money manager들은 대부분 자신이 관리하는 자산의 1~1.5퍼센트 정도의 고정 수수료를 챙긴다. 경기 침체기에도 일정한 수입이 보장되는 수수료. 그런데 버핏은 채권 수익률 및 시장 평균 수익률을 충분히 상회할 수 있다는 확신이 있었기 때문에, 자신만의 보상 공식을 만들어 다른 머니 매니저들보다 훨씬 더 빠르게 부를 축적할 수 있었다.

버핏이 매년 10퍼센트의 수익을 올리면 채권수익률 6퍼센트를 상회해서 벌어들인 나머지 수익률 4퍼센트 중 4분의 1, 즉 1퍼센트가 그의 몫이다.

> 버핏은 채권 수익률 및 시장 평균 수익률을 충분히 상회할 수 있다는 확신이 있었기 때문에, 자신만의 보상 공식을 만들어 다른 머니 매니저들보다 훨씬 더 빠르게 부를 축적할 수 있었다.

〈표 1-1〉은 버핏이 자본금 10만 5천 달러로 투자를 시작한 1957년부터 벌어들인 수익으로 얼마의 수수료를 획득했는지를 보여 준다. 매년 새로 자금이 투입되긴 했지만, 1969년 버핏 투자조합을 해체할 때까지 그가 챙긴 수수료는 일반 머니 매니저의 평균 수수료보다 네 배 이상 많았다. 13년간에 걸친 그의 총수수료는 무려 최종 자산의 19퍼센트에 달했다.

버핏 파트너십의 최초 투자자 목록에는 버핏의 이모인 앨리스, 누나인 도리스와 그녀의 남편, 버핏의 장인 그리고 친구 및 그의 가족 세 명이 포함되어 있었다. 그러나 이 젊은 투자가가 다른 외부인들의 신뢰를 얻기까지는 많은 시간이 걸렸다. 또한 투자자들로 하여금 지갑을 열게 하기 위해서는 신뢰할 만한 실적을 보여 주어야만 했다. 오마하에서 버핏의 이웃이었던 돈 커우Don Keough는 처음에 매우 회의적이었다. 아이러니하게 그는 후에 코카콜라의 사장이 되었다. 투자조합 설립 초기에 버핏은 그에게 5천 달러를 투자하면 아이들 교육자금을 마련할 수 있을 것이라고 설득했다. 돈 커우는 이 기회를 그냥 지나쳤다. 그러나 버핏의 연간 실적이 우수하다는 소문이 세간에 퍼지면서 새로운 투자자를 모집하는 것은 더 이상 문제가 되지 않았다. 전국에서 투자자들이 소문을 듣고 몰려들었던 것이다. 투자회사 로우스Loews와 CBS 방송의 회장을 지낸 로렌스 티시 역시 이들 중 한 사람이었다.

버핏의 자금 관리 방식은 기존의 투자가들과 많이 달랐다. 버핏으로서

표 1-1 일반 머니 매니저와 버핏의 수수료 비교

연도	투자조합의 수익률(%)	초기 자금에서 늘어난 자금($)	일반 머니 매니저의 수수료($)	버핏의 수수료($)
1957	10.4	115,920	1,381	1,155
1958	40.9	163,331	1,745	10,114
1959	25.9	205,634	2,306	8,126
1960	22.8	252,519	2,863	8,637
1961	45.9	368,425	3,881	25,189
1962	13.9	419,636	4,925	7,276
1963	38.7	582,035	6,260	34,305
1964	27.8	743,840	8,287	31,721
1965	47.2	1,094,933	11,492	76,616
1966	20.4	1,318,300	15,083	39,418
1967	35.9	1,791,569	19,437	98,543
1968	58.8	2,845,012	28,979	236,487
1969	6.8	3,038,472	36,772	5,690
총계			143,411	583,276

는 일부 파트너들이 자신의 투자 방식을 쉽게 이해하지 못할 거라고 생각했기 때문에, 가능하면 알리지 않는 게 좋겠다고 생각했다. 버핏 투자조합의 자금 중 상당액이 차익거래에 투자됐다. 즉 버핏은 합병 및 청산 절차를 앞둔 기업의 주식을 매매하여 이때의 가격 차이에서 오는 이익을 챙기는 거래에도 뛰어든 것이다. 또한 수익률을 높이기 위해 차익거래 시에 돈을 차입하기도 했다.

그는 때때로 서너 개 회사의 주식에 집중해 포트폴리오를 운용하면서 나머지 자금은 여러 소량주에 투자했다. 관리자산의 규모가 점차 커지자, 그는 자산을 지렛대 삼아 기업들의 경영권을 행사할 정도의 지분을 취득하기 시작했다. 버핏은 저평가된 기업의 지분을 대량으로 매입함으로써

이사회의 의석을 요구하며, 회사의 자금문제를 해결하는 데 주도적인 역할을 했다. 그리고 자신이 지불한 것보다 더 높은 가격에 회사를 매각할 수 있다는 것을 알게 되었다. 지배지분에 대한 이러한 투자 중 가장 괄목할 만한 성과를 이룬 것이 바로 버크셔 해더웨이라는 섬유회사의 인수였다(제2장 참조).

    자산이 증가하고 수익률이 시장 평균 수익률을 계속해서 상회함에 따라(그 방법에 관해서는 제18장 참조), 버핏의 개인 재산도 급속도로 증가했다. 그는 자신이 챙겨 가는 연간 수익의 25퍼센트를 투자조합에 재투자했다. 투자조합에 투자하는 금액은 그의 개인 포트폴리오보다 더 빠르게 증가했다. 그가 매년 주주들에게 보내는 연례보고서에 의하면, 1964년까지 투자조합 자산 중 버핏의 지분은 239만 3,900달러에 달했다. 1966년에는 그 액수가 684만 9,936달러로 불었다. 1969년 투자조합을 해산할 때의 총자산은 1억 442만 9,431달러였으며, 그중 버핏의 몫은 약 2,500만 달러에 이르렀다.

제2장

버크셔 해더웨이와
함께한 투자 인생

성공의 기반, 버크셔 해더웨이
벤저민 그레이엄을 넘어서다
버크셔 해더웨이의 운용 성과

> 섬유회사였던 버크셔 해더웨이는 사실상 버핏이 투자할 수 있는 충분한 현금을 거두어들이지 못하고 있었다. 대신 자본이 충분하고 영업활동이 활발한 보험회사는 수년간에 걸쳐 유동자금 보유액을 크게 증가시킬 수 있다. 버핏의 관점에서 볼 때 새로운 투자자를 모집하는 것보다 훨씬 나은 방법이었다.

1969년 말, 39세의 워렌 버핏이 투자조합을 해산했을 때 그의 재산은 2,500만 달러로 불어나 있었다. 그는 1960년대 후반부터 일어난 증시 과열에 대해 우려를 해왔고, 투자조합을 해산하려는 의도를 투자자들에게 지속적으로 알려왔다. 1999~2000년의 증시처럼 1969년의 월스트리트에서는 많은 사람들이 손해를 보고 있었다. 엄청난 호재가 있는 우량주는 수익성과 기대성장률이 높다는 이유로 전례 없이 높은 프리미엄이 붙었으나, 그 외의 종목은 주가가 큰 폭으로 하락했다.

이렇게 양분된 주식시장을 보며 버핏은 증시의 건전성이 크게 훼손되었다는 것을 깨닫게 되었다. 아무리 성실한 머니 매니저라 해도 투자자들에게 더 이상 장밋빛 약속을 할 수도, 매력적인 수익을 보장할 수도 없는 상황이었다. 호재가 있는 주식은 약세장을 전혀 경험해 보지 못한 30대의 기관투자자들이 꽉 붙잡고 있었고, 그와 대조적으로 저가 종목에는 보수적인 투자자들이 몰려 있었다. 이 주식들은 악재가 없는데도 불구하고 가격이 계속 하락했다. 한마디로 기업의 펀더멘털과는 상관없이 과대평가된 종목들의 가격은 계속 올라갔고, 저평가된 종목들은 계속 하락했다.

이는 벤저민 그레이엄 교수의 가르침으로는 해석이 안 되는 상황이었다. 장부가치book value나 청산가치liquidation value 이하에서 매입한 주식은 결과적으로 공정한 가치로 평가받을 수 있도록 주가가 회복된다는 게 그의 가르침이었다. 저가 종목의 주가가 계속 떨어질 것이라고 언급한 보고서는 어디에도 없었다. 버핏 투자조합이 13년 동안 계속해서 다우존스지수를 상회하며 올린 뛰어난 실적조차 큰 힘을 발휘하지 못하게 되었다. 당시에는 주식 초보자들이 오히려 더 높은 수익률을 내고 있었고, 진중하게 연구를 해서 투자해 오던 투자관리자들의 설 자리는 좁아지고 있었다. 대부분 자신에게 돈을 맡긴 의뢰인들을 진정시킬 수 있도록 현재의 매매 패턴을 벗어나는 모멘텀momentum(사람들의 관심을 불러일으켜 주가에 큰 변동을 가져오는 어떤 계기—역자 주)이 일어나기를 기대하곤 했다.

버핏은 고수익에 대한 전망이 빠르게 수그러들고 있음을 투자자들에게 알렸다. "지금까지 우리에게는 행운이 따랐습니다. 만약 올해 우리가 회사를 정리하지 않았다면, 상황은 훨씬 더 악화되었을 것입니다. 잠재적으로 효과를 보리라 생각했던 계획들도 결국 빛을 잃어 갔습니다. 지금 현 상황에서 일반 투자자는 전문적으로 주식투자를 하는 것과 소극적으로 채권투자를 하는 것 중 어느 것도 선택하기 어렵습니다."

버핏에게 모든 투자 방식을 일임하기로 한 조항 때문에 1억 400만 달러에 달하는 자산이 신속하게 정리되었다. 1963년 그는 자산을 정리하고 배당금 수익을 올릴 수 있는 웨스턴 천연가스Western Natural Gas의 주식 26만

6천 주를 매수했다. 후에 투자조합의 해산을 고려하던 버핏은 웨스턴이 싱클레어 정유 Sinclair Oil에 보유 가스를 판매했을 때 투자금의 대부분을 회수했다. 그러나 1969년까지도 웨스턴의 자산이 완전히 매각된 것은 아니었고, 버핏 투자조합에는 여기에 자금을 대준 투자자들이 여전히 존재하고 있었다. 다행히 다른 차익거래에 투자한 돈은 아직까지 손해를 입지 않았다. 버핏은 보유 주식을 매도하거나 조합원 partenr에게 배분하기로 결정을 내려야 했다.

> 버크셔 해더웨이의 주식 매수 결정은 그레이엄의 논리에 따른 것이었다. 당시 버크셔 해더웨이는 영업자본의 반 이하에 매입이 가능했다.

매사추세츠 주 뉴 베드포드에 소재한 섬유회사 버크셔 해더웨이의 주식도 투자조합의 보유 주식 중 일부였다. 버핏 투자조합은 1962년에 주당 7~8달러에 이 회사의 주식을 매집하기 시작했다. 버크셔 해더웨이의 주식 매수 결정은 그레이엄의 논리에 따른 것이었다. 당시 버크셔 해더웨이는 영업자본 working capital의 반 이하에 매입이 가능했다. 그래서 버크셔 해더웨이의 주가가 대차대조표상의 가치까지만 올라도 수익률이 간단히 세 자리수가 될 수 있다고 생각됐다. 그레이엄의 이론에 심취한 버핏은 과소평가된 이 부실기업의 회생을 기원하면서 가능한 한 많은 주식을 매집했다. 1965년까지 버핏은 이 회사 지분의 49퍼센트를 사들였다. 그해 5월 버핏 투자조합은 서서히 이 회사의 경영권을 장악하게 되었다.

버핏이 쓴 글을 읽으면 그에게 버크셔 해더웨이의 지분을 오랫동안 소유할 의도는 없었음을 알 수 있다. 그러나 그는 포트폴리오에 버크셔 해더웨이를 포함시킴으로써 방대한 투자 조직을 만들 기회를 놓치고 싶지 않았다. 투자조합을 해산할 때 그는 투자자들에게 투자조합에서 보유하고 있던 버크셔 해더웨이의 주식과 현금 중에서 한 가지를 선택할 수 있게 했다. 버핏은 주식투자 수익의 상당분을 취득했고 이에 만족했기 때문에, 투자자들에게 돌아갈 몫을 줄이고 싶지 않았다. 투자조합의 정리가 완료되었을 때 버크셔 해더웨이의 버핏 개인 지분은 29퍼센트가 되었다. 1970년에 그는 버크셔 해더웨이의 회장 자리에 오르고 연봉은 5만 달러만 받기로 했다.

성공의 기반, 버크셔 해더웨이

그때부터 버핏의 운명은 버크셔 해더웨이와 밀접한 관계를 맺게 되었다. 더 이상 증시 상황에 다라 투자 실적이 널뛰듯하게 할 수 없다는 생각에 그는 가급적 증시에 모습을 드러내지 않고 투자계획을 실행에 옮기기 위한 인프라를 구축하는 데 주력했다. 버핏은 버크셔 해더웨이의 내재가치를 계속해서 증가시킨다면 그 자신의 순자산 또한 늘릴 수 있다는 확신이 섰다. 이제야 그는 활주로에 올라 성공을 향해 이륙할 준비를 마친 것이다.

1967년 버핏은 계획 실행을 위한 첫 번째 조치를 취했다. 버크셔 해더웨이에서 오마하 소재 보험사인 내셔널 인뎀니티National Indemnity를 860만 달러에 사들인 것이었다. 버핏은 수년간 보험업에 대해 연구한 끝에 내셔널 인뎀니티가 자신의 투자 조직에 자금줄이 되어 줄 것임을 알아냈다. 보험사는 항상 보험 계약자가 지급한 현금을 보유하고 있다. 그리고 보험사의 입장에서 보험료는 재투자에 활용할 수 있는 유동자금이다.

사실 섬유회사였던 버크셔 해더웨이는 재투자를 할 만큼 자금 여력이 충분한 회사가 아니었다. 이에 반해 보험사는 자본이 충분하고 영업활동이 활발해 유동자금 보유액을 증가시킬 수 있었다. 버핏의 관점에서 볼 때 보험사를 인수하면 새로운 투자자를 모집하는 것보다 훨씬 안정적으로 자금을 동원할 수 있었다.

결국 주사위는 던져졌다. 이때부터 향후 30여 년간 버크셔 해더웨이는 세계에서 가장 규모가 큰 투자회사가 될 틀을 닦았다. 그리고 버핏은 이곳에서 나오는 분기별 이익도 재투자할 수 있게 되었다. 다음은 버핏이 세운 자금 운용 방식이다.

- 지주회사인 버크셔 해더웨이는 여러 자회사로부터 현금을 확보하고, 필요할 경우에는 경비를 삭감한다.
- 기업 인수에는 버크셔 해더웨이의 현금 유입 증가분을 이용한다. 인수 대상 기업은 저가에 매입이 가능하고, 초기 투자금에 대해 고수익을 올리고 순자산을 증가시킬 수 있도록 현금 창출력이 뛰어나야 한다.
- 인수한 회사에서 창출되는 현금을 가지고 주식과 채권에 투자한다.
- 강력한 영업망을 구축한 보험사를 인수해서 주식 및 채권투자에 필요한 자금을 마련한다. 잠재적으로 활용 가능한 자금을 늘리고 레버리지 효과를 높일 수 있는 저비용의 유동자금을 제공할 능력을 보유한 보험사를 선택한다.

버핏은 후에 제너럴 재보험General Reinsurance이나 데어리 퀸Dairy Queen과 같은 회사를 인수하거나 질레트Gillette와 같은 상장회사의 주식에 투자할 때도 자신의 돈을 투자한 것이 아니었다. 일반적으로 버크셔 해더웨이 소속의 여러 보험사 중 한 회사가 자금을 댔다. 그럴 때마다 이 보험사들은 버핏이나, 자동차보험사인 가이코GEICO(버크셔 해더웨이가 1996년에 경영권을 인수한 회사)의 공동 CEO 겸 투자관리자인 루 심프슨Lou Simpson의 지시에 따라 조치를 취했다. 버핏이 인수한 보험사들이 투자 자금을 댈 수 있었던 것은 보험사가 보험금 청구에 대비해 현금으로 보유하고 있는 지급준비금 덕분이다. 보험사는 보험금을 지급할 때까지 지급준비금을 재량껏 투자할 수 있다. 지급준비금을 투자하여 발생한 이익은 일반적으로 법인세율이 낮게 부과되므로, 버핏은 다른 머니 매니저보다 상당히 많은 수익을 올릴 수 있었다.

　버크셔 해더웨이 산하의 보험사들은 안정적인 대차대조표와 뛰어난 자금 충당력에 있어 경쟁우위를 갖게 되었다. 또한 재정적으로 여유가 있었기 때문에, 다른 보험사들보다 훨씬 더 공격적으로 투자할 수 있었다. 일반 보험사들은 현금을 채권에 투자하는 경우가 많았다. 실제로 보험사들 중 상당수가 투자 적격 등급의 법인이 발행한 사채나 국채에만 투자하고 있었다. 왜냐하면 감독기관들은 보험사들이 보험 계약자의 돈을 가지고 멋대로 이용하는 것을 원하지 않기 때문이다. 또한 이 회사들도 갑자기 예상치 못한 대재앙이 일어나 일시에 수천 건의 보험금 청구가 들어올 때를 대비해야 하므로, 가치가 하락할지도 모르는 증권을 보유하고 있으면 위험하다고 생각했던 것이다. 주정부 및 지방정부의 자금 관리자 역시 연기금 운용자들처럼 투자처를 찾는 데 제약을 받았다. 그러다 보니 경제가 회복될 기미가 보이면, 단 몇 퍼센트 포인트라도 연수익률을 더 올리기 위해 상당한 위험을 무릅쓰고 있다.

그러나 버핏은 그러한 제약으로부터 자유로울 수 있었다. 버크셔 해더웨이는 네브래스카 주 보험국과 평가기관으로부터 재투자 범위를 수익률이 높은 증권으로 넓힐 수 있는 권한을 부여받았다. 따라서 버핏은 보험사에서 거둬들인 수십억 달러를 가지고 주식, 채권 또는 전환우선주 등을 매수할 수 있었다(제17장 참조). 또한 그 돈으로 기업을 인수하거나, 버크셔 해더웨이를 운영하는 자금으로 쓸 수도 있었다.

> 버핏은 보험사에서 거둬들인 수십억 달러를 가지고 주식, 채권 또는 전환우선주 등을 매수할 수 있었다. 또한 그 돈으로 기업을 인수하거나, 버크셔 해더웨이를 운영하는 자금으로 쓸 수도 있었다.

몇몇 보험사가 지닌 이 특권 덕에 버크셔 해더웨이는 상대적으로 적은 투자금으로도 경쟁업체들보다 훨씬 더 많은 수익을 올릴 수 있었다. 버크셔 해더웨이의 보험료 수입은 보험업계 전체의 2퍼센트도 채 되지 않았다. 그러나 보험업계 전체가 보유한 주식의 20~25퍼센트를 보유하고 있었다. 1999년 버크셔 해더웨이의 주식 보유액은 보험 잉여금의 65퍼센트에 해당되었다. 업계 평균을 크게 상회하는 수치였다. 버크셔 해더웨이는 투자 자산 대비 20퍼센트가 넘는 수익률을 올리고 있다. 다른 회사의 두 배에 해당하는 수익률이다.

버핏의 제1 경영 원칙은 신중함이었다. 회사는 실제로 발행한 보험증권 수에 비해 보험계약자를 더 늘릴 수 있는 자본금을 가지고 있었지만, 수익성이 좋은 보험증권만을 발행하기 위해 시장 점유율에는 개의치 않았다. 1993년 버크셔 해더웨이의 부회장 찰스 멍거Charles Munger는 이렇게 말했다. "사람들은 자본금에 비례하여 더 많은 보험증권을 발행하라고 권하곤 한다. 다른 보험회사는 모두 그렇게 하고 있었다. 평가기관은 우리가 자본금의 두 배까지 보험증권을 발행해도 된다고 했다. 그들은 우리에게 '보험 자본금이 100억 달러나 되는데, 왜 10억 달러어치만 발행하고 있소?'

라고 묻곤 했다. 한편 어떤 사람들은 이렇게 물었다. '작년에 다른 업체들은 다들 어려움을 겪었는데, 유독 버크셔 해더웨이만 괜찮았던 이유는 무엇이오?' 이 두 질문은 서로 연관성이 있는 것 같다."

장기간 그러한 경쟁우위를 유지할 수 있게 되자, 버크셔 해더웨이의 주식은 보험업계에서 수익률이 가장 좋은 것으로 나타났다. 다른 보험사와는 달리 버크셔 해더웨이의 자회사 주식은 장부가치에 높은 프리미엄이 붙어서 거래되었다. 보험업계에서 쉽게 모방할 수 없는 비즈니스 모델을 창출한 것이다.

버크셔 해더웨이의 성공 요인은 재무 레버리지financial leverage(기업이 자산을 취득하기 위해 자금을 조달하는 행위—역자주)에 있다. 회사의 자본금보다 더 많은 자금을 투자할 수 있는 능력이 뛰어나다는 것이다. 예를 들어 버크셔 해더웨이가 대차대조표상으로 1억 달러의 자본금을 가지고 있고 1년에 보험료로 5억 달러를 받는다고 하면, 6억 달러 전부를 투자에 사용할 수 있다. 이 투자금의 10퍼센트를 벌어들인다면 버크셔 해더웨이는 6천만 달러의 순이익을 올릴 수 있다. 이는 순자본의 60퍼센트에 해당하는 금액이다. 언젠가는 5억 달러는 보험금으로 지불해야 하겠지만, 그 시기가 오기까지는 그 돈을 자유롭게 사용할 수 있다. 매년 20퍼센트의 수익만 올린다 해도 회사의 장부가치는 빠르게 상승할 것이며, 결과적으로 그에 비례하여 주가도 상승한다(제10장 참조).

비결은 가능한 한 비용을 적게 들여서 투자금을 만들어 내는 것이다. 버크셔 해더웨이보다 더 훌륭하게 이 일을 해낸 회사는 찾기 힘들다. 매년 계약자에게 지급하는 보험청구액보다 더 많은 보험료를 거둬들이는 보험사라면, 보험청구액으로 확보해 둔 지급준비금 외의 보험료는 자유롭게 운용할 수 있다. 그러나 매년 보험청구액이 보험료 수입을 초과하면 그 반대가 된다. 보험사가 수입과 지출의 균형을 유지하기 위해서는 투자책임자가 보험계약의 부족분을 완전히 상쇄할 정도의 투자 수익률을 달성해야 한다. 다행히도 버크셔 해더웨이가 내셔널 인뎀니티를 인수했을 때, 버핏은 자신이 임의로 재투자할 수 있는 자금 2천만 달러를 보유하고 있었다. 1999년까지 그 자금은 폭발적으로 증가하여 253억 달러에 이르렀다. 더 중요한 것은 지난 33년 동안 유동자금을 마련하기 위한 비용이 전혀 들지 않았다는 것이다.

> 시작은 미미했지만, 1965년에 인수한 버크셔 해더웨이의 장부가치와 주가는 거의 매년 20퍼센트 이상으로 상승해 왔다. 이처럼 워렌 버핏이 35년간 지속적으로 높은 수익을 창출한 반면, 같은 기간 동안의 시장 평균 수익률은 약 11퍼센트였다.

1970년대에 버핏은 버크셔 해더웨이 지분을 29퍼센트에서 더 늘렸다. 70년대 말에 그와 아내 수전의 총 지분은 46퍼센트에 이르렀다. 그들이 보유할 수 있는 최대 한도의 지분이었다. 버핏은 주당 32.45달러의 회사 주식 약 52만 주를 소유했다. 자신의 거의 모든 자산을 버크셔 해더웨이의 주식에 투자했던 것이다. 이제 버핏 개인으로서도 높은 수익을 보장받기 위해서 회사를 고속으로 성장시키는 일만 남게 되었다.

〈표 2-1〉과 〈그림 2-1〉은 버핏이 노력한 결과다. 시작은 미미했지만, 1965년에 인수한 버크셔 해더웨이의 장부가치와 주가는 거의 매년 20퍼센트 이상으로 상승해 왔다. 이처럼 워렌 버핏이 35년간 지속적으로 높은 수익을 창출한 반면, 같은 기간 동안의 시장 평균 수익률은 약 11퍼센트였다. 이런 워렌 버핏의 성공은 거의 기적에 가까운 것이다. 버크셔 해더웨이를 운영한 그의 성과는 35년 동안 매년 평균 40번의 홈런을 친 행크 아론 Hank Aaron과 같고, 20년 동안 매년 계속해서 가장 많은 슛을 넣은 마이클 조던 Michael Jordan과 같으며, 70세의 나이에 주요 경기를 승리로 이끈

표 2-1 버크셔 해더웨이의 운영 성과

연도	주당 장부가치 ($)	주당 장부가치 증가율 (%)	버크셔 해더웨이 연말종가 ($)*	버크셔 해더웨이 연 수익률 (%)	S&P 500의 연 수익률 (%)	1만 달러 투자 시 버핏의 수익 ($)	1만 달러 투자 시 S&P 500의 수익 ($)
1965	24	23.8	19		10.0	10,000	10,000
1966	29	20.3	17	-8.0	-11.7	9,200	8,830
1967	32	11.0	20	15.7	30.9	10,644	11,558
1968	38	19.0	37	82.7	11.0	19,447	12,830
1969	44	16.2	42	13.5	-8.4	22,073	11,752
1970	50	12.0	39	-7.1	3.9	20,506	12,211
1971	58	16.4	69	79.5	14.6	36,807	13,993
1972	71	21.7	79	14.3	18.9	42,071	16,638
1973	74	4.7	71	-11.3	-14.8	37,317	14,176
1974	78	5.5	40	-43.7	-26.4	21,009	10,433
1975	95	21.9	38	-5.0	37.2	19,959	14,314
1976	151	59.3	89	147.3	23.6	49,358	17,693
1977	200	31.9	138	46.8	-7.4	72,458	16,383
1978	248	24.0	152	13.8	6.4	82,457	17,432
1979	336	35.7	320	102.5	18.2	166,976	20,604
1980	401	19.3	425	32.8	32.3	221,745	27,260
1981	526	31.4	560	31.8	-5.0	292,259	25,897
1982	738	40.0	775	38.4	21.4	404,487	31,439
1983	976	32.3	1,310	69.0	22.4	683,583	38,481
1984	1,109	13.6	1,275	-2.7	6.1	665,126	40,828
1985	1,644	48.2	2,430	93.7	31.6	1,288,350	53,730
1986	2,073	26.1	2,820	14.2	18.6	1,471,296	63,724
1987	2,447	19.5	2,950	4.6	5.1	1,538,975	66,974
1988	2,976	20.1	4,700	59.3	16.6	2,451,587	78,091
1989	4,298	44.4	8,675	84.6	31.7	4,525,630	102,846
1990	4,614	7.4	6,675	-23.1	-3.1	3,480,210	99,658
1991	6,437	39.6	9,050	35.6	30.5	4,719,164	130,053
1992	7,745	20.3	11,750	29.8	7.6	6,125,475	139,937
1993	8,854	14.3	16,325	38.9	10.1	8,508,285	154,071
1994	10,083	13.9	20,450	25.0	1.3	10,635,357	156,074

연도	주당 장부가치 ($)	주당 장부가치 증가율 (%)	버크셔 해더웨이 연말종가 ($)*	버크셔 해더웨이 연 수익률 (%)	S&P 500의 연 수익률 (%)	1만 달러 투자 시 버핏의 수익 ($)	1만 달러 투자 시 S&P 500의 수익($)
1995	14,025	43.1	32,100	57.4	37.6	16,740,051	214,758
1996	19,011	31.8	34,100	6.2	23.0	17,777,934	264,152
1997	25,488	34.1	46,000	34.9	33.4	23,982,434	352,379
1998	37,801	48.3	70,000	52.2	28.6	36,501,264	453,160
1999	37,987	0.5	56,100	-19.9	21.0	29,237,512	548,323

* 대략적인 연말종가 기준, 버크셔 해더웨이는 핑크시트(뉴욕 증권거래소에서 전자매매가 되지 않는 주식들을 위한 일종의 장외시장-역자주)에서 거래되어 왔다.

그림 2-1 버크셔 해더웨이의 장부가치와 주가의 상승

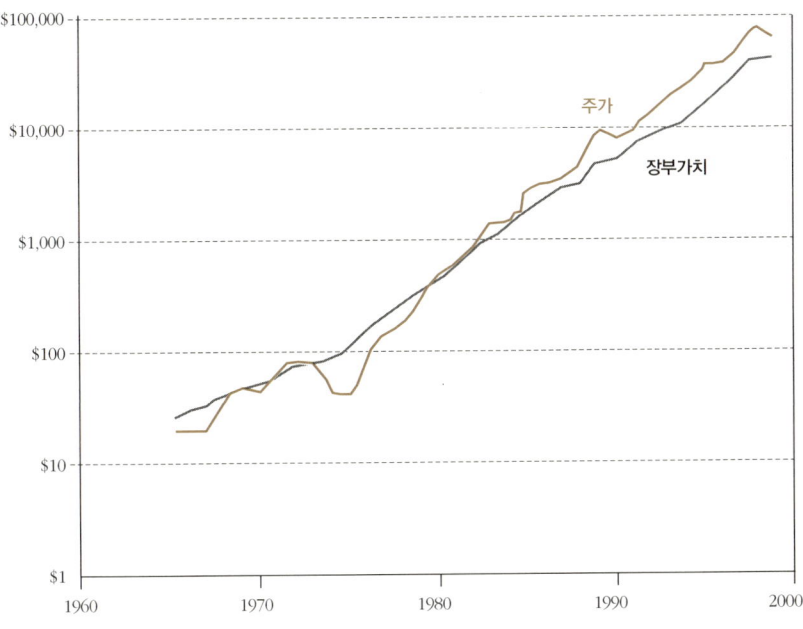

잭 니클라우스Jack Nicklaus와 견줄 수 있다. 표에서 알 수 있는 바와 같이 투자자들이 때때로 손실을 볼 때도 버핏은 계속해서 자신의 기록을 갱신해 나갔다.

벤저민 그레이엄을 넘어서다

버핏이 투자조합을 운영하던 처음 몇 년은 그에게 매우 중요한 시기였다. 버핏이 다른 사람보다 유리한 위치에서 출발하지 못했더라면(그는 1970년에 이미 2,500만 달러의 자금을 가지고 있었다), 지금과 같은 억만장자의 지위에 오를 수 없었을 것이다. 1950~1960년대에 파트너들을 위해 계획한 투자가 그 후의 대규모 투자와 관계가 있는 것처럼, 그것은 그가 현재 이루어 놓은 성공과도 밀접한 관계가 있다.

그러나 버크셔 해더웨이의 최고경영자가 된 이후 버핏의 생각은 분명히 바뀌었다. 그는 매년 버크셔 해더웨이의 장부가치를 증가시키는 것을 목표로 삼았다. 그것도 그 가치가 주가를 끌어올릴 만큼 충분히 높아야 했다. 워크아웃과 기업회생turnaround을 앞둔 기업에만 소극적으로 투자해서는 큰돈을 만질 수 없었다. 버핏은 우량기업을 중심으로 선정한 S&P 500 종목에 투자하는 다른 머니 매니저들처럼 큰 시장으로 나아가서 기회를 잡아야만 했다. 버핏의 동료이자 작가인 데이비드 클라크David Clark는 이렇게 말했다. "워렌 버핏의 가장 뛰어난 업적은 같은 주식에 투자하는 모든 전문가들의 수익률을 앞질렀다는 점일 것이다."

1970년대 후반까지 버핏은 가장 강경한 가치투자론자였던 그레이엄의 그늘에서 벗어나, 그와 같은 시대의 인물인 필립 피셔Philip Fisher의 이론에 심취하게 되었다. 그레이엄은 1929년 대공황 이후 생겨난 냉소주의적 관점으로 주식시장을 바라보는 대표적 인물이었다. 반면 피셔는 그러한 사고로부터 벗어나 주식시장은 점차 회복되고 있는 미국 경제를 비추어 주는 '거울'이 될 것이라고 생각했다. 피셔의 새로운 성장주의적 관점에 의하면 국내생산량이 증가함으로써 동시에 기업의 매출, 이익, 가치 등이 증대될 수 있다는 것이었다. 가격은 싸지만 지속적으로 수익을 내지 못하는 주식에 계속해서 자금을 쏟는 것은 고장난 차에 계속해서 돈을 쓰는 것과 같다고 보았다. 자동차는 그래도 한동안 운행할 수는 있겠지만, 무리한 지출로 인해 결국 배보다 배꼽이 더 커진다는 것이다.

> 버크셔 해더웨이의 최고경영자가 된 이후 버핏의 생각은 분명히 바뀌었다. 그는 매년 버크셔 해더웨이의 장부가치를 증가시키는 것을 목표로 삼았다. 그것도 그 가치가 주가를 끌어올릴 만큼 충분히 높아야 했다.

워렌 버핏은 투자에 입문한 지 얼마 되지 않았을 때는 '길에 버려진 꽁초를 주워서 피우면 한 모금은 빨 수 있다'는 그레이엄의 담배꽁초식 가치투자를 그대로 따랐으나 결국 그레이엄의 이론에서 방향을 바꾸었다. 버크셔 해더웨이를 강력한 투자회사로 만들려면 록우드 코코아Rockwood Cocoa, 아카타Arcata, 샌본 맵Sanborn Map, 웨스턴 천연가스, 뎀스터 밀Dempster Mill, 블루칩 스탬스Blue Chip Stamps, 호치스차일드Hochschild 같이 초기에 발굴한 일곱 종목들로만 포트폴리오를 꾸려서는 불가능하다는 것을 알게 되었다. 버크셔 해더웨이의 규모가 커갈수록 버핏의 투자 방식에도 변화가 필요했다. 이제 그는 조울증에 걸린 주식시장이 여러 차례에 걸쳐 자신에게 멋진 공을 날려 주기를 기대해야 했다.

버크셔 해더웨이와 함께한 투자 인생

버크셔 해더웨이의 운용 성과

〈표 2-2〉에 1999년 9월까지 지난 20년간 이루어진 버크셔 해더웨이의 투자 내역을 요약하고, 이에 근거해 수익을 계산해 놓았다. 버핏이 세후 이익을 일일이 밝히지 않았기 때문에 세전이익으로만 추산했다. 그리고 버핏이 주식을 매수해서 매도하는 기간 동안의 주가 변동폭을 고려하여 평균 적용주가를 정했다. 14개 종목의 1999년까지의 세전이익은 대략 340억 달러에 달한다(제3장에서는 버핏이 버크셔 해더웨이의 포트폴리오 구성을 위해 주식을 어떻게 선정했는지 검토할 것이다). 실제로 이 14개의 우량주에 투자한 덕에 버크셔 해더웨이의 장부가치와 버핏의 순자산이 큰 폭으로 증가했다. 1999년의 세후이익은 버크셔 해더웨이 장부가치의 40퍼센트를 넘어섰다. 이 종목들을 보유하지 않았더라면, 버크셔 해더웨이의 주식은 오늘날의 주가에 비해 매우 낮은 가격으로 거래되고 있을 것이다.

버핏이 버크셔 해더웨이의 지분 중 33.7퍼센트를 보유하고 있기 때문에, 그가 회사를 위해 창출한 세후이익 중 이만큼이 그에게 돌아가게 되어 있다. 이러한 점이 버핏이 부를 축적하는 데 중요한 역할을 했음에도 불구하고 종종 간과하는 사람들이 있다. 1960년대 말 버크셔 해더웨이를 인수한 이후 그는 자신의 순자산을 2,500만 달러에서 1999년까지 300억 달러로 늘렸고, 이 과정에서 상대적으로 매우 낮은 자본이득세를 냈다. 버핏이 버크셔 해더웨이를 이용해 투자했기 때문에, 증권 매도로 인한 수익은 버핏 개인이 아니라 버크셔 해더웨이의 손익계산서에 기재되었다. 그래서 증권 매도에 의한 수익은 버크셔 해더웨이의 순이익을 증가시켰고, 회사는 이에 대해 세금을 지불해야 했다. 그렇지만 이로 인해 버크셔 해더웨이

표 2-2 버크셔 해더웨이의 20년간 투자 현황

종목	1999년 보유주식 수	적용주가($)	세전이익 (100만 달러)
코카콜라	200,000,000	6.50	11,700
아메리칸 익스프레스	50,536,900	29.09	5,775
질레트	96,000,000	6.25	3,360
프레디 맥*	60,298,000	5.11	3,300
웰스파고*	63,595,180	6.16	2,535
가이코(인수 전)	34,250,000	1.33	2,348
살로몬/트래블러스*∴	1998년에 매도	25.47	1,400
캐피탈 시티스/ABC/디즈니*	51,202,242	5.49	1,311
워싱턴 포스트	1,727,765	6.14	930
US에어*∴	1998년 매도	38.74	550
제너럴 다이내믹스**	7,693,637	18.00	450
개닛*	4,261,300	24.45	300
M&T뱅크	506,930	79.00	235
PNC뱅크	1995~1997년에 매도	25.86	150
총액			34,344

* 과거에 매도해서 얻은 이익도 포함한다.
** 제너럴 다이내믹스는 1994~1997년에 매도해서 얻은 이익과 특별 배당금을 포함한다.
∴ 이 종목들의 이익에는 전환우선주의 배당금이 포함된다.

의 장부가치와 내재가치가 동시에 급상승했다. 여러 해에 걸쳐 급등한 포트폴리오의 가치는 버크셔 해더웨이의 주가에 직접적인 영향을 주었고, 버핏의 재산에도 그에 상응하는 영향을 미쳤다. 만약 버핏이 버크셔 해더웨이의 주식을 매도해야 한다면, 세금을 내야 하겠지만 20년 이상 그렇게 하지 않았다. 가끔 그는 소량의 주식을 증여할 것이지만, 그들 부부는 자신이 1960년대와 1970년대에 축적한 거의 모든 주식을 보유하고 있다.

버크셔 해더웨이의 장부가치 상승과 버핏의 순자산 증가가 단지 주식투자의 성공에서만 기인한 것은 아니다. 버크셔 해더웨이가 기업 인수에 유

표 2-3 버크셔 해더웨이의 자회사

보험업 – 1999년 수입 147억 달러, 자산 842억 달러

가이코	자동차보험
버크셔 해더웨이 재보험	대재해 재보험
제너럴 재보험	자산·재해 재보험
내셔널 인뎀니티	종합 상업보험
사이프레스 보험	노동자 재해 보험
센트럴 스테이트 인뎀니티	신용카드 보험
캔자스 은행 보증보험	은행 보증보험

제조업, 소매업, 서비스업 – 1999년 수입 59억 달러, 자산 40억 달러

아달렛	전기부품
블루칩 스탬스	마케팅 서비스
보샤임스	고급 보석
버펄로 뉴스	일간 신문
캠벨 하우스펠드	공기압축기, 용접기
캐어프리	레저용 차량 부품
클리블랜드 우드 프로덕트	진공청소기 부품
덱스터 슈	구두, 캐주얼화, 운동화
더글러스 프로덕츠	진공청소기
이그제큐티브 제트	항공기 임대
페크하이머 브러더스	각종 유니폼 및 액세서리
플라이트세이프티 인터내셔널	조종사 훈련 서비스
프랜스	점화장치
HH 브라운 슈	작업화 및 장화
할렉스	도관장치
헬즈버그스 다이아몬드 숍	고급 보석
인터내셔널 데어리 퀸	아이스크림 체인
조던스 퍼니처	가정용 가구
저스틴 인더스트리스	콘크리트 건축용품, 신발
킹스턴	전기제품 제어장치
커비	진공청소기
로웰 슈	여성용 및 간호사용 신발
메리엄	압력 제어장치
네브래스카 퍼니처 마트	가정용 가구
노스랜드	전기 모터

파워원치	해상 권양기 및 게양기
프리시전 스틸 프로덕트	철강 서비스 센터
퀵컷	칼 제조
스콧캐어	의료 장비
스콧 랩스	세척 용액
시즈 캔디스	포장용 초콜릿
스탈	트럭 장비
스타 퍼니처	가정용 가구
웨인 컴버스천 시스템스	석유 및 가스버너
웨인 워터 시스템스	배출 펌프
웨스턴 엔터프라이즈	가스 부품 및 조절기
웨스턴 플라스틱	플라스틱 금형 부품
RC 와일리	가정용 가구
월드북	출판물, 멀티미디어 백과사전
금융업 – 1999년 수입 8억 4,600만 달러, 자산 242억 달러	
스콧 펫처 파이낸셜	
버크셔 해더웨이 생명보험	
버크셔 해더웨이 신용	
BH 파이낸스	
제너럴 리 파이낸스 프로덕츠	

리하도록 신뢰를 쌓아 온 덕이기도 하다. 버크셔 해더웨이는 현금흐름을 원활하게 하기 위한 목적으로 버핏이 한 번에 한 회사씩 병합시킨, 본질적으로는 다른 여러 회사들의 혼합체다. 이 회사들은 보석업체인 보샤임스Borsheim's, 진공청소기를 제조하는 커비Kirby, 아이스크림 프랜차이즈인 데어리 퀸, 제트기 임대업체인 이그제큐티브 항공Executive Jet, 보험업체인 가이코, 과자 제조업체인 시즈 캔디스See's Candies 등 다양하다(〈표 2-3〉과 〈표 2-4〉 참조).

문서상으로는 이 포트폴리오들이 어떤 의미를 갖고 있는지 쉽게 알 수

표 2-4 버크셔 해더웨이 자회사의 이익(손실)

(단위: 100만 달러)

	1987	1988	1989	1990	1991	1992	1993	1994	1995	1996	1997	1998	1999
보험업종													
재보험											(8)	(21)	(1,440)
가이코											128	269	24
기타	(55)	(11)	(24)	(27)	(120)	(109)	31	130	21	171	281	17	22
투자수입	153	231	244	327	332	355	375	419	502	726	882	974	2,482
버펄로 뉴스	39	42	46	44	37	48	51	54	47	50	56	53	55
금융 서비스						20	23	22	21	23	28	205	125
항공 서비스										3	140	181	225
가구류	17	18	17	17	14	17	22	17	30	44	57	72	79
데어리 퀸												58	56
보석류									34	28	32	39	51
슈곳 펫처(커비, 월드북, 페크하이머 포함)	92	97	98	102	97	110	111	121	110	122	119	137	147
시즈 캔디스	32	33	34	40	42	42	41	48	50	52	59	62	74
신발회사					14	28	44	86	58	62	49	33	17
회계 조정	(8)	(9)	(9)	(9)	(10)	(12)	(17)	(23)	(27)	(76)	(101)	(123)	(739)
이자비용	(12)	(36)	(42)	(76)	(89)	(99)	(57)	(60)	(56)	(94)	(107)	(100)	(109)
기부금	(5)	(5)	(6)	(6)	(7)	(8)	(10)	(10)	(12)	(13)	(15)	(17)	(17)
기타	29	57	37	71	90	68	29	36	37	73	60	60	33
영업이익	282	418	393	483	400	461	643	839	815	1,221	1,721	1,899	1,085
투자자본이득	29	132	224	34	193	90	546	91	194	2,485	1,106	2,415	1,365
총이익	310	550	617	517	593	551	1,190	931	1,009	3,706	2,827	4,314	2,450

없을 것이다. 그러나 각 기업은 다음과 같이 버핏이 크게 중점을 두어서 인수할 만한 중요한 특성을 지니고 있었다.

> 회사를 통째로 인수하든 주식에 투자하든 수학적인 계산 없이 이루어진다면 결국 손해를 보게 마련이다. 그 투자는 가격과 가치가 제대로 조화를 이룰 때까지 보류해야 한다.

- 단순한 비즈니스 모델을 적용해서 높은 수익을 올리고 있는 기업들이다.
- 버핏이 재투자를 할 수 있도록 현금을 많이 창출해 주는 기업들이다.
- 시장에서의 자생력이 강한 독보적인 기업들이다.
- 안정적으로 운영되고 있는 기업들이다. 버핏은 이렇게 말했다. "우리가 어떤 조치를 취하지 않아도 이 회사들 중 대부분이 이미 믿기지 않을 만큼 부를 축적했다. 때문에 내가 할 수 있는 일은 십여 명의 관리자들로 하여금 업무에 더욱 전념할 수 있도록 도와 주는 것이다."
- 수학적·경제적으로 타당한 가격에 인수한 기업들이다. 예를 들어 버핏은 1983년 소유주를 처음 만나자마자 그 자리에서 네브래스카 퍼니처 마트Nebraska Funiture Mart의 인수를 결정했다. 이 회사의 소유주였던 로즈 블럼킨Rose Blumkin은 그 날을 다음과 같이 회상했다. "그가 상점에 걸어 들어와 말을 걸었다. '오늘은 내 생일인데 귀사를 인수하고 싶습니다. 얼마면 되겠습니까?' 난 그에게 말했다. '6천만 달러요.' 그가 나가더니 바로 수표를 들고 돌아왔다."

버핏은 마지막 사항을 가장 중요하게 생각했다. 회사를 통째로 인수하든 주식에 투자하든 수학적인 계산 없이 이루어진다면 결국 손해를 보게 마련이다. 그 투자는 가격과 가치가 제대로 조화를 이룰 때까지 보류해야 한다.

제2부 | 워렌 버핏의 수학적 투자 마인드 기르기

적절한 종목을 적정가에 매수했고, 주가가 상승할 거라는 증거가 확실하며, 모든 것이 생각하는 방향으로 흘러가고 있다면, 조급하게 주식을 팔아서는 안 된다. 다섯 배의 수익률은 1만 달러를 5만 달러로 만든다. 그러나 그 후 다섯 배는 1만 달러를 25만 달러로 불어나게 한다. 이와 같이 돈을 25배로 불리는 기회는 유명한 펀드 매니저들에게도 쉽게 찾아오지 않는다. 개인투자자에게는 평생에 한두 번 올까 말까 한 기회이므로 일단 기회가 왔다면 최대한 활용해야 한다.

Warren Buffett

02

Developing a Mathematical Mind

제3장

복리의 마법으로
돈이 저절로 불어나는
버핏 수학

'마법' 의 복리 효과를 누리자
가치와 주가는 어떤 관계인가
주가는 반드시 기업의 내재가치로 회귀한다
월스트리트의 예측을 믿지 마라
미래 예측 도구로서의 수학

> 1626년 인디언들은 24달러를 받고 이주민들에게 맨해튼을 팔았다. 만약 2000년 1월 1일에 인디언들이 맨해튼을 되사려면, 2조 5천억 달러 이상을 지불해야 한다. 부를 축적하고 복리로 부가 저절로 불어나게 하고, 가능하다면 세금을 면제받는 것이야말로 투자의 질을 높이는 공식임에 틀림없다.

금융계는 이제 투자자들이 스스로 거의 모든 문제를 분석하고 해결할 수 있는 단계까지 발전을 거듭해 왔다. 수세기에 걸친 수학의 발전 덕택에 논리적 유추가 가능한 방법이 등장한 것이다. 컴퓨터를 활용한 실용적인 지식이 이런 변화를 가져오는 데 큰 몫을 담당했다. 수학에는 감정도 없고 편견도 없다. 투자자가 종목을 선정할 때 감정적 영역에서의 불합리성을 제거할 수만 있다면, 이로 인한 결정은 훨씬 더 나은 결과를 가져올 것이다.

재무설계사 financial planner 들은 금전과 관련하여 우리가 직면하는 모든 문제의 80퍼센트 이상을 수학적으로 해결할 수 있다고 믿는다. 예를 들면 우리는 단순한 수학적 지식을 통해 자동차를 빌리는 것과 구입하는 것 중 어느 것이 나은지, 융자를 하는 것이 과연 돈을 절약하는 데 도움이 되는지, 정기보험과 종신보험 중 어느 것이 나은지, 세금 추가 납부와 환급 요구 중 무엇을 해야 할지, 대출을 받을 때 고정금리와 변동금리 중 어느 쪽을 선택하는 것이 더 나은지, 신용카드를 쓸 때 할부와 일시불 중 무엇으로 결제하는 것이 더 나은지, 단독으로 자금을 투자해서 노후를 대비하는 것과 연금제도에 의존하는 것 중 어느 것이 나은지 계산할 수 있다.

소비자이자 투자자로서 내려야 할 이런 결정들은 개인이 장기적으로 자산을 얼마나 건전하게 운용하는지에 중요한 영향을 미친다. 얼핏 보기에는 이 결정이 상당히 어려운 것처럼 보일지 모르지만, 모두 짧은 시간 내에 해결할 수 있는 것들이다. 워렌 버핏과 같은 뛰어난 투자자들은 이처럼 수학으로부터 영감을 얻는다. 그러나 대다수 투자자들과는 달리 버핏은 데이터 마이닝data mining(정확히 수치화하기 힘든 데이터 간의 연관성을 찾아내는 일—역자주)에 대해서는 크게 신뢰하지 않는다. 누구라도 데이터를 조작하여 건전한 투자처럼 보이게 하거나, 과대평가된 주식이 싼값에 나온 것처럼 오판하게 만들 수 있다고 생각하기 때문이다. 예를 들면, 수익률 예측에 관한 단 하나의 가정만 변경해도 25달러짜리 주식을 100달러 이상의 가치가 있는 주식으로 아주 간단히 바꿀 수 있다는 것이다.

그럼에도 불구하고 본질적으로 투자는 단순한 과정이다. 기초적인 대수학만 이해하면 종목 선정에 성공할 수 있다. 버핏은 1994년 뉴욕의 애널리스트들이 모인 자리에서 다음과 같이 말했다. "증권을 분석하기 위해 미적분 계산을 해야 했다면 나는 아직도 신문을 배달하고 있었을 것이다. 한 기업의 가치를 평가하려면, 발행 주식의 수로 나누면 된다. 따라서 나눗셈이 필요할 뿐이다. 농장, 아파트, 세탁소 등을 구입할 때 미적분을 하려고 수학 전문가를 대동할 필요는 없다. 그 기업의 미래이익을 예측하고, 그것을 그 자산에 대해 지불하려는 금액과 비교해 보고서 타당한지를 살펴야 한다."

수학은 투자의 목적이 아니라 하나의 수단에 불과하다. 수학으로 인해 종목 선정의 중요성이 회석되어서는 안 된다. 투자를 통해 수익을 창출할 수 있는지를 논리적으로 입증할 때 필요할 뿐이다. 금융계의 몇 가지 기본적인 규칙을 알고 있는 투자자라면, 버핏과 같이 수학의 정확성을 이용해서 여러 종목의 주식을 분석할 수 있을 것이다. 매매 결정이 수학적으로 일리가 있다면 그 결정은 실행에 옮겨야 하지만, 수학적으로 정당화하지 못하는 투자라면 안 하는 것이 좋다.

> 수학은 투자의 목적이 아니라 하나의 수단에 불과하다. 수학으로 인해 종목 선정의 중요성이 회석되어서는 안 된다. 투자를 통해 수익을 창출할 수 있는지를 논리적으로 입증할 때 필요할 뿐이다.

'마법'의 복리 효과를 누리자

워렌 버핏은 복리의 위력이 엄청나다는 것을 알고 있다. 시간은 투자자의 포트폴리오에 가장 큰 영향을 미친다. 세금과 인플레이션, 무분별한 종목 선정보다 부의 축적에 더 큰 손해를 끼치는 것 역시 시간이다. 더군다나 시간은 이러한 위험 요소들의 영향력을 더욱 확대시키는 힘을 갖고 있다. 잘못된 종목 선정에 따른 손실이 지금은 단지 2천 달러로 끝날지도 모르지만, 시간이 흐르고 나면 5만 달러의 손실로 불어날 수도 있다. 단기 차익을 얻기 위해 빈번하게 매매를 하다 보면 주기에 따라 고수익을 올리는 때도 있겠지만, 어느 정도 시간이 지나면 엄청난 세금 부담만 안게 될 수도 있다. 이와 마찬가지로 인플레이션도 지속적으로 자금의 가치를 잠식하기 때문에 투자자의 포트폴리오에 큰 손해를 끼친다. 버핏은 언젠가 투자자들에게 다음과 같은 내용의 편지를 쓴 적이 있다. "투자의 수단과 목적을 혼동해서는 안 된다. 투자의 목적은 가장 많은 세후수익을 얻는 것이다."

1626년 인디언들은 24달러어치의 장신구와 구슬을 받고 이주민들에게 맨해튼을 팔았다. 만약 2000년 1월 1일에 인디언들이 맨해튼을 되사려 했다면, 2조 5천억 달러 이상을 지불했어야 한다는 이야기가 있다. 1626년 당시의 24달러를 연 7퍼센트의 복리로 계산하면 2조 5천억 달러 이상이 된다는 얘기다. 시간은 쉬지 않고 흘러가고 있다. 따라서 맨해튼의 2001년 가치는 1,750억 달러만큼 인상된다(2조 5천억 달러의 7퍼센트). 그 다음 해에는 1,870억 달러가 추가된다. 또 그 다음 해에는 2천억 달러가 오르게 된다. 부를 축적하고 복리로 부가 저절로 불어나게 하고, 가능하다면 세금을 면제받는 것이야말로 투자의 질을 높이는 공식임에 틀림없다.

투자를 하려면 시간의 도움을 받아야 한다. 적정가에 좋은 종목을 선정해서 기업의 성장과 함께 주가가 상승하기를 참을성 있게 기다릴 줄 아는 투자자는 좀처럼 손해를 입지 않는다. 버핏은 수차에 걸쳐 피력했다. "시간은 훌륭한 기업에는 친구가 되지만 그렇지 않은 기업에는 적이 된다." 견실한 기업들은 내재가치가 지속적으로 상승하며 주가도 올라간다. 5년이 지나면 내재가치의 변화와 주가의 변화 사이에 매우 밀접한 상관관계가 있음을 알 수 있다. 훌륭한 기업들이 꾸준히 매출과 순이익을 증가시키는 것은 투자자 편에서 보면 자신의 꿈을 실현하는 것과 같다. 복리의 위력은 시간이 흐르면서 마술을 부리기 시작하고, 투자자의 순자산에도 모멘텀이 되어 가치를 급속도로 증가시킨다.

〈표 3-1〉과 〈표 3-2〉는 투자 자금이 복리의 혜택을 받으면 어떻게 변화

해 가는지 자세히 보여 준다. 여기에는 다음과 같은 두 가지 명백한 원리가 존재한다.

> 로저 로웬스타인은 일곱 살이던 버핏이 갑자기 몸이 아파 병원에 입원했을 때, 병상에 누워 종이에다가 자신의 미래 재산을 계산해 보고는 행복해했다고 전한다.

- 시간은 궁극적으로 부의 축적에 큰 영향을 미친다. 장기간에 걸쳐 복리로 이자가 붙을수록 총액은 엄청나게 불어난다.
- 이미 획득한 수익률은 궁극적으로 부를 확대하거나 축소하는 수단으로 작용한다. 매년 몇 퍼센트 포인트만이라도 증가시킬 수 있다면, 부의 축적에 측정이 어려울 정도의 결과를 가져올 수 있다. 1달러를 투자해 연복리 6퍼센트의 수익률을 올린다면, 30년 후에 5.74달러로 불어난다. 더 높은 수익률을 올릴 수 있다면 더 많은 부를 축적할 수 있다. 연복리 10퍼센트로 투자하면, 30년 후에 1달러는 17.45달러로 불어나고, 20퍼센트라면 237달러가 된다.

버핏은 어린 시절 처음으로 복리법을 계산해 보고는 흥분을 감추지 못했다. 투자를 하면 어떤 이득을 볼 수 있는지를 계산하고 자신의 포트폴리오를 상승곡선으로 유지할 수 있는 연도별 복리 도표들을 외우려고 노력한 적도 있다. 전기작가 로저 로웬스타인Roger Lowenstein은 당시 일곱 살이던 버핏이 갑자기 몸이 아파 병원에 입원했을 때, 병상에 누워 종이에다가 자신의 미래 재산을 계산해 보고는 행복해했다고 전한다.

1962년 말, 버핏은 투자자들에게 보내는 연례보고서에서 관례적인 시장 평가와 관련된 내용에서 벗어나 '복리의 기쁨 the joys of compounding'에 대해 설명했다. 그로부터 40여 년이 지난 지금도 누구든 이 글을 읽으면,

표 3-1 복리의 마술 : 1달러는 50년 후에 얼마로 변하는가

연수	4%	6%	8%	10%	12%	14%	16%	18%	20%	22%	24%	26%	28%	30%
1	1.04	1.06	1.08	1.10	1.12	1.14	1.16	1.18	1.20	1.22	1.24	1.26	1.28	1.30
2	1.08	1.12	1.17	1.21	1.25	1.30	1.35	1.39	1.44	1.49	1.54	1.59	1.64	1.69
3	1.12	1.19	1.26	1.33	1.40	1.48	1.56	1.64	1.73	1.82	1.91	2.00	1.10	2.20
4	1.17	1.26	1.36	1.46	1.57	1.69	1.81	1.94	2.07	2.22	2.36	2.52	2.68	2.86
5	1.22	1.34	1.47	1.61	1.76	1.93	2.10	2.29	2.49	2.70	2.93	3.18	3.44	3.71
6	1.27	1.42	1.59	1.77	1.97	2.19	2.44	2.70	2.99	3.30	3.64	4.00	4.40	4.83
7	1.32	1.50	1.71	1.95	2.21	2.50	2.83	3.19	3.58	4.02	4.51	5.04	5.63	6.27
8	1.37	1.59	1.85	2.14	2.48	2.85	3.28	3.76	4.30	4.91	5.59	6.35	7.21	8.16
9	1.42	1.69	2.00	2.36	2.77	3.25	3.80	4.44	5.16	5.99	6.93	8.00	9.22	10.60
10	1.48	1.79	2.16	2.59	3.11	3.71	4.41	5.23	6.19	7.30	8.59	10.09	11.81	13.79
15	1.80	2.40	3.17	4.18	5.47	7.14	9.27	11.97	15.41	19.74	25.20	32.03	40.56	51.19
20	2.19	3.21	4.66	6.73	9.65	13.74	19.46	27.39	38.34	53.36	73.86	102.00	139.00	190.00
25	2.67	4.29	6.85	10.83	17.00	26.46	40.87	62.67	95.40	144.00	217.00	323.00	479.00	706.00
30	3.24	5.74	10.06	17.45	29.96	50.95	85.85	143.00	237.00	390.00	635.00	1,26.00	1,646.000	2,620.00
35	3.95	7.69	14.79	28.10	52.80	98.10	180.00	328.00	591.00	1,053.00	1,861.00	3,258.00	5,654.000	9,728.000
40	4.80	10.29	21.72	45.26	93.05	189.00	397.00	750.00	1,470.00	2,847.00	5,456.00	10,347.00	19,427.00	36,119.00
45	5.84	13.76	31.92	72.89	164.00	364.00	795.00	1,717.00	3,657.00	7,695.00	15,995.00	32,861.00	66,750.00	134,107.00
50	7.11	18.42	46.90	117.00	289.00	700.00	1,671.00	3,927.00	9,100.00	20,797.00	46,890.00	104,358.00	229,350.00	497,929.00

표 3-2 복리 적용 시 투자금 증가에 필요한 대략적인 연수

이자율(%)	2배	3배	4배	10배
4	18	28	36	59
6	12	19	24	40
8	9	15	18	30
10	8	12	15	25
12	7	10	13	21
14	6	9	11	18
16	5	8	10	16
18	5	7	9	14
20	4	7	8	13
22	4	6	7	12
24	4	6	7	11
26	3	5	6	10
28	3	5	6	10
30	3	5	6	9

완고할 정도로 꼼꼼한 32세의 버핏이 심오한 논리를 지닌 청년이었음을 알 수 있다. 그가 주장하는 바와 같이 생산적인 일에 투입된 자금은 단 1달러일지라도 복리로 이자가 붙으면 사회에 보다 큰 혜택을 가져다 준다. 또한 그렇게 적은 자금이라도 낭비한다면 그 자신과 크게는 사회 전체에 심각한 결과를 초래하게 된다고 본 것이다. 만약 스페인이 애초에 크리스토퍼 콜럼버스Christopher Columbus에게 항해 자금을 지원해 주지 않고 다른 데 썼더라면 어떻게 되었을까? 그 결과는 상상조차 할 수 없을 것이다.

확실하지는 않지만 처음 이사벨라 여왕이 콜럼버스에게 지원해 준 항해 자금이 약 3만 달러였다고 들었다. 사람들은 신대륙 발견이라는 엄청난 모험

을 하는 데 그 정도의 자금 지원은 당연한 것이라고 생각해 왔다. 그러나 신대륙을 발견했다는 정신적 수익을 빼면, 당시 스페인은 IBM만큼의 가치도 없는 일에 자금을 대준 셈이다. 이 3만 달러를 연 4퍼센트의 복리로 투자했더라면 현재 약 2조 달러에 달했을 것이다.

신대륙 발견을 위한 콜럼버스의 네 번에 걸친 항해는 미래의 항해자들에게 항로를 닦아 주었다는 것을 제외하곤 스페인에 아무런 경제적인 도움이 되지 못했다. 대신 스페인이 15세기 후반 3만 달러라는 돈을 더 나은 일에 사용하였더라면, 스페인은 국부를 더욱 향상시킬 수 있었을 것이다. 이 3만 달러를 복리로 계산하면 1999년에는 8조 달러 이상이 된다. 이는 미국의 연간 경제 규모와 거의 맞먹는 액수이며, 이 돈을 좀더 유용하게 사용했더라면 스페인은 오늘날 세계적인 경제대국이 되어 있었을지도 모른다.

물론 5세기 동안에 자산가치가 얼마나 증가했는지를 계산하는 것은 기껏해야 80~90년을 살 수 있는 투자자들에게 어떠한 실질적인 의미도 제시하지 못할 것이다. 그러나 버핏의 주장에는 그냥 넘겨서는 안 될 큰 의미가 담겨 있다. 자금을 투자해서 복리의 혜택을 받으면, 머니 매니저 자신뿐만 아니라 그의 투자자와 크게는 사회 전체에 엄청난 경제적 이점을 가져다 준다는 것이다.

버핏은 때때로 다른 기업가들처럼 사회사업단체와 자선단체에 기부를 많이 하지 않는다는 비난을 받곤 했다. 그러나 버핏은 자신의 철학을 고수했다. 자신이 자금을 높은 복리로 계속 운용하는 한, 사회는 훨씬 더 부유해질 것이라고 보았던 것이다. 예를 들어 그는 1999년 ABC의 대담 프로그램인 〈나이트라인Nightline〉에 출연해서 진행자인 테드 코펠Ted Koppel에게 다음과 같이 말했다. "내가 20년 전에 내 돈의 대부분을 기부했더라면, 사회는 1억 달러만큼만 더 부유해지는 데 그쳤을 것이다." 버핏이 그때 기부를 하지 않기로 결정했기 때문에, 미국 사회는 어느 날 300억 달러 이상의 기부금을 받게 될지도 모른다. 20년 전에 기부를 했더라면, 기부금을 수령한 사람들이 사회를 위해 300억 달러만큼의 경제적 가치를 창출할 수 있었을까? 버핏만큼 복리 효과를 활용해 부를 축적할 수 있는 사람이 없다면 이는 거의 불가능한 일이다. 어느 날 버핏 재단에서 내놓는 기부금의 가치는 1천억 달러나 2천억 달러를 훨씬 초과할지도 모른다.

이러한 주제에 관한 한, 버크셔 해더웨이를 이끄는 버핏 역시 다른 합리적인 CEO들의 사고방식과 큰 차이를 보이지 않는다. 회사의 자산으로 고수익을 창출했다면 투자자들에게 배당금으로 지급하기보다는 이를 보류하고 매년 가능한 한 더 많은 돈을 사업에 재투자하는 것이 좋다. 더 이상 고수익을 올리는 것이 불가능할 때만 주주에게 이익을 돌려주어야 한다. 배당금을 수령하는 사람이 버핏과 같이 복리의 마술을 충분히 즐기면서 그 자금을 운용할 수 있다면, 그것은 큰 문제가 되지 않을 것이다. 버핏은 내일 사회를 위해 더 많은 돈을 남길 가능성이 크다면, 오늘 화려한 소비를 삼가는 것이 더 낫다고 믿고 있다.

1988년 버핏은 잡지 〈에스콰이어Esquire〉와의 인터뷰에서 말했다. "내 돈은 결국에는 사회에 돌아갈 인환권claim check이나 다름없다. 이 돈은 내가 언제라도 쓸 수 있는 종잇조각에 불과하다. 나는 내 돈으로 사람을 1만 명 고용해서 여생 동안 내 초상화만 그리게 할 수도 있다. 그래도 GDP(국내총생산)는 증가할 것이다. 그러나 생산은 크게 떨어질 것이다. 결국 나는 이 1만 명의 사람들이 에이즈를 연구하거나 교육과 육아에 헌신할 수 있는 기회를 박탈하는 결과를 가져올 것이다."

가치와 주가는 어떤 관계인가

어떠한 자산이든 결국에는 그 고유한 펀더멘털fundamental을 능가하는 가치를 가질 수는 없다. 궁극적으로 가격과 가치는 완전한 상관관계를 이루게 되어 있다. 어떤 자산의 가격이든 그 자산의 진정한 내재가치를 뒤쫓아 가고 있는 것이다. 이 관계는 사실상 구매자와 판매자의 인식 변화에 따라 가치가 오르내리는 주식, 채권, 부동산, 예술품, 화폐, 귀금속, 국가경제 등 모든 자산에 해당된다. 이 기초적인 관계를 이해한다면 다른 투자자들보다 유리한 입장에 설 수 있다. 가격과 가치 사이에는 투자자가 무시할 수 없는 여러 가지 자명한 이치들이 존재하기 때문이다.

1920년대 중반부터 1999년까지 다우존스지수는 평균적으로 매년 약 5퍼센트씩 상승했다. 같은 기간 동안 다우존스지수에 편입된 기업들의 순이익은 매년 4.7퍼센트의 비율로 상승했다. 흥미롭게도 이 기업들의 장부가치는 매년 약 4.6퍼센트 상승했다. 상승률이 비슷한 것은 우연의 일치 때문이 아니다. 장기간에 걸쳐 한 회사 주식의 시장가치는 회사 자체의 성장률을 초과할 수 없다. 물론 기술의 발달로 기업의 효율성이 향상되어서 일시적으로 순이익의 폭이 크게 늘어날 수는 있다. 그러나 시장의 경쟁적·순환적 특성으로 인해 기업의 매출, 순이익, 가치평가valuation 사이에는 직접적인 관계가 형성되어 있다. 경기가 활황일 때 규모의 경제와 높은 공장 가동률의 덕을 본 기업의 경우는 순이익 증가가 매출 증가를 능가하는 경우가 있다. 경기 침체기에는 기업들이 매출에 의해 상쇄될 수 없는 높은 고정비 부담 때문에 순이익이 매출보다 더 빨리 하락하는 경우가 많다.

〈그림 3-1〉은 제약회사 애벗 연구소 Abbott Laboratories의 1960년에서 1995년까지의 주가와 EPS(earning per share, 주당순이익)의 상승률을 나타낸 차트다. EPS의 추세선(연속선으로 표시됨)이 어떻게 가치평가의 기초를 형성하는지 알아보자. 35년에 걸쳐 애벗 연구소의 주가는 매년 약 15퍼센트씩 상승했다. EPS도 대략 15퍼센트의 비율로 증가했다. 수익과 장부가치의 증가를 통해 알 수 있는 바와 같이 내재가치의 증가가 주가의 상승을 불러왔다. 최근에 가까울수록 주가와 EPS가 거의 비슷하게 상승했다. 1977년에서 1989년 사이에 가장 주목할 만한 일이 생겼다. 이 기간 동안 투자자들은 회사의 예상 성장률을 넘어설 정도의 주식은 가격을 주고서는 주식을 매수하지 않았다.

애벗 연구소의 주식이 시장에서 회사의 실제 또는 예상 성장률을 훨씬 넘어선 가격으로 평가된 기간이 몇 번 있었다. 예를 들면, 1960년대 후반과 1970년대 초반 애벗 연구소의 주식은 EPS 추세선을 훨씬 상회한 가격에 거래되었다. 1971~1972년 즈음의 고점에서 EPS의 50배에 거래되었다. 투자자들은 애벗 연구소가 벌어들일 미래의 이익이 실제보다 더 많으리라 생각하고 높은 프리미엄을 기꺼이 지불했다. 이때 애벗 연구소의 주가는 EPS보다 훨씬 빠르게 상승하고 있었다. 장기간에 걸쳐 지속될 수 있는 현상은 아니었다. 가격과 가치 사이에 격차가 컸기 때문에 조정이 필요했다. EPS의 50배에서 고점 시 형성되었던 애벗 연구소의 주가는 대량매

> 어떠한 자산이든 결국에는 그 고유한 펀더멘털을 능가하는 가치를 가질 수는 없다. 궁극적으로 가격과 가치는 완전한 상관관계를 이루게 되어 있다.

그림 3-1 애벗 연구소의 주가와 EPS의 변화

도로 인해 급격히 하락했고, 고점 시 주가의 3분의 1 및 EPS 추세선 아래의 가격에 거래되었다.

투자자가 합리적이고 정보에 밝다면, 애벗 연구소와 같은 종목은 영속적으로 회사의 내재가치에 근접해서 주가가 결정될 것이다. 그러나 시장이 과열되고 어떻게든 이 종목을 사겠다는 의사가 강한 투자자가 많을 경우 주가는 정상을 벗어나서 형성된다. 월스트리트의 투자자들은 애벗 연구소와 같은 기업들이 비정상적으로 고성장을 유지하고 그동안의 장기적이고 꾸준한 EPS 추세선과 상관없이 주가가 형성될 수 있다고 믿게 되는 것이다.

　시장의 움직임과 흐름을 파악할 때는 가격과 가치 사이의 관계가 매우 중요하다. 기업의 장기 성장률에 비해 터무니없이 비싼 가격을 지불하는 것은 바람직하지 않다. 기업가치의 상승률을 훨씬 초과하여 오르고 있는 주식을 매수하고자 할 때는 조심해야 한다는 말이다. 기업의 정확한 가치를 꼭 집어서 이야기하기는 어려울지라도 이를 대충이나마 알 수 있는 방법이 있다. 예를 들면, EPS는 매년 단지 10퍼센트씩 증가하고 있는데 주가가 매년 50퍼센트씩 상승했다면, 그 주식은 과대평가되어 있으며 수익성이 매우 낮을 가능성이 높다. 거꾸로, 회사의 EPS가 증가하고 있는데도 가격이 떨어진 주식은 매수를 위해 면밀히 조사해야 한다. 만약 그 주식의 가격이 폭락하고 PER(price earnings ratio, 주가수익률)가 회사의 예상 성장률 이하인 채로 거래된다면 헐값에 주식을 사들이는 기회일 수도 있다.

　2000년이 시작되면서 시장에는 가격과 가치 사이에 커다란 불균형이 존재했다. 수십 종목의 첨단기술 인기주들의 주가가 EPS보다 3~5배 더 빠른 속도로 상승했다. 이것이 높은 수익을 올릴 기회라고 생각해서 한껏 오른 PER에 따라 비용을 지불하는 것을 개의치 않는 투자자들이 많아졌기 때문이다. 이러한 과열 현상의 중심에는 과거의 경제논리가 더 이상 유효하지 않으며, 미국 기업들이 불황이 없는 새로운 성장 단계에 진입했다는 허황된 믿음이 있었다. 그러나 아이러니하게도 최근에 미국 정부에 의해 발표된 어떠한 경제통계 수치를 들여다보아도 새로운 고성장 안정기로 들어섰음을 보여 주는 실적을 올린 기업은 없다.

　아무튼 각종 데이터에 의하면 기업들의 실적은 1990년대에도 일반적인 평균 성장률 이상도 그 이하도 아니었다. 1999년까지의 수익성과 자산운

용율은 1980년대 말과 다를 바 없었다. 단지 달라진 것이 있다면 기업들이 가치를 높이기 위해 그들의 자본운용 구조를 더 현명한 방식으로 구축하게 되었다는 것이다. 그러나 유명 투자자들이 내놓은 보고서와는 반대로 손익계산서상에는 언제나 순환적 위험이 그대로 남아 있었다. 그럼에도 불구하고 시장이 불경기에도 영향을 받지 않으며 기업의 순이익이 계속 증가할 것이라는 생각에 사로잡혀 있는 투자자들이 많았다.

주식시장에서는 사실과 기대 사이의 괴리가 큰 위험을 초래할 수 있다. 실체가 있는 증거를 무시하고 빠른 수익을 얻고자 하는 욕망 때문에 일부 투자자들이 서로 주식(주로 인터넷 관련주)을 사고팔아 주가를 올리는 거대한 '피라미드 조직pyramid scheme'을 형성해 왔다. '피라미드 조직'은 거래의 양 당사자가 게임에 참여할 때만 성립이 된다. 매수자들이 떨어져 나가기 시작하면, 남아 있던 참여자들은 그제야 자신들이 거래한 종목의 실제 가치를 깨닫게 된다. 1990년대 말 인터넷주의 주가 급락은 '피라미드 조직'이 무산되었을 경우 블랙홀과 같이 큰 혼돈에 빠져든다는 것을 여실히 보여 주었다.

주가는 반드시 기업의 내재가치로 회귀한다

가격과 가치를 연결하는 힘은 불변적이며 무시하기 어렵다. 궁극적으로 S&P 500대 기업의 순이익은 그들의 매출보다 더 빠르게 증가할 수 없다. 그리고 S&P 500대 기업의 매출은 미국의 총생산량보다 더 빠른 속도로 성장할 수 없다(이런 일이 무기한으로 일어난다면, S&P 500대 기업들이 결국 미국 경제 전체를 형성할 것이다). 그러므로 주가가 기업의 순이익 증가에 따라 형성되고, 순이익이 매출 성장에 따라 결정나고, 매출이 생산량 증가에 따라 결정된다면, 주가가 국가의 경제 생산량보다 훨씬 더 빠르게 상승하리라고 기대하는 것은 이치에 맞지 않다. 그러나 실제로는 주가의 상승률이 경제 성장률을 추월한 적이 있다.

> 주가가 기업의 순이익 증가에 따라 형성되고, 순이익이 매출 성장에 따라 결정나고, 매출이 생산량 증가에 따라 결정된다면, 주가가 국가의 경제 생산량보다 훨씬 더 빠르게 상승하리라고 기대하는 것은 이치에 맞지 않다.

1994년 4/4분기와 1999년 말 사이에 미국 경제 생산량이 약 1조 달러 확대되었다. 이와는 대조적으로 주식의 가치는 같은 기간 동안 무려 6조 달러나 증가했다. 한 회사의 주가가 장기간에 걸쳐 그 회사의 순이익보다 더 빠르게 상승한다는 것은 이치에 맞지 않는 일이다. 주가가 EPS 추세선 아래로 하락하거나, EPS가 상승하는 경우가 발생하게 되어 있다. 2000년까지 월스트리트는 분명히 후자만 믿고 불가해한 수준의 가치평가를 했다. 투자자들은 마이크로소프트MicroSoft, 시스코 시스템스Cisco Systems, GE 등이 마치 세계에서 가장 큰 경제 규모를 가진 회사인 것처럼 높이 평가했다. 실질적으로 잘 알려지지 않았으나 급성장한 아리바Ariba라는 기업의 가치는 2000년 고점에서 애플 컴퓨터보다 높은 250억 달러로 평가되었다. 이 회사의 매출이나 순이익은 보잘것없었다. 퀄컴Qualcomm은 매출이 매년 지속적으로 47퍼센트씩 성장할 수 있는 것처럼 주가가 형성되었다.

이러한 사례를 논리적으로 따져 보면, 주식시장에 매우 어리석은 생각이 만연해 있다는 것을 알 수 있다. S&P 500대 기업의 시가총액은 국가의 경제 규모를 초과할 수 없다. 이것은 노벨 경제학상 수상자인 제임스 토빈James Tobin이 기업의 시가총액을 GDP나 자산대체비용replacement cost of assets로 나눈 비율인 '토빈의 Q'를 고안했을 때인 1969년에 가정한 것이다. 이때 토빈의 Q가 1이 넘을 경우 그 주식이 과대평가되어 있는 것이다. 토빈의 연구 결과를 적용하면 1990년대 말 미국의 모든 기업들의 시가총액은 GDP를 넘어섰다. 1929년 이후 처음 있는 일이다. 과거에는 일반투자자들이 이익 창출을 위한 경제적 투입에 그렇게 많이 인상된 가격을 지불할 의향이 없었다. S&P 500대 기업의 주식에 그렇게 엄청난 돈을 기꺼이 지불한 투자자들은 단지 2천만 달러를 벌어들이는 영화를 만들기 위해 배우에게 5천만 달러를 지불하는 영화 제작사만큼이나 비합리적인 행동을 하고 있었다.

결과적으로 주가는 기업의 가치에 따라 재조정되게 되어 있다. 이는 버핏이 수차에 걸쳐 강조한 것이다. 1960년대 중반, 애널리스트들은 IBM이 매년 지속적으로 15~16퍼센트 성장할 것이라고 믿었다. 그렇게 되었더라면 IBM의 1999년 매출은 미국 GDP의 7퍼센트에 달하는 6,120억 달러에 이르렀을 것이며, 순이익은 마이크로소프트의 15배에 달했을 것이다. 월마트의 매출이 애널리스트들이 언젠가 예상했던 비율로 성장했더라면, 국민총소비의 14퍼센트에 해당하는 금액이 월마트에서 소비되었을 것이다. 1980년대에 캘리포니아의 주택 소유자들은 주택 가격이 수년간 계속해서 소득 증가율의 세 배로 뛰었을 때 어떤 일이 발생하는지 알게 되었다. 모든 투자 상품들은 그 상품의 가치와 적정가를 나타내는 추세선 수준으로 돌아오도록 가격이 오르거나 떨어진다는 것이었다.

벤저민 그레이엄은 투자자들이 빠지는 가장 위험한 함정은 가치로부터 가격을 분리하고, 사실을 제대로 보지 못하며, 다른 사람의 행동에 따라 거래를 결정하는 것이라고 지적한 바 있다(예를 들어 다른 사람이 사니까 나도 산다는 식). 1949년 그레이엄은 이렇게 말했다. "여러분이 다른 투자자들의 거래를 예측하면서 돈을 벌고 싶다면, 수없이 많은 다른 투자자들이 목표로 삼은 것을 그대로 겨냥하고, 시장의 수많은 경쟁자들보다 더 뛰어나려고 노력해야 한다."

월스트리트의 예측을 믿지 마라

20세기의 위대한 투자자들 대부분은 자신들의 능력에는 한계가 없다고 믿었다. 그들은 평균 수익률이란 말에는 거부감을 갖고 있었다. 그래서 동료들을 능가해서 수익을 올리는 방법을 모색하기 위해 노력했다. 되돌아보면 그들의 성공담은 다른 투자자들보다 더 높은 목표를 설정하면 궁극적으로 무엇을 얻을 수 있는지를 알려 주고 있다. 그들은 이런 노력을 통해 매년 20퍼센트의 수익을 올렸다. 아무리 행운이 따른다고 해도 그러한 수준의 성공은 쉽지 않은 일이다. 시장은 지혜롭지 못한 사람들에게 오랫동안 고수익을 보상해 주지는 않기 때문이다.

1990년대 경기가 호전되었을 때 주식투자자들은 매년 11퍼센트의 수익률을 기대했다. 사실 지난 70년간의 데이터를 종합해 보면 장기적인 시장 평균 수익률이 대략 이 정도는 되는 것이 옳다. 그러나 이 기준을 받아들이는 것은 평범한 수익을 올리겠다는 것과 다를 바 없다. 너무나 많은 투자자들이 월스트리트에서 내놓는 통계의 희생양이 되고 있다. 이들은 기껏해야 시장 평균 수익률 정도만 보장해 주는 종목이나 포트폴리오에 안주하고 있다.

일부 투자자들은 포트폴리오에 너무 많은 종목을 편입시킨다. 그 결과 실적이 통계적 한계를 벗어나지 못한다. 보유 종목이 많을수록 수익은 시장 평균 수익률에 더욱더 가까워진다(제4장 참조). 어떤 투자자들은 다른 투자자들이 높은 수익을 올리도록 도와 주려는 것인지 수익률이 낮은 종목만 골라서 보유함으로써 장기적으로 수익을 깎아내리고 있다. 또 다른 투자자들은 지나치게 리스크가 크거나 고가인 주식을 사들인다. 그러한 전략이 때로는 효과가 있지만 고가 매수는 궁극적으로 손실의 지름길이다.

시중의 증권중개인, 재무설계사, 회계사, 머니 매니저 등은 모두 투자자들이 매년 11퍼센트의 수익률을 기대하게 해왔다. 11퍼센트라는 수치는 강세장에서 항상 사용되는 수익률로 굳어져 왔다.

수익률 11퍼센트는 저절로 튀어나온 것이 아니라 역사적인 배경을 가지고 있다. 이것은 한 투자자가 1926년과 1999년 사이에 다수의 대형주를 선정하여 투자했을 때 얻을 수 있는 연복리 수익률이다. 주가의 방향을 예측하기가 어려운 투자자들로서는 11퍼센트를 기준으로 삼아야 했다. 여러 가지 이유가 있겠지만 주가의 흐름을 추정하는 것은 본래 쉬운 일이 아니다. 주식시장은 연중행사 일정처럼 계획대로 흘러가지 않는다. 1973년과 1974년에 최악의 약세장이 있기 직전, 많은 신문들은 새로운 시대가 도래했고 주가가 지속적으로 상승할 것이라는 기사를 내보냈다. 재무설계사들은 시장이 장기간에 걸쳐 상승곡선을 그릴 것으로 희망하고서는 투자자들이 은퇴 자금을 마련하기 위해 어떻게 자산을 불려 나가야 하는지를 알려 주는 소책자를 제작해서 배부했다.

오늘날 주식시장이 장기 추세선을 돌파했다는 주장이 많은 지지를 얻고 있다. 일부 경제학자들은 미국 제조업체들의 생산성 향상으로 수익성 높은 새로운 시대가 도래했다고 주장한다. 다른 경제학자들은 경기는 사실상 불황에서 벗어났으며, 수익률이 저조한 약세장이 끝났다고 주장한다. 실제로 다수의 시장 전략가들은 비약적인 성장이 있을 것이라고 믿어 왔다. 그들은 시장이 수십 년 전에 설정된 추세선이 아니라 현 수준으로부터 매년 11퍼센트의 성장을 계속할 것이라고 주장한다. 그들은 과거의 추세선과 평행한 새로운 추세선을 그리고 있는 것이다.

> 불행하게도 시장은 일정한 공식대로 움직이지 않는다. 과거가 반복되리라는 보장은 없다. 과거의 실적이 어떻든 그것이 향후 몇 년간 우리가 어떤 기대를 해야 하는지를 알려 주지는 않는다.

불행하게도 시장은 일정한 공식대로 움직이지 않는다. 과거가 반복되리라는 보장은 없다. 지난 70년 동안 증시가 매년 11퍼센트의 성장을 지속해 왔다는 것이 향후 70년간 그와 같은 성장이 있으리라는 것을 의미하지는 않는다. 과거의 실적이 어떻든 그것이 향후 몇 년간 우리가 어떤 기대를 해야 하는지를 알려 주지는 않는다. 따라서 투자자들은 기업 및 기업의 실적에 관심을 두지 않고 확실치 않은 통계에 의존함으로써 목표를 훼손시키는 일은 피해야 한다. 그들은 너무 지나치게 투자 종목을 분산하고, 분석의 효과를 누리지 못하며, 포트폴리오 관리를 적절하게 하지 못하고 있다. 이 세 가지 실수는 적절한 수익을 얻지 못하게 만든다.

성공적인 투자 기반을 마련하기 위해 투자자들은 먼저 지금까지의 거래 기록을 무시해야 한다. 과거의 수익을 미래의 수익과 결부시키는 것은 무모한 짓이다. 단지 S&P 500지수가 매년 11퍼센트 상승했다고 해서 앞으로도 계속해서 11퍼센트의 수익률을 올릴 수 있는 것은 아니다. 수익률이 5퍼센트 또는 20퍼센트일 수도 있다. 시장이 다시 상승곡선을 그리기 전에 향후 몇 년 동안 마이너스 성장을 기록할지도 모른다. 희소식은 월스트리트에서 내놓은 추천 종목을 일단 거부하고 나면, 목표를 설정할 때 더 이상 아무런 제한도 받지 않는다는 것이다. 버핏은 시장 평균 수익률이 연 10퍼센트이거나 2퍼센트 또는 20퍼센트이든 상관없이 투자자가 시장 평균 수익률을 훨씬 초과하는 일은 얼마든지 일어날 수 있다고 조언한다.

복리에 관한 내용을 다룰 때 언급한 바와 같이 시간의 힘은 시장을 앞서 갈 수 있는 투자자에게 유리하게 작용한다. 시장 평균 수익률보다 조금이라도 더 나은 수익을 올릴 수 있다면, 복리의 위력 덕분에 장기적으로 더욱 놀라운 결과를 창출할 수 있다. 시장 평균 수익률이 연간 10퍼센트라고 가정하면, 1만 달러로 시작하여 연간 12퍼센트의 수익률을 얻은 투자자는 단순히 시장 평균 수익률만 올린 투자자보다 20년 후에 43퍼센트 더 많은 수익을 창출할 수 있다. 30년 후에는 72퍼센트 더 많은 수익을 올릴 수 있다. 매년 12퍼센트 이상의 수익을 올릴 수 있으면 그 결과는 가히 환상적이다. 14퍼센트라면 30년간 192퍼센트의 수익률을 더 올릴 수 있다. 16퍼센트면 30년간 391퍼센트나 더 많은 돈을 만지게 된다.

그 반대의 경우에도 복리로부터 영향을 받는 수도 있다. 시장에 뒤떨어진 데 대한 벌은 시장을 앞선 데 대한 보상만큼이나 혹독하다. 30년 동안 매년 8퍼센트의 수익률밖에 못 올리면 포트폴리오는 S&P 500지수보다 73퍼센트 더 뒤쳐진다. 상당수 투자자들의 포트폴리오가 진정으로 뛰어난 수익을 올리지 못하는 몇 가지 중요한 이유들이 여기 있다. 실적이 좋지 않은 종목을 너무 오랫동안 보유하면 목표를 달성하는 데 몇 년은 뒤떨어지게 된다. 수익성이 좋은 종목을 너무 빨리 팔아 버리는 것도 문제가 있다. 그리고 포트폴리오를 너무나 분산시키면 11퍼센트 이상의 수익률을 올리기 어렵다. 반대로 단 몇 개 종목만으로 포트폴리오를 지나치게 단순화하면 수년 동안 시장에 뒤떨어질 수 있다.

    버핏은 1988년 연례보고서에 다음과 같이 썼다. "시장 평균 수익률을 앞서겠다는 목표를 세워야만 좋은 결과를 가져올 수 있다. 지속적으로 시장 평균 수익률을 앞서는 실적을 올린다면 복리 효과까지 더해져 더욱 놀라운 결실을 맺을 수 있다. 1926년부터 1988년까지 시장 평균 수익률은 매년 10퍼센트였다. 그것은 모든 수익을 재투자했을 경우 1천 달러의 투자금이 40만 5천 달러로 증액되었음을 의미한다. 그러나 20퍼센트의 수익률을 올렸더라면 9,700만 달러가 되었을 것이다."

미래 예측 도구로서의 수학

워렌 버핏은 주식시장에 대해 별로 언급하지 않는다. 그리고 경제의 방향이나 금리에 관한 의견도 별로 제시하지 않는다. 사람들은 그가 주식을 매수하고 매도한 사실에 대해 공개적으로 밝힐 때만 그 사실을 알 수 있다. 그러한 사실이 있은 후 수개월 동안 알지 못할 수도 있다. 어떤 종목에 투자했는지가 공개될 때조차도 그는 자신의 의도에 대해 입을 다물고, 자신이 왜 그런 결정을 내렸는지 거의 아무런 단서도 주지 않는다. 그래서 버핏이 1999년 대중에게 모습을 드러내고 시황을 우려하는 몇 차례 연설을 했을 때 투자자들이 큰 관심을 가지고 지켜본 것이다. 평상시에 별로 말이 없던 버핏은 주식시장의 실적과 경기에 대해 상세히 분석하고 향후 시장 평균 수익률이 이례적으로 매우 낮을 수 있다는, 주목할 만한 문제점을 제시했다. 인터넷주가 큰 인기를 끌던 1999년 11월 〈포춘〉 지에 실린 버핏의 다음 연설문은 투자자들이 최근까지 주식시장에서 누려 왔던 것과 같은 수익률을 달성하기 힘들 거라는 수학적 증거를 제시하고 있다.

주식시장은 때때로, 장기간에 걸쳐 기업의 가치와 상관없이 움직인다. 그러나 조만간 가치의 영향을 받게 마련이다. 34년 전의 일로 돌아가 이 문제를 파악해 보자. 이때 주식시장에서 무슨 일이 일어났는지 알아보기 위해 시장 활황기와 침체기 때를 대칭적으로 관찰해 보려고 한다. 우선 그 기간의 첫 17년간의 다우존스지수는 다음과 같다.

$$1964년\ 12월\ 31일 : 874.12$$
$$1981년\ 12월\ 31일 : 875.00$$

나는 현재 참을성 있게 장기투자를 하는 인물로 알려져 있다. 그러나 그러한 나의 생각에도 다우존스지수가 너무 소폭으로만 상승했다.

이번에는 위와는 다른 중요한 사실을 살펴보자. 이 17년간 미국의 GDP는 370퍼센트 증가하면서 거의 다섯 배가 상승했다. 또 다른 수치를 보면, 〈포춘〉 선정 500대 기업들의 매출이 여섯 배 이상으로 증가했음을 알 수 있다. 그럼에도 불구하고 다우존스지수는 거의 똑같은 수준에 머물러 있다.

그 이유를 알아보려면, 먼저 투자 결과에 영향을 주는 두 가지 중요한 변수 중 하나인 금리에 대해 검토해야 한다. 중력이 물체에 작용하는 것처럼 금리는 돈의 가치평가에 영향을 미친다. 금리가 높을수록 돈의 가치를 아래로 끌어당기는 힘은 더 커진다. 1964년부터 1981년 사이에 장기국채의 이자율이 크게 올랐다. 1964년 말에는 겨우 4퍼센트가 넘었지만, 1981년 말에는 15퍼센트 이상으로 인상되었다. 금리의 인상은 채권을 제외한 모든 투자 대상물의 가치에 상당히 좋지 않은 영향을 끼쳤다. 우리가 주목했던 주가에도 마찬가지 영향을 미쳤다.

그런데 1980년대 초에 상황이 반전되었다. 당시 미 연방준비제도이사회 의장이었던 폴 볼커Paul Volcker는 인플레이션을 억제하고 금리의 상승을 반전시켜 극적인 결과를 가져왔다. 이때 금리의 위력은 다른 여러 가지 힘과 마찬가지로 주가를 밀어 올리는 효과를 가져왔다. 그 후의 같은 기간 동안 주식시장에는 어떤 일이 일어났는지 알아보자. 1981년 11월 16일에 다우존스지수 편입 종목에 100만 달러를 투자하고 배당금이 나오는 대로 재투자했더라면, 1998년 12월 31일에 이 돈은 1,972만 112달러가 되었을 것이다. 연간 수익률이 19퍼센트가 되는 셈이다.

1981년 이후 주식 가치의 급격한 상승은 증시 역사상 가장 높은 수익률로 이어졌다. 이는 미국 대공황 말기 다우존스지수가 최저점을 기록한 1932년 7월 8일에 주식을 매수해서 17년 동안 보유한 후의 수익률을 능가하는 수치다.

이 17년 동안 주가에 영향을 준 두 번째 변수는 기업들의 세후이익이었다. GDP 대비 기업이익의 비율은 1929년에 최고점에 달했다. 그 후 1951년부터 4~6.5퍼센트 범위 내로 떨어졌다. 1981년 그 수치가 4퍼센트대의 바닥을 향하더니 1982년에는 3.5퍼센트로 내려앉았다. 그래서 그 지점에서 투자자들은 두 가지 강력한 악재를 보게 되었다. 하나는 기업이익이 평균 이하로 낮아진 것이며, 다른 하나는 금리의 고공행진이었다.

두 가지 악재가 모두 매우 상징적인 것이었기 때문에, 투자자들은 과거를 통해 미래를 내다보기로 했다. 그런데 그들은 고치기 힘든 자신들의 습관

> 일단 강세장에 들어서고 누구라도 주식투자로 수익을 올리는 상황에 도달하면, 많은 다른 투자자들은 금리와 기업이익에 관심을 두는 것이 아니라 주식을 사지 못하는 것이 치명적인 실수처럼 보인다는 사실에 더 민감해지는 게임에 빠져들었다.

그대로, 자동차의 앞유리가 아니라 백미러를 통해 길을 살펴보았다. 뒤를 살펴보니 금리가 더 오르고 기업이익은 더 낮아질 거라고 예측되었다. 그래서 GDP가 거의 다섯 배로 증가했음에도 불구하고, 다우존스지수는 17년 전과 같은 수준에 머무른 것이다.

그렇다면 1982년 이후 17년 동안 무슨 일이 발생했는가? 적어도 GDP가 과거와 비슷하게 성장하지는 않았다. 이 두 번째 17년 동안에 GDP 증가율은 세 배가 넘지 않았다. 그러나 금리는 하락하기 시작했고, 볼커 쇼크가 점차 감소된 후에도 꾸준하지는 않았지만 기업이익은 힘 있게 오르기 시작했다. 1990년 말, GDP 대비 세후이익은 6퍼센트에 가까워졌다. 1998년 말에는 장기국채 이율이 5퍼센트대로 하락했다.

투자자들에게 큰 영향을 주는 이러한 두 가지 펀더멘털의 극적인 변화는 전부는 아닐지라도 부분적으로 다우존스지수가 10배 이상 폭등한 이유를 설명해 주고 있다. 이 17년의 동안 다우존스지수는 875에서 무려 9,181로 상승했던 것이다.

물론 그 외에도 이 결과에 영향을 준 것이 있다. 바로 시장 심리다. 일단 강세장에 들어서고 누구라도 주식투자로 수익을 올리는 상황에 도달하면, 많은 다른 투자자들은 금리와 기업이익에 관심을 두는 것이 아니라 주식을 사지 못하는 것이 치명적인 실수처럼 보인다는 사실에 더 민감해지는 게임에 빠져들었다. 사실상 이 투자자들은 시장을 움직이는 펀더멘털보다는 "나도 파티에 빠질 수 없다."라는 심리적 요인에 더 충실했다. 러시아의 생리학자 파블로프Pavlov의 조건반사 실험에 등장하는 개와 같이 이 투자자들은 종이 울릴 때(이 경우에는 9시 30분 뉴욕 증권시장이 문을 열 때) 주식이 제공된다는 것을 알고 있었던 것이다. 이와 같은 조건반사를 매일 반복함으로써 그들은 자신들을 부자로 만들어 주고 싶어 하는 신이 존재한다는 것을 확신하기에 이른다.

오늘날 대부분의 투자자들은 과거를 되돌아보면서 장밋빛 전망을 하고 있다. 7월에 발표된 증권회사 페인 웨버Paine Webber와 갤럽Gallup의 공동 조사에 의하면, 주식투자를 시작한 지 5년이 채 되지 않은 경험이 부족한 투자자는 향후 10년 동안 매년 22.6퍼센트의 수익률을 올리기를 기대하고 있다. 그러나 20년 이상 투자 경험이 있는 투자자는 12.9퍼센트의 수익률을 기대하고 있다.

이제 나는 우리가 12.9퍼센트의 근처에도 갈 수 없을 것임을 밝히고자 한다. 이것을 뒷받침할 수 있는 중요한 가치결정 요소들을 검토해 보자. 오늘날 10년 또는 20년 동안 높은 수익률을 올리려고 한다면, 세 가지 요인 중 한 가지 이상이 발생해야 한다. 여기에 그 두 가지가 있다. 나머지 한 가지는 나중에 논하기로 한다.

① 금리가 더 하락해야 한다.
② GDP 대비 기업이익이 증가해야 한다.

언젠가 어떤 사람이 나에게 "뉴욕에는 시민들보다 변호사가 더 많다."라고 이야기한 적이 있다. 나는 그가 기업이익이 GDP보다 더 늘어날 것이라고 생각하는 사람과 같다고 생각한다. 한 구성 요소가 성장해서 그 규모상 전체를 능가할 수 있다고 생각하는 사람은 분명히 수학적 난관에 봉착하게 된다. 내가 보기에는 GDP 대비 기업이익이 장기간에 걸쳐 6퍼센트 이상으로 유지될 수 있다고 생각하는 것도 지나친 낙관이다. 그 비율을 낮추는 요인 중 한 가지는 누가 살아남을까를 다투는 경쟁일 것이다.

합리적으로 몇 가지를 가정해 보자. GDP가 연평균 5퍼센트(실질 성장률 3퍼센트, 인플레이션율 2퍼센트) 성장한다고 가정해 보자. GDP가 5퍼센트 성장하고 금리로부터는 어떤 도움도 얻을 수 없다면, 주식의 총가치는 더 이상 늘어나지 않을 것이다.

그래서 나는 'GDP 5퍼센트 성장'이라는 가정으로 다시 돌아와서, 그것이 투자자들의 수익률을 제한하는 요인임을 상기시키고자 한다. 기업이익이 단지 5퍼센트만 성장한다면, 기업의 가치가 연평균 22퍼센트보다도 훨씬 적은 12퍼센트라도 성장하리란 걸 기대할 수 없다. 어떠한 성격을 지닌 자산이든 그 가치가 장기간에 걸쳐 그것이 벌어들이는 이익보다 더 빠르게 증가할 수 없다는 것이다.

향후 17년간의 수익률이 지난 17년간만큼 높을 것이라고 설득력 있게 주장할 수 있는 사람은 없을 것이다. 현 시점에서 주가의 상승률과 배당금을 합하고, 고정금리와 2퍼센트의 인플레이션율, 그 외에 약간의 추가 비용을 고려한 상황에서 투자자들이 창출하게 될 가장 확실한 수익률을 선정한다면 그것은 6퍼센트다. 이 명목 수익률(인플레이션이 변동하더라도 달성해야 할)로부터 인플레이션 요인을 제거하면 실제 수익률은 4퍼센트가 될 것이다. 4퍼센트가 잘못된 것이라면, 나는 그 비율이 4퍼센트에 아주 근접한 수치가 될 것이라고 믿는다.

제4장

시장 평균 수익률을
뛰어넘는 가장 쉬운 방법

저가 매수의 이점
집중투자를 할수록 승산이 있다
거래 비용에 주의하라

> 놀라운 것은 대부분의 투자자들의 경우 기업의 수익성을 제대로 진단하고 투자하는 종목은 보유 주식의 몇 퍼센트밖에 안 된다는 점이다. 이런 투자자들은 '한 바구니에 계란을 너무 많이 담은 건 아닐까?' 하는 두려움으로 종목의 수를 늘리면서 제대로 알지 못하는 종목들에 분산하여 투자한다. 종목에 대한 충분한 지식 없이 이것저것 사들일수록 분산투자는 훨씬 더 위험해진다.

앞장에서는 버핏이 이용한 수학적 원리를 통해 포트폴리오의 수익률을 증대하는 방법 두 가지를 알아보았다. 첫 번째는 시간이 흐를수록 돈이 불어나는 복리의 마술을 이용하는 것이다. 두 번째는 시장 평균 수익률을 앞서는 고수익률을 목표로 삼아서 시간의 효과를 극대화하는 것이다. 주식투자의 목표를 시장 평균 수익률의 달성으로 잡아서는 안 되며, 그보다 수익률을 높일 수 있는 방법을 모색해야 한다. 연간 수익률을 다만 몇 퍼센트 포인트라도 더 높일 수 있다면, 복리의 힘에 의해 먼 훗날 큰돈을 만지게 될 것이다. 이미 언급한 바와 같이 수익률을 연 4퍼센트 포인트만 올려도 30년 후에는 원금의 세 배를 벌 수 있다.

그런데도 일부 학자들은 그러한 방법은 장기간 지속되기 어려운 '요행'이라고 믿고 있다. 그들은 큰 위험을 무릅쓰거나 뜻밖의 횡재를 하지 않고는 어떠한 투자자든 지속적으로 예외적인 수익을 올리는 것은 불가능하다고 믿는다. 버핏과 그 이전의 가치투자자들은 그러한 견해에 동조하지 않았다. 시장 평균 수익률을 능가하는 성과를 올리는 것은 충분히 가능할 뿐만 아니라, 지나친 위험을 무릅쓰지 않고도 달성할 수 있는 목표임을 알고 있었다.

이 장에서는 수익률을 높일 수 있는 세 가지 전략을 더 밝히고자 한다. 모두 버핏의 성공에 중요한 역할을 한 방법들이다. 이 세 가지 방법은 의외로 많은 노력이 필요하지 않다. 좋은 종목을 선정하기 위해 갖추어야 할 것은 단지 합리적인 사고뿐이다. 아무것도 하지 않고도(덜 먹기만 하면 된다) 목표를 달성할 수 있는 다이어트와 같이, 적은 노력으로도 충분히 수익률을 향상시킬 수 있다.

저가 매수의 이점

1999년, AOL의 주식을 매수하고 싶다고 말했던 한 고객이 필자에게 전화를 걸어 왔다. "이를 악물고 AOL에 투자하기로 결정을 내렸습니다. 1년 동안 AOL의 주식을 사려고 주가가 떨어질 때까지 기다렸는데, 계속 오르기만 하니 어쩔 수 없네요." 필자가 물었다. "여전히 주가가 상승하고 있는데 왜 지금 사셨어요?" 그는 대답했다. "계속 더 오를 테니까요. 요즘 이렇게 수익이 높을 것으로 예상되는 주식이 별로 없어요."

'저가 매수, 고가 매도'라는 주식투자의 기본 법칙을 무시하고 '비싸게 사서 더 비싸게 팔기'를 희망하는 사람들이 많아졌다. 주식투자자로서는 고수익을 올리고 싶은 게 당연하겠지만, 이 전략은 포트폴리오의 잠재력

> '저가 매수, 고가 매도'라는 주식투자의 기본 법칙을 무시하고 '비싸게 사서 더 비싸게 팔기'를 희망하는 사람들이 많아졌다. 매수 전에는 반드시 주식의 잠재 수익성을 확인해 보아야 한다.

을 최대화하는 데 치명적인 오류를 낳는다. 따라서 매수 전에는 반드시 주식의 잠재 수익성을 확인해 보아야 한다. 안타깝게도 대부분의 투자자들은 기대 수익률의 하한선을 정해 놓지 않는다. 이를테면 수익률이 최소한 연 15퍼센트는 되어야 한다고 정해 놓거나, 2년 내에 주가가 최소한 50퍼센트는 오를 종목을 발굴하기 위해 노력을 기울여야 하는 게 정석이다. 주가가 바닥에 가까울 때 사야 고수익을 올리는 데 유리하다는 것을 경험적으로 알고 있으면서도, 가격이 계속해서 오르기를 희망하면서 지금 바로 매수해 버리는 사람들이 많다.

이것은 AOL이나 델 컴퓨터Dell Computer와 같은 종목뿐만 아니라 주식시장 전반에서 흔히 볼 수 있는 현상이다. 지난 몇 년간 일어난 일시적인 반등에 의해 그동안 상승하던 잠재 수익률이 크게 위축되는 양상이 나타났다. 델 컴퓨터의 주가가 2002년까지 다시 과거처럼 네 배가 되지는 않을지라도 두 배만이라도 상승할 것이라고 생각하는 사람들이 많았다. 실제 대부분의 유능한 애널리스트들은 이 종목이 향후 몇 년 내에 두 배로 뛰기는 어려울 것으로 보고 있다. 그럼에도 투자자들 대부분은 과거에 기대 미래를 예측한다. 그들은 1994~1998년에 델 컴퓨터의 주가가 6천 퍼센트 폭등했을 때 뛰어들지 않은 것을 후회하고 있다. 이들 중 일부는 뒤늦게 델 컴퓨터의 주식을 매수한다. 그리고 이 종목이 또다시 6천 퍼센트 상승할 수 있다고 확신하며 자신의 결정을 정당화하려 애쓴다. 그러나 그런 일이 다시 발생할 확률은 거의 없다.

버핏, 벤저민 그레이엄, 존 네프, 존 템플턴, 필립 피셔, 로렌스 티시, 월터 슐로스Walter Schloss, 필립 캐럿Philip Carret과 같은 20세기의 훌륭한 투자자들이 대부분 가치투자자였던 것은 우연이 아니다. 그들 거의가 어느 정도 그레이엄의 투자 방식을 따랐다. 그레이엄은 40여 년간 수백 명의 제자들에게 시장이 기업의 가치를 과소평가할 때 그 기업의 가치를 정확히 평가하고서 주식을 매수하면 큰 수익을 올릴 수 있다고 가르쳤다. 예를 들어 75달러 이상의 가치를 지닌 종목이 50달러에 거래될 때 산다면 고수익을 올릴 가능성이 높다는 것이었다. 과소평가된 주식은 결과적으로 가격이 오르게 되어 있고, 과대평가된 주식은 떨어지게 되어 있다는 것이 요지였다. 궁극적으로 주가가 하락하기보다는 상승할 가능성이 높은 주식에 투자해야 고수익이 보장된다.

이처럼 버핏이 그레이엄으로부터 배운 것은 매우 이치에 맞는 논리였다. 고수익을 얻으려면 되도록 가장 낮은 가격에 주식을 매입해야 한다. 저가에 매입할수록 기대 수익률을 높일 수 있다. 인텔과 같은 종목에 투자해서 돈을 두 배로 불리고자 한다면, 90달러 내지 100달러에 사는 것보다 75달러에 사는 것이 더 낫다. 이와 비슷하게 액면분할된 델 컴퓨터의 주식을 8달러에 사들인 투자자는 18달러 또는 38달러일 때 매수한 투자자보다 더 높은 수익을 올릴 수 있다.

그런데 버핏이 그레이엄과 다른 점은 주가는 반드시 기업의 성장성 및 우량성과 연결되어 있다는 데 중점을 두었다는 것이다. 그레이엄이 주장했듯이 과소평가되었다는 것만으로는 주식을 사야 할 충분한 이유가 되지 못한다고 보았다. 시장에서는 언제나 수백 종목의 저가 주식들을 쉽게 발견할 수 있기 때문이다. 버핏은 다른 기업들보다 더 나은 수익을 올릴 수 있는 성장성 높은 기업의 주식을 낮은 가격에 매수하는 것이 가장 훌륭한 투자법이라는 것을 알게 되었다.

많은 유능한 투자자들이 가치투자에 관한 그레이엄의 이론을 받아들여서 투자에 접목해 왔다. 존 템플턴은 그레이엄의 원리를 시장 역행 투자와 결합시켰다. 대다수가 주식을 매도할 때 템플턴은 매수했고, 반대로 그들이 매수할 때 매도했던 것이다. 존 네프는 시장 평균 수익률을 능가하는 수익을 얻고자 기업의 재무제표상의 비율을 꼼꼼히 따져서 시장 역행 투자 방식으로 투자했다. 슐로스는 대차대조표를 중시하는 그레이엄의 투자 방식을 엄격히 따르고, 청산가치보다 낮은 가격에 매수할 수 있는 종목을 찾았다. 그는 1956년에 시작해 40년 이상 시장 평균 수익률을 손쉽게 앞섰다. 피셔는 자신이 수십 년 동안 보유하기에 유용하다고 생각되는 성장주 몇 종목에 집중투자함으로써 성공했다.

때때로 몇몇 학자들은 버핏과 그의 가치투자법을 따르던 사람들이 정도를 벗어나 요행수로 성공했을 뿐이라고 주장한다. 룰렛 테이블에 여러 사람들을 모아 놓고 게임을 하게 하면 그중 여섯 번 계속해서 돈을 따는 사람이 몇 명 있을 수 있는 것처럼, 1천만 명의 투자자를 표본으로 조사하면 분명히 그중에는 정기적으로 시장 평균 수익률을 능가하는 사람들이 있다는 것이다. 그러나 시장 평균 수익률을 지속적으로 크게 뛰어넘은 거의 모든 투자자들이 가치투자를 해왔다는 사실은 무엇을 설명해 주는가? 언젠가 버핏은 다음과 같이 말한 적이 있다.

내가 늘 언급하는 성공한 투자자들 중에는 날카로운 지성과 고도의 지식을 갖춘, 가치투자의 창시자인 벤저민 그레이엄이 있다. 그러나 이 스승의 가르침을 받은 제자들은 후에 모두 자기만의 투자법을 확립했다. 그들은 이리저리로 흩어져 여러 다른 종목을 사고팔았다. 그럼에도 불구하고 그들은 단순하게 설명하기 힘든 결과를 도출했다. 그레이엄의 이론을 따른 투자자들의 공통점은 기업의 가치와 주가의 관계에 초점을 맞추었다는 사실이다. 언급할 나위도 없이 이들은 베타계수beta coefficient, 자본자산 가격결정 모형 capital asset pricing model 또는 증권수익률의 공분산covariance 등에 대해서는 논하지 않았다. 그들은 이런 것에는 관심조차 없었다. 사실상 그들 대부분은 용어에 대해 설명해 달라는 부탁을 받았더라면, 아마도 어려움을 겪었을 것이다. 그들은 단순히 두 가지 변수, 즉 주가와 가치에만 집중했다.

지난 70년간 과소평가된 주식을 매수하는 것이 보통 가격의 주식을 매수하는 것보다 고수익을 올리는 데 더 유리하다는 것을 입증하는 많은 연구들이 진행되어 왔다. 어떤 기준에 따라 기업의 가치를 분석했는지는 별 문제가 되지 않았다. 어느 정도가 과소평가된 가격인지에 대해 한계를 정해 놓고 그 안에서만 매수를 하면 시장 평균 수익률을 상회할 수 있었다. 예를 들어 그레이엄은 주가가 기업의 장부가치 이하에 형성되어 있을 때 주식을 사면 예외적으로 높은 수익을 올릴 수 있다는 것을 알게 되었다. 그 이후에도 여러 연구에 의해 장부가치 이하의 가격에 매수하면 장기간에 걸쳐 높은 수익을 올릴 수 있다는 것이 입증되었다. 또한 투자를 결정할 때 '비율'을 따져 보면 효과가 있다는 것이 밝혀졌다. 즉 PER, PSR(price sales ratio, 주가매출액비율), PBR(price book value ratio, 주가순자산비율)을 따져 보고서 이 비율이 낮을 때 주식을 매수해야 더 좋은 결과를 얻을 수 있다는 것이다.

어떤 방법을 사용하든 경제적 사고를 갖추어야 수익을 더 높일 수 있다. 그러나 다수의 투자자들은 비합리적으로 대형주에 많은 돈을 기꺼이 지

> 단순히 매수 시의 비용만 따져 보아도 다우존스지수의 수익률을 충분히 뛰어넘을 수 있다. 어떤 시점을 선택했느냐는 문제가 되지 않는다. 그저 주가가 연중 최저치일 때 매수하면 지속적으로 포트폴리오 수익률을 30~45퍼센트까지 더 증가시킬 수 있다.

불하며, 군중심리에 휩싸여 주식을 매매하는 경향이 있다. 그들은 또한 가격이 하락 중인 주식은 회피한다. 경제적 사고로 일관하는 투자자들에게는 시장의 이러한 경향이 도움이 된다. 가치 판단 능력을 계발하지 않고서는 어떠한 투자자도 진정한 가치를 깨닫지 못한다. 가치의 개념을 정립하기 위해서는 우선 가치에 대한 기반을 잘 닦아야 한다. 회사의 장래성을 분별력 있게 평가하고 적정가에 매수할 준비가 되어 있는 투자자는 획일적인 원칙(누군가의 리드를 따르는 투자자들의 성향)에 따라 매매를 하는 투자자들에 비해 상당한 경쟁우위를 점하고 있다.

고성장 기술주, 저PER 산업주 등을 매수하든 또는 단순히 인덱스 펀드 index fund에 복리로 투자하든 주가가 낮을 때 매입해야 수익률을 높일 수 있다. 예를 들어 1970년부터 투자를 시작하여 매년 초에 다우존스지수 편입 종목에 5천 달러씩 투자했다고 가정하자. 원금이 총 15만 달러인 이 투자금은 1999년 말에는 약 111만 7천 달러가 되었거나, 연 9퍼센트의 복리로 불어나 있을 것이다. 만약 주가가 연중 최고치일 때를 골라 5천 달러를 투자했다면, 거의 같은 결과가 나타날 것이다. 매년 연말과 연초에 주가지수가 최고치를 보이는 경향이 있다.

그러나 주가가 연중 최저치일 때를 골라 5천 달러를 투자했다면, 1999년 말에는 34퍼센트 더 많은 150만 달러의 수익을 올렸을 것이다. 조금만 신중했더라면 누구나 지난 50년간 여러 번 이런 결과를 얻을 수 있었을 것이다. 이처럼 증시가 연중 최저치를 기록할 때 주식을 매수하면 후에 더 큰 부를 창출할 수 있다. 〈표 4-1〉에서 그 결과를 확인해 보라.

단순히 매수 시의 비용만 따져 보아도 다우존스지수의 수익률을 충분히

표 4-1 연간 5천 달러 투자 시 1999년의 실적

투자 시작 연도	연중 최고가 매입($)	연중 최저가 매입($)	차이(%)
1990	116,567	161,857	38.9
1985	251,020	365,173	45.5
1980	507,648	712,758	40.4
1975	814,268	1,119,331	37.5
1970	1,117,563	1,494,738	33.7
1965	1,413,305	1,858,216	31.5
1960	1,794,009	2,350,262	31.0
1955	2,315,573	3,096,563	33.7
1950	3,303,152	4,433,716	34.2

뛰어넘을 수 있다. 어떤 시점을 선택했느냐는 문제가 되지 않는다. 그저 주가가 연중 최저치일 때 매수하면 지속적으로 포트폴리오 수익률을 30~45퍼센트까지 더 증가시킬 수 있다. 이것은 무시해서는 안 될 통계다. 물론 주가지수가 언제 연중 최저치나 최고치를 기록할 것인지 아는 사람은 없다. 단지 그러한 시점이 지나야 판단할 수 있을 뿐이다. 그러나 상승장보다는 하락장에서 매수하는 것이 낫다는 것만은 확실하다. 그렇다고 고점 가까이에서 매수를 하는 투자자보다 훨씬 높은 수익을 올린다는 목적으로 매년 바닥이 올 때까지 기다릴 필요는 없다. 상승장이든 하락장이든 시장은 언제라도 예외적인 수익을 올릴 만한 충분한 기회를 주기 위해 1년 내내 등락을 거듭하기 때문이다. 투자자들은 이러한 변화를 최대한으로 이용해야 한다.

집중투자를 할수록 승산이 있다

자신의 포트폴리오에 완전히 만족하는 투자자는 거의 없을 것이다. 일부 투자자들은 강세장에서 잘못된 선택을 함으로써 종합주가지수의 수익률도 따라잡지 못한 것을 후회한다. 증시의 일시적 과열현상에 동참해 이것저것 사들인 것을 후회하는 투자자도 많다. 이런 투자자들에게 발견되는 문제의 가장 전형적인 원인은 분산투자로 인해 생긴다. 이들 중에 포트폴리오상의 조화와 균형을 적절히 유지하고 있는 투자자는 거의 없다. 최악의 경우는 장식품을 모으듯 주식을 사모아 수십 종목을 보유하는 투자자들이다. 일부는 수십 종류의 뮤추얼 펀드에 투자하기도 한다. 그 펀드 중 일부는 같은 종류의 주식으로 이루어졌을 수도 있다. 안전성을 높여야 한다는 이유로 지나치게 분산투자를 하고 있는 것이다.

그러나 분산투자는 고수익을 얻는 데 그다지 도움이 되지 않는다. 수십 종목을 보유하면서도 장기간에 걸쳐 시장 평균 수익률을 능가할 수 있는 사람은 극소수 전문 투자자들뿐이다. 이들 중에도 피터 린치Peter Lynch와 같은 소수의 인물만이 근면성과 뛰어난 종목 선정 능력으로 크게 성공할 수 있었다. 그 외의 사람들 중 일부는 다행히도 엄청난 수익을 가져다 주는 몇몇 종목들을 보유하고 있어 시장 평균 수익률을 능가하게 된 것이다. 어떤 특정한 해에 우연찮게 80퍼센트의 수익을 올린 펀드 매니저는 이것으로 수년간 더 살아남을 수 있다. 과거에 한 번이라도 80퍼센트의 수익을 올린 투자자라면, 그 후 몇 년 동안 실적이 떨어지더라도 수년 동안 다우존수지수 또는 S&P 500지수 수익률을 상회하는 포트폴리오를 유지하는 데 어려움이 없을 것이다.

워렌 버핏 및 필립 피셔와 같은 가치투자자들은 분산투자를 추구하지 않는다. 그들은 분산투자가 장기적으로 수익률 향상에 도움이 되지 않으며, 잠재적으로는 수익률을 하락시킨다는 것을 잘 알고 있었다. 버핏은 1996년 연례회의에서 투자자들에게 "분산투자는 무지에 대한 보호책일 뿐이다."라고 말했다. 투자 종목이 다양할수록 '효자 종목'과 '불효자 종목'을 구분하여 기억하기가 더욱 어려워지고, 그렇게 많은 회사의 재무 성과를 일일이 확인하기가 더욱 힘들어진다. 또한 기대 이상의 연간 수익률을 달성하기가 더욱 어려워진다. 30개 이상의 종목을 보유하면, 수익을 올리기가 마이애미 항에서 카니발 크루즈 선박의 항로를 바꾸는 것만큼 어려울 것이다. 워렌 버핏의 다음 글을 기억하자.

> 분산투자는 고수익을 얻는 데 그다지 도움이 되지 않는다. 수십 종목을 보유하면서도 장기간에 걸쳐 시장 평균 수익률을 능가할 수 있는 사람은 극소수 전문 투자자들뿐이다.

25개 이상의 종목을 보유한 투자자들이 놀라울 정도로 많다. 종목의 수가 많아서 문제가 되는 것은 아니다. 놀라운 것은 대부분의 투자자들의 경우 기업의 수익성을 제대로 진단하고 투자하는 종목은 보유 주식의 몇 퍼센트밖에 안 된다는 점이다. 이런 투자자들은 '한 바구니에 계란을 너무 많이 담은 건 아닐까?' 하는 두려움으로 종목의 수를 늘리면서 제대로 알지 못하는 종목들에 분산하여 투자한다. 종목에 대한 충분한 지식 없이 이것저것 사들일수록 분산투자는 훨씬 더 위험해진다.

적절히 분산된 포트폴리오는 증시의 전반적 움직임과는 관계없이 하나의 특정 종목으로 인해 전체적으로 큰 손해를 입게 되는 '비체계적 위험 nonsystematic risk'을 줄여 준다. 20~30종목 또는 그 이상의 종목으로 포트폴리오를 구성함으로써 한 종목이 급락하여 포트폴리오 전체에 악영향을 끼치는 위험을 제거할 수 있다는 것이다. 보유하고 있는 모든 종목의 주가가 갑자기 하락할 때 한 종목이 크게 올라 그 손실을 상쇄할 수도 있다. 그러나 분산투자가 잘되었다고 해서 손실로부터 자유로운 것은 아니다. 제대로 운영되고 있는 대규모 뮤추얼 펀드조차도 증시 하락 시에 손해를 보게 마련이다. 분산투자는 단지 손실의 가능성을 줄여 줄 뿐이다. 투자자는 항상 체계적 위험systematic risk에 노출되어 있다. 이것은 주식시장 전체에 악영향을 주는 예측할 수 없는 위험을 말한다. 이런 위험을 피하는 최선의 방법은 주식시장의 붕괴에 대한 대비책으로서 채권이나 해외 주식과 같은 다른 투자처에 자금을 분산하는 것이다.

버핏과 같은 가치투자자들은 위험과 수익에 대한 공통적 대비책을 세우거나, 주가 움직임에 따라 위험을 측정하지는 않았다. 버핏은 기업에 대한 정보를 입수하려고 부지런히 노력하지 않는 투자자들은 후에 알게 되는 기업의 가치보다 더 많은 돈을 지불하는 위험에 빠진다고 생각한다. 기업을 둘러싼 불확실성을 줄이기 위해 노력해야 한다는 것이다. 그리고 변칙적인 주가 변동으로 인한 서류상의 손실에는 신경 쓸 필요가 없다고 주장한다. 1994년 버핏은 이렇게 말했다. "나는 확실성을 매우 중시한다. 그렇게 하면 나에게 어떤 위험도 다가오지 않는다. 큰 위험을 무릅쓰며 투자하지 마라. 기업의 가치에 비해 아주 낮은 가격으로 주식을 사들이면 전혀 위험하지 않다." 높은 성장 잠재력을 가진 회사들의 주식 8~12종목을 저가에 매수하여 균형 잡힌 포트폴리오를 구성하면 높은 수익을 기대할 수 있다는 것이다.

《워렌 버핏의 완벽투자기법 The Warren Buffett Way》의 저자 로버트 해그스트롬Robert Hagstrom은 1999년 분산투자의 결과는 결국 시장 평균 수익률과 비슷할 수밖에 없다는 것을 명백히 보여 주었다. 해그스트롬은 1979년부터 1986년까지, 수익과 순이익이 공개된 기업들의 주식을 컴퓨터로 무작위로 선정해 총 1만 2천 주로 이루어진 다양한 규모의 포트폴리오를 구성했다. 즉 250종목, 100종목, 50종목, 15종목으로 구성된 포트폴리오를 만들어서 각각 3천 주씩 편입시켰다. 그런 후 포트폴리오 각각에 대해 10년과 18년의 기간에 걸쳐 발생하는 연간 수익률을 계산했다. 이렇게 오랜 기간 동안 보유함으로써 해그스트롬은 전체적인 경기순환 과정과 시장에서의 거래 행태(대형주 대 소형주, 성장주 대 가치주 등)도 살펴볼 수 있었다. 연구 결과 그는 투자의 대가들이 이미 의구심을 품었던 것들을 계량화하였다.

> 편입 종목이 가장 많은 포트폴리오는 수익률의 편차가 매년 거의 비슷했다. 이와는 대조적으로 종목 수가 가장 적은 포트폴리오는 수익률이 매년 큰 차이를 보였다. 15종목으로 이루어진 포트폴리오는 S&P 500종목의 수익률보다 낮은 실적을 올릴 가능성이 많으나, 동시에 크게 능가할 가능성도 높은 것으로 나타났다.

그 자료에 의하면 무작위로 종목을 선정해서 구성한 이 포트폴리오들은 같은 기간 동안 S&P 500종목의 수익률에 약간 미달되는 결과를 보였다. S&P 500종목은 1980년대와 1990년대의 최고의 실적주를 거의 포함하고 있었기 때문에, 모든 종목을 대상으로 무작위로 선정된 포트폴리오보다 높은 수익률을 기록한 것은 당연한 일이었다. 그러나 해그스트롬은 편입 종목 수에 따라 포트폴리오를 비교하면서 실적의 범위에 상당한 차이가 있다는 것을 발견했다. 편입 종목이 가장 많은 포트폴리오는 수익률의 편차가 매년 거의 비슷했다. 이와는 대조적으로 종목 수가 가장 적은 포트폴리오는 수익률이 매년 큰 차이를 보였다. 15종목으로 이루어진 포트폴리오는 S&P 500종목의 수익률보다 낮은 실적을 올릴 가능성이 많으나, 동시에 크게 능가할 가능성도 높은 것으로 나타났다.

표 4-2 1996년까지 10년간 보유한 포트폴리오의 수익률

(단위 : %)

	포트폴리오 종류				S&P 500종목
	15종목	50종목	100종목	250종목	
평균 수익률	13.75	13.87	13.86	13.91	15.23
표준 범위*	11.0~16.5	12.3~15.4	12.8~15.0	13.3~14.6	
최저 수익률	4.41	8.62	10.02	11.47	
최고 수익률	26.59	19.17	18.32	16.00	

* 포트폴리오 전체의 약 3분의 2에 대한 수익률 범위다.
출처 : 《워렌 버핏 포트폴리오》, 로버트 해그스트롬

1996년까지 10년간 S&P 500종목은 투자자들에게 연간 15.23퍼센트의 수익률을 보장해 주었다. 해그스트롬이 연구를 위해 무작위로 구성한 포트폴리오의 평균 수익률은 종목 수에 관계없이 13.75퍼센트에서 13.91퍼센트까지 비슷한 결과를 보였다. 그러나 수익률의 범위에 있어서 큰 차이를 보였다. 15종목 포트폴리오의 수익률은 4.41~26.59퍼센트에 이르기까지 폭넓은 수치를 보였다. 그들 중 대다수는 11퍼센트에서 16퍼센트 사이를 오르내렸다. 50종목 포트폴리오는 8.62퍼센트에서 19.17퍼센트에 이르기까지 다양한 수치를 보였으며, 대부분 12.3퍼센트에서 15.4퍼센트 사이를 왔다 갔다 했다. 편입 종목 수가 늘어남에 따라 수익률의 범위가 좁아졌다. 종목 수가 많으면 실적의 편차가 줄어들었고, 수익률의 하한선과 상한선 사이에 별 차이가 없었다(〈표 4-2〉와 〈표 4-3〉). 해그스트롬은 다음과 같이 썼다. "나는 종목 수가 적은 포트폴리오일수록 수익률 향상의 가능성이 높아진다는 것을 확신한다. 15종목으로 구성된 포트폴리오는 시장 평균 수익률을 능가할 기회가 25퍼센트나 된다. 그러나 250종목으로 구성된 포트폴리오로는 단 20퍼센트의 기회도 얻기 힘들다."

표 4-3 1996년까지 18년간 보유한 포트폴리오의 수익률

(단위 : %)

	포트폴리오 종류				S&P 500종목
	15종목	50종목	100종목	250종목	
평균 수익률	17.34	17.47	17.57	17.61	16.32
표준 범위*	15.1~19.6	16.2~18.7	16.7~18.5	17.1~18.1	
최저 수익률	8.77	13.56	14.71	16.04	
최고 수익률	25.04	21.80	20.65	19.20	

* 표준 범위는 포트폴리오 전체의 약 3분의 2에 대한 수익률 범위다.
# 출처 : 《워렌 버핏 포트폴리오》, 로버트 해그스트롬

물론 포트폴리오의 구성 종목을 줄이는 것만으로는 충분치 않다. 해그스트롬의 연구에서 알 수 있는 바와 같이 15종목으로 구성된 포트폴리오는 시장 평균 수익률을 크게 앞설 수 있는 기회와 크게 뒤처질 수 있는 기회를 동등하게 포함하고 있다. 당연히 현명한 종목 선정이 뒤따라야만 효과를 볼 수 있다. 버핏은 투자자들에게 가능한 최소한의 종목들을 매수해야 한다고 종종 말해 왔다. 그래도 될지 확신이 서지 않는다면 인덱스 펀드에 투자하라고 제안한다. 세금과 거래 비용을 최소화하고 종합주가지수를 철저하게 따라갈 수 있다는 것이 이 펀드의 이점이다. 해그스트롬이 지적한 바와 같이 가장 활발하게 운용되고 있는 펀드들도 장기적으로는 시장 평균 수익률에 미치지 못하는 성과를 낼 것으로 생각된다. 대다수 펀드 매니저들이 너무 많은 종목으로 펀드를 구성할 뿐 아니라, 그 종목들에 대해 잘 알지도 못하기 때문이다.

1991년 버핏은 특유의 침착성을 보이며 이렇게 말했다. "함께 살고 있는 아내가 40명이라고 생각해 보라. 그들 중 어느 누구에 대해서도 제대로 알지 못할 것이다."

거래 비용에 주의하라

수많은 투자자들이 포트폴리오의 수익률을 증대시키는 방법에 대해 질문해 온다. 그럴 때마다 필자는 비용을 염두에 두고 투자를 시작하라는 말을 빠뜨리지 않는다. 대부분의 투자자들은 주식투자로 돈을 벌려는 목적이 무색해질 정도로 너무 자주 매매를 하거나 잘못된 선택을 하여 오히려 수익을 깎아내린다. 장기간에 걸쳐 복리로 계산하면 이러한 문제로 낭비되는 돈이 100만 달러는 안 되더라도 수십만 달러가 될 수 있다.

거래 비용을 줄이기 위해서는 먼저 거래에 따른 수수료로 들어가는 비용을 낮추어야 한다. 1975년 우량고객을 위주로 수수료를 낮춰 주는 차등수수료제가 도입되기 전에는 투자자들 대부분이 거래당 수백 달러까지 증권중개인에게 지불해야 했다. 이 바람직하지 못한 지출로 인해 몇몇 투자자들은 복리로 계산하면 수만 달러에 달하는 돈을 허비한 꼴이다. 모든 투자 자금에는 기회비용이 들어 있다. 증권중개인에게 매년 수수료로 5천 달러를 지불하며 거래를 한다고 가정하자. 20년간 투자를 하면 증권중개인에게 총 10만 달러를 지불하게 되지만, 만약 투자자의 계좌에 그 돈을 그대로 남겨 둔다면 20년 후에 30만 달러로 불어날 수 있다.

매년 5천 달러를 수수료를 지불하는 대신, 연간 10퍼센트의 수익이 발생하는 10만 달러짜리 포트폴리오를 구성해서 매년 그중 5퍼센트를 증권중개인에게 수수료로 지불한다고 가정하자. 이 경우 20년에 걸쳐 증권중개인에게 32만 달러를 주게 된다. 그 돈을 수수료로 지불하지 않고 그냥 투자를 했더라면 32만 달러가 70만 6천 달러로 불어나게 된다. 수수료를 한 푼도 들이지 않고 투자를 할 수는 없다. 그러나 요즘에는 거의 제로에 가까울 정도로 줄일 수 있다. 브라운Brown과 같이 투자 조언을 해주지 않는 대신 중개료를 할인해 주는 온라인 중개 회사를 이용하면 장기간에 걸쳐 20만 달러 가까이 절약할 수 있다(그들은 5천 주까지 거래당 5달러의 수수료밖에 청구하지 않는다). 연간 10퍼센트의 수익을 올리는 10만 달러짜리 포트폴리오로 브라운을 통해 매년 20번의 거래를 한다고 가정하자. 20년 후에는 단지 6,400달러의 미래가치가 있는 2천 달러만 지불하면 될 것이다.

> 수수료를 한 푼도 들이지 않고 투자를 할 수는 없다. 그러나 요즘에는 거의 제로에 가까울 정도로 줄일 수 있다.

거래 비용을 줄이는 또 다른 방법은 배당금을 모두 재투자하는 것이다. 존 네프는 가장 뛰어난 투자 실적을 보인 가치투자자 중 한 명이다. 그는 1995년 12월 은퇴하기 전까지 31년 동안 윈저 펀드를 운영했다. 그는 수익을 최대화하기 위해 주가가 폭락하기를 기다렸고, 배당금을 지급하는 주식을 집중적으로 매수했다.

31년간에 걸쳐 네프의 실적은 S&P 500지수가 올린 수익률을 21번이나 앞질렀고, S&P 500지수가 매년 10.6퍼센트의 수익률을 보인 반면 네프는 복리로 13.9퍼센트의 수익을 올렸다. 네프가 1964년 투자한 1만 달러가 1995년 말에는 56만 5,200달러로 불어났다. 이와 대조적으로 S&P 500지수에 투자된 1만 달러는 22만 7,200달러가 되었다. 놀랍게도 네프가 펀드를 운영하는 동안 투자자들이 받은 수익금 중의 40퍼센트가 배당금에서 나온 것이었다. 네프는 4~5퍼센트의 배당이익을 올릴 수 있는 주식을 발견할 수 있다면, 목표의 절반은 성취할 수 있다고 생각했다. 이를테면 연평균 10퍼센트의 수익을 창출하는 종목을 발굴하려고 노력해 왔는데, 마침 배당금으로 5퍼센트 수익을 올릴 수 있는 종목이 있다면, 목표를 성취하기 위해서는 주가가 5퍼센트만 오르면 되는 것이다.

네프로서는 큰 발견이 아닐 수 없었다. 윈저 펀드의 종목들은 31년간 주가가 단지 두 배로 뛰었을 뿐이다. 7.75달러가 15.55달러로 오른 것이다. 31년간 장부가치는 거의 변하지 않았다. 윈저 펀드는 매년 투자자들에게 지급되는 주식 배당금으로 높은 비율의 수익을 올리고 있었기 때문이었다. 복리의 위력이 나머지를 가능하게 했다. 네프의 펀드에 출자한 투자자들이 펀드에서 지급되는 모든 배당금을 첫해부터 재투자했더라면, 최초 7.75달러의 투자금이 437.59달러로 불어났을 것이다. 펀드가 설립된 첫해부터 재투자된 배당금이 30년간 복리로 늘어났을 것이다. 두 번째 해의 배당금은 남은 29년 동안 복리로 불어나 해가 갈수록 투자자에게 유리해졌을 것이다.

제5장

기회비용 :
미래의 부를 갉아먹는
오늘의 소비

2천만 달러짜리 자동차를 탈 것인가

현재의 기쁨과 미래의 부

> 연복리 20퍼센트로 투자를 하면, 30년 후 엄청난 금
> 액을 만질 수 있다. 거꾸로 연복리 20퍼센트의 투자
> 기회를 놓치면, 정반대의 결과가 생긴다. 연간 5퍼센
> 트밖에 오르지 않는 종목을 선택하면 다른 기회를 상
> 실함으로 인해 궁극적으로 수만 달러의 손해를 입게
> 된다. 오늘 잘못 사용하거나 적절하지 못한 데 투자한
> 돈은 미래의 자산에 악영향을 끼친다.

워렌 버핏의 모든 투자 활동은 수학적 논리에 따라 이루어졌다. 언젠가 그는 젊은 시절에 아내가 될 수전에게 약혼반지를 사주었을 때를 회상하며, 이때 자신의 순자산 중 6퍼센트를 소비함으로써 미래가치로 측정하면 수백만 달러를 지출한 것이라고 농담한 적이 있다. 그는 하루에 서너 병씩 마신 체리콜라 덕분에 아직까지 생명을 유지하고 있다고 말한 적이 있다. 체리콜라로부터 수만 칼로리의 열량을 공급받았기 때문이라는 것이다. 또한 그는 죽기 전까지 2,500만 칼로리를 소모해야 한다고 말하면서, 자신의 고지방 식단이 타당하다고 설명한 적이 있다. 그는 자선단체에 기부를 할 때도 상당히 신중했다. 그 단체에서 기부금을 제대로 사용하는지 수치를 통해 보고하도록 했다. 자녀들에게는 정해진 날까지 살을 뺄 경우 부탁을 들어주거나 용돈을 주겠다고 조건을 제시하기도 했다. 버핏은 나이 든 투자자들보다는 고등학생이나 대학생 앞에서 강연을 하

는 것을 더 선호한다. 학생들이 자신의 말에 귀를 더 잘 기울일 것이라고 생각하기 때문이다.

그가 설명하는 수학적 투자 방식은 실제 누구라도 인내심을 가지고 부지런히 투자하면 백만장자가 될 수 있음을 보여 준다. 21세 때부터 시작해서 매년 수천 달러를 투자할 수 있는 사람이라면 은퇴할 때까지 거뜬히 100만 달러를 모을 수 있다는 것이다. 시간과 복리의 마술은 지속적으로 돈을 모을 수 있는 사람이 65~70세가 되었을 때는 상당한 부를 축적하도록 해준다. 이 사람이 매년 추가로 수천 달러를 더 저축할 수 있다면, 은퇴할 때 손에 들어오는 돈은 더 많아질 것이다. 종목을 제대로 선정하고 계좌를 지혜롭게 관리함으로써 매년 수익률을 몇 퍼센트라도 더 늘릴 수 있는 투자자라면, 은퇴할 때 벌게 되는 금액은 수배로 불어날 것이다.

요즈음 대부분의 개인투자자들은 시간이 투자에 미치는 영향이 얼마나 대단한지 잘 알고 있다. 또한 정부의 복지 프로그램에 의존하기보다는 스스로 은퇴 후를 대비하고 노후자금을 마련해야 한다는 것을 충분히 인식하고 있다. 이런 사람들에게 복리는 두 가지 면에서 큰 기여를 한다. 예를 들어 연복리 20퍼센트로 투자를 하면, 30년 후 엄청난 금액을 만질 수 있다. 거꾸로 연복리 20퍼센트의 투자 기회를 놓치면, 정반대의 결과가 생긴다. 연간 5퍼센트밖에 오르지 않는 종목을 선택하면 다른 기회를 상실함으로 인해 궁극적으로 수만 달러의 손해를 입게 된다. 오늘 잘못 사용하거나 적절하지 못한 데 투자한 돈은 미래의 자산에 악영향을 끼친다.

전 세계적으로 누구에게든 언제라도 엄청나게 많은 투자의 기회가 주어지고 있고, 각 개인은 그 기회들 중에 무엇이든 선택할 수 있다. 여유자금이 있다면 인텔의 주식에 투자할 수도 있고, 리모델링 공사를 할 수도 있

> 어떤 선택을 하든 돈을 투자했다면 그에 따른 유무형의 수익이 창출되어야 한다. 그렇지 않으면 돈을 지출해서는 안 된다.

다. 50달러가 있으면 이를 가지고 레스토랑에서 식사를 하거나 새 바지를 살 수도 있으며, 골프채를 새로 사는 데 보탤 수도 있다. 그보다 더 많은 돈을 가진 사람이라면 새로운 모델의 차를 구입할 것인지, 아이들의 대학 학비를 미리 적립해 둘 것인지 결정해야 할 것이다. 어떤 선택을 하든 돈을 투자했다면 그에 따른 유무형의 수익이 창출되어야 한다. 그렇지 않으면 돈을 지출해서는 안 된다. 인텔의 주식을 사든 집에 새로운 카펫을 깔든 투자에 대해 결정할 때는 사용할 돈의 기회비용을 고려해야 한다.

모든 사업의 목표는 투자 수익률을 최대화하는 것이다. 기업은 투자자들의 돈을 사용해서 가능한 최대의 수익을 창출해야 한다. 투자자로서 개인은 결과적으로 돈을 잃든 벌든, 돈을 쓰려고 결정을 내리는 순간 자체를 기회로 간주해야 한다. 한 군데 사용하기로 결정한 돈은 다른 곳에 사용할 수 없다. 그러므로 그 돈이 다른 용도로 사용되었을 때 벌어들일 수 있는 수익률과 대비해서 더 많은 돈을 벌 수 있는 곳에 투자하는 것이 마땅하다.

주식시장은 매일 수천 번의 잠재적 투자 기회로 우리를 유혹한다. 따라서 위험 요소를 살펴보고 만족스러운 수익률을 안겨 줄 종목을 찾을 때까지 심혈을 기울여야 한다. 이러한 의미에서 제4장에서는 S&P 500종목 등과 실적을 비교함으로써 수익률을 높일 수 있는 포트폴리오를 구성하는 방법에 대해 알아보았다. S&P 500지수가 1년에 20퍼센트 오르는 데 반해, 당신의 포트폴리오는 단지 8퍼센트밖에 오르지 않는다면 투자 자금에 대한 기회비용이 커진다. 잘못된 선택으로 매년 12퍼센트의 손실을 보게 되는 것이다.

마이크로소프트의 창립자이며 세계 최고의 부자인 빌 게이츠가 길에 100달러짜리 지폐가 떨어져 있는 것을 보았다면, 못 본 체하고 그냥 지나쳤을 것이라는 말이 있다. 빌 게이츠처럼 수백억 달러를 가진 부자라면, 허리를 숙이고 100달러를 주워 호주머니에 집어넣는 일에 소비할 시간이 없기 때문이다. 빌 게이츠가 그 돈을 줍는다면 100달러보다 더 많은 돈을 벌 수 있는 시간을 잃어버리게 됨으로 인해 경제적으로 무익한 일이 될 것이라는 게 요지다. 그의 관점에서 볼 때 100달러를 벌기 위해 100달러 이상을 벌 수 있는 시간을 포기한다는 것은 어리석은 일이다.

그러나 워렌 버핏은 그런 식으로 생각하지 않는다. 길에 떨어져 있는 100달러짜리 지폐는 현재의 가치가 아니라 미래의 가치로 평가해야 한다는 것이다. 예를 들어 그 100달러를 연복리 25퍼센트로 불릴 수 있다고 가정하자. 그러면 우연히 발견한 100달러가 인플레이션을 고려하지 않을 경우 10년 후에 931달러로 변할 것이고, 30년 후에는 8만 779달러가 될 것이다. 이러한 사실을 알고 있다면 빌 게이츠조차도 걸음을 멈추고 이 지폐를 주울 것이다. 실제 버핏이 사무실로 올라가는 엘리베이터 안에서 1센트를 줍는 것을 본 사람들이 있다. 놀라는 그들에게 버핏은 이렇게 말했다. "이것은 또 다른 10억 달러의 시작일 뿐입니다."

버핏의 주식투자 방식을 이해하기 위해서는 이처럼 기회비용을 따져 보고 수학적 관점에서 그의 행동을 바라보아야 한다. 지금 가진 돈을 부를 축적하는 데 투자하지 않고서 쓸데없는 곳에 소비한다면, 제대로 이용할 경우에 얻을 수 있는 큰 자산을 포기해야 한다. 그러므로 투자를 통해 얻을 수 있는 수익률에 따라 지금 매수하거나 매수하지 않은 모든 주식들은 투자자의 순자산을 증가시키거나 감소시킬 수 있는 잠재력을 가지고 있다. 이 원리는 투자처를 잘못 선택하여 돈을 낭비하든, 꼭 필요하지는 않은 개인 경비로 쓰든, 사치품에 돈을 소비하든 일률적으로 적용된다.

2천만 달러짜리 자동차를 탈 것인가

연복리 20퍼센트 이상으로 돈을 불려 나갈 방법이 분명 존재한다는 것을 아는 투자자라면 이제 소비보다는 절약에 중점을 두어야 할 것이다. 버핏은 부적절한 곳에 소비된 모든 돈들이 후에 수만 달러의 손해를 끼칠 수 있다는 것을 알고 있다. 주식투자를 잘못하여 날려 버린 자금도 같은 결과를 초래할 수 있다. 이와 비슷하게 고가에 사들인 주식은 잠재 수익률을 축소시켜 포트폴리오의 최종 가치를 심각하게 깎아내릴 것이다.

예를 들어 5만 달러에 BMW를 사거나, 2만 5천 달러에 도요타 캠리를 구입할 의향이 있고 그럴 여유도 있다고 하자. 이때 어느 것을 선택할 것인가? 경제학자는 가장 실용적인 차를 선택하라고 권유할 것이다. 그러나 그것만이 전부가 아니다. 자동차를 선택하는 인간의 기준은 감정적이고 비이성적이다. BMW를 사면 품위를 높이는 데 도움이 될 듯하고 운전할 때도 더 즐거울 것 같다. 이 두 가지는 화폐로 정량화하기 어려운 이점이다. 이와는 대조적으로 연비를 절약하기 위해 캠리를 선택한다면 이 기준을 화폐로 정량화하기가 더 쉽다.

2만 5천 달러짜리 캠리와 5만 달러짜리 BMW 사이의 차이는 기회비용, 즉 한 자동차를 다른 자동차보다 더 선호해서 내린 결정 때문에 포기하게 되는 돈에 있다. BMW를 선택하면 캠리에 비해 지금 당장 2만 5천 달러를 더 써야 한다. 30년 동안 연 15퍼센트의 복리로 2만 5천 달러를 투자할 수 있다면, 실제로 165만 5,294달러를 포기하는 셈이다. 30년 후 은행 통장에 이만한 돈이 들어 있다면 어떻겠는가? 갑자기 BMW가 무척 비싸 보이지 않는가? 2만 5천 달러를 연복리 20퍼센트로 투자하는 경우에는 30년 후의 기회비용이 593만 4,408달러가 된다. 연복리 25퍼센트로 투자할 수 있다면, BMW를 사기 위해 30년 후에는 2,019만 4,839달러를 포기하는

표 5-1 일상적인 지출로 30년 후 포기해야 하는 돈

(단위 : 달러)

	투자 시의 기대 수익률		
	연 15%	연 20%	연 25%
2만 5천 달러짜리 대신 5만 달러짜리 자동차 구입	1,655,294	5,934,408	20,194,839
수익 '0'인 주식에 1만 달러 지출	662,117	2,373,763	8,077,936
4인 가족 디즈니랜드 여행 경비	166,529	593,441	2,019,484
하루 담배 두 갑	128,120	459,323	1,563,081
한 달에 두 번 이상 외식	19,864	71,212	242,338
유명 브랜드 식품 구입에 매주 20달러 이상 추가 소비	68,860	246,871	840,105
휴가비로 1천 달러 이상 지출	66,212	237,376	807,794
250달러짜리 양복 대신 1천 달러짜리 양복 구입	49,569	178,032	605,845
카지노에서 매달 50달러 손실	39,727	142,426	484,676
1년간 출퇴근 주행 거리 30마일(휘발유 비용)	47,275	169,487	576,765
1년간 매주 5달러짜리 복권 구입	17,215	61,718	210,026
가정용 난방비로 월 20달러 추가 지출	15,891	56,970	193,870
4인 가족 1회 야구경기 관람	8,608	30,859	105,013
격월이 아니라 매달 커트	3,973	14,243	48,468
25달러짜리 와인 구입	1,655	5,934	20,191
비디오 대신 극장에서 영화 관람	1,457	5,222	17,771

셈이다.

이처럼 소비 행위를 수학적으로 살펴보면 설득력 있는 결과를 도출할 수 있다. 〈표 5-1〉은 점포나 레스토랑에서 일상적으로 소비를 할 때 잠재적으로 포기해야 하는 금액이 얼마인지를 보여 주고 있다. 3달러에 비디오를 빌려 보는 대신에 매번 영화를 보러 가면, 30년 후에 순자산으로 1만 7천 달러 이상을 잠재적으로 포기하는 셈이 된다(그 돈을 연복리 25퍼센트로 투자한다고 가정하는 경우). 난방비를 절약하여 월 20달러씩 투자를 한다면, 투자 수익률에 따라 다르겠지만 30년 후 거의 19만 4천 달러 가까이로 불어날 것이다. 매달 몇 장의 복권을 사는 단순한 행위가 30년 후 20만 달러 이상의 손해를 끼칠 수 있다. 가족과 함께 디즈니랜드에 다녀오느라 여행에 소비한 돈이 궁극적으로 은퇴할 때 200만 달러의 손실을 초래할 수 있다.

> 난방비를 절약하여 월 20달러씩 투자를 한다면, 투자 수익률에 따라 다르겠지만 30년 후 거의 19만 4천 달러 가까이로 불어날 것이다.

현재의 기쁨과 미래의 부

그러나 미래에 엄청난 부를 축적하기 위해서 우리에게 현재 기쁨을 주는 취미 활동, 야구장에서의 즐거운 하루 등을 포기하라고 권유하는 사람은 아무도 없다. 단지 자신의 실제 활동 비용의 가치에 대해 제대로 인식해야 한다는 뜻이다. 버핏이 하는 것처럼 높은 복리로 돈을 투자하려면, 소비보다는 절약에 힘써야 한다. 진정으로 5만 달러짜리 BMW가 필요하지 않고 2만 5천 달러짜리 캠리, 캐딜락 또는 링컨으로도 만족한다면, 그렇게 절약한 후에 투자한 결과로 수백만 달러를 벌어들일 수 있을 것이다. 덧붙여 말하자면, 이 책을 집필하고 있는 때도 버핏은 자신이 수년 동안 소유했던 자동차 링컨 타운을 몰고 있었다. 이 차량의 장부가치는 1만 5천 달러가 채 되지 않았다.

기회비용의 맥락에서 보면 버핏의 검소한 생활습관에는 항상 일관성이 있었다. 그는 높은 복리로 돈을 불리는 방법을 알고 있었기 때문에, 자신이 원하는 것은 무엇이든 구입할 여유가 있었음에도 불구하고 절대로 돈을 낭비하지 않으려고 신경을 썼다. 그가 방탕한 생활로 자본수익의 일부를 써버렸더라면, 복리 효과를 보지 못해 오늘날과 같은 부를 축적하지 못했을 것이다. 예를 들면, 버핏이 1969년 버핏 투자조합을 해산할 때 2,500만 달러를 거머쥔 것으로 알려졌다. 그가 그 돈을 모두 재투자하는 대신에 오마하에 500만 달러짜리 대저택을 사들이고 가구 등을 구입하는 데 100만 달러를 지출했더라면, 1999년에 이르러 50억 달러의 손실을 보았을지도 모른다.

기회비용이 없는 주택을 구입하는 것은 순수한 주택 구입자에게는 장기적인 부의 축적에 부정적인 영향을 끼치는 것은 아니지만, 버핏의 시각에서 보면 이때 절약한 돈은 복리로 투자될 수 있는 자금이 된다. 주택뿐만이 아니라 일상용품을 구매할 때도 버핏은 이런 기준을 적용한다. 그는 대량구매를 통한 할인을 받기 위해 식품점에서 12팩들이 코카콜라 50상자를 한꺼번에 구매하는 것으로 알려졌다. 빙과류를 사더라도 이왕이면 상자 단위로 구입함으로써 돈을 절약해 온 습관 덕에 궁극적으로 그의 순자산이 매년 수천 달러씩 증가할 수 있었던 것이다.

제6장

매수-보유 전략으로
수익률을 높이는 방법

보유 기간이 수익률을 결정한다
자주 사고팔면 결국 손해 본다

> 버핏은 단기매매를 경계하고 있으며, 단기매매로 돈을 낭비하는 행위가 투자 수익률을 갉아먹고 있다고 주장한다. 또한 이러한 행위가 투자자의 편견을 야기하는 인위적이고 불합리한 조치를 취하도록 기업들을 부추겨서 주가에 폭넓은 불균형을 가져올 수도 있다는 것이다.

약 15년 전 필자는 친구와 함께 한 지역 축제에 참석했다. 그 친구는 그곳에서 주사위 게임으로 200달러를 잃었다. 25달러에서 200달러 사이의 상금이 걸린 게임에 계속해서 5달러씩 판돈을 걸고서 주사위를 던지는 그가 매우 애처로워 보였다.

그 게임은 분명 승산이 없어 보였으나 그는 그것을 깨닫지 못했다. 게임에서 돈을 따려면 동시에 8개의 주사위를 굴려 숫자의 총계가 45에 가깝거나 주사위당 평균 5.6의 점수를 내야 했다. 그러나 확률상 총계는 24에서 32까지일 가능성이 가장 높다. 이런 점수를 얻을 경우 어쩔 수 없이 5달러를 잃는 동시에 다시 주사위를 던지고 싶다는 마음이 들 수밖에 없다.

게임에 열중하다가 매번 실망하면서도 다시 게임에 뛰어드는 친구의 모습을 되풀이해서 보다 보니, 마켓 타이밍을 활용해 주식을 사고파는 단타매매나 데이트레이딩day-trading이 머리에 떠올랐다. 이 두 매매 방식은 강세장에서 흔히 나타난다. 많은 주식 관련 책에서 투자자들에게 이러한 단기매매에 대한 환상을 심어 주고 있다. 그러나 실제로 단기매매가 항상 좋은 결과를 가져오는 것은 아니며, 이 방식으로 투자한 사람들은 결국에는 돈을 잃었다는 사례가 더 많다. 이렇게 명백한 증거가 있음에도 불구하고 지금도 수많은 투자자들이 빠른 시간에 수익을 올릴 수 있기를 기대하며 단기매매를 계속하고 있다. 1990년대 초까지만 해도 주식투자자들은 매수 후 평균적으로 2년 이상 보유하다가 매도한 것으로 조사됐다. 그러나 1999년에 이르자 그들은 매수한 지 1년도 채 되지 않아 보유 주식을 내다 팔고 있다.

버핏은 단기매매를 경계하고 있으며, 단기매매로 돈을 낭비하는 행위가 투자 수익률을 갉아먹고 있다고 주장한다. 또한 이러한 행위가 투자자의 편견을 야기하는 인위적이고 불합리한 조치를 취하도록 기업들을 부추겨서 주가에 폭넓은 불균형을 가져올 수도 있다는 것이다. 1988년 버핏은 주주들에게 보내는 편지에 이렇게 썼다. "합리적인 주가는 합리적인 주식 보유자에 의해 형성된다." 보다 폭넓게 바라보면, 보다 생산적인 곳에 사용되어야 할 자금이 단기매매에 들어가는 비용으로 낭비되고 있는 셈이다.

버핏은 투자자들이 1년 미만으로 보유하다가 매도한 주식에 대해서는 정부에서 100퍼센트의 자본소득세를 부과해야 한다고 농담조로 말한 적이 있다. 그는 20여 년 전에 〈오마하 월드-헤럴드 *Omaha World-Herald*〉지와의 인터뷰에서 이렇게 밝혔다. "버크셔 해더웨이는 대부분의 주식을 장기간 보유한다. 우리는 우리가 내린 투자 결정을 평가하기 위해 어느 특정 일자의 주가가 아니라, 장기간의 운용 결과에 따른 '채점표 scorecard'를 작성한다. 기업을 인수할 때 단기 전망에 지나치게 초점을 맞추는 것과 마찬가지로 주식을 사들일 때 단기 수익에 현혹되는 것도 어리석은 일이다."

물론 온라인상에서 일주일에 서너 번씩 주식을 사고파는 많은 투자자들은 자신의 투자 방식으로 큰 돈을 벌 수 있을 거라고 굳게 믿고 있을지 모른다. 그러나 그들의 성공은 그들의 통찰력이 아니라, 현재의 강세장이 꾸준히 상승세를 유지할 수 있느냐에 달려 있다. 1998년 초 이후 단기매매를 하는 개인투자자의 수는 급격히 증가했다. 인터넷 기업의 성공과 온라인 거래의 출현에 고무된 많은 투자자들은 매일 수차례에 걸쳐 매매를 할 수 있게 되자, 하루에 몇 번씩 자판만 두드리면 쉽게 돈을 벌 수 있을 거라고 생각하게 되었다.

1975년, 애널리스트이자 투자관리 전문가인 찰스 엘리스Charles Ellis는 자주 매매할수록 수익이 점점 더 악화된다는 것을 실질적으로 입증했다. 엘리스는 단기매매를 할 때 수익이 저하되는 가장 큰 요인이 수수료와 세금이라는 것에 주목했다. 매매가 빈번할수록 포트폴리오의 가치에 비해 더 높은 수수료와 세금을 지불하게 된다는 것이다. 따라서 시장 평균 수익률을 앞지르려면, 실제로는 시장 평균 수익률보다 몇 퍼센트 더 높은 수익을 올려야 한다. 예를 들어 1년에 10퍼센트인 시장 평균 수익률보다 5퍼센트 더 많은 성과를 올리려면, 수수료와 세금을 고려하지 않았을 때는 평균 15퍼센트의 투자 수익률을 기록해도 된다. 그러나 수수료와 세금이 평균적으로 각 거래 금액의 2퍼센트 이상인 경우가 많으므로, 15퍼센트보다 더 많은 18퍼센트 정도의 수익률을 기록해야 목표를 이룰 수 있다. 그리고 회전율이 100퍼센트 이상일 경우, 즉 주식을 산 지 1년이 안 되어 팔

> 1975년, 애널리스트이자 투자관리 전문가인 찰스 엘리스는 자주 매매할수록 수익이 점점 더 악화된다는 것을 실질적으로 입증했다. 엘리스는 단기매매를 할 때 수익이 저하되는 가장 큰 요인이 수수료와 세금이라는 것에 주목했다.

경우에는 더 높은 수익률을 올려야 할 것이다. 엘리스는 회전율이 200퍼센트 이상일 경우 각 거래마다 평균적으로 3~4퍼센트 정도 높은 수익률을 올리지 못하면, 결국 시장 평균 수익률을 따라잡을 수 없을 것이라고 말했다.

1998년, 캘리포니아 대학의 금융학 교수인 테란스 오딘Terrance Odean과 브래드 바버Brad Barber 역시 빈번한 매매가 수익을 감소시킨다고 말했다. 오딘과 바버는 1996년 12월까지 6년간 개인투자자 7만 8천 명의 주식거래 행태를 상세히 분석했다. 흥미롭게도 두 사람은 개인투자자들이 S&P 500종목과 비슷한 수익률을 보이는 종목을 선정했다는 것을 알게 되었다. 6년간 한 사람이 평균적으로 매년 17.7퍼센트의 수익을 올렸다. 6년간의 시장 평균 수익률인 17.1퍼센트를 약간 상회하는 결과였다. 그러나 수수료와 세금 등을 제외한 순이익은 시장 평균보다 1.5퍼센트 낮은 15.6퍼센트였다. 매매를 빈번하게 한 투자자일수록 연간 수익률이 낮았다.

오딘과 바버는 포트폴리오 회전율에 따라 측정한 결과, 가장 빈번하게 매매를 했던 투자자의 20퍼센트는 단 10퍼센트의 순이익을 획득했다고 밝혔다. 거래 빈도가 가장 낮은 투자자들은 평균 17.5퍼센트의 순이익을 남겼다. 바꾸어 말하면 투자자들에게는 그들 자신이 최악의 적이었다. 포트폴리오를 좀더 오래 보유했더라면, 대부분의 뮤추얼 펀드 매니저들이 부러워할 만한 수익률을 달성할 수 있었을 것이다. 수익률을 더 높이려다가 오히려 스스로 커다란 실수를 저지른 꼴이 되었다. 지금 당장의 연간 수익률 10퍼센트와 17퍼센트의 차이를 10년 내지 20년간 복리로 불려 나가면 엄청난 차이가 난다.

이들의 연구 결과는 실적 부진의 주요 원인이 잦은 매매로 인한 거래 비용이었음을 보여 준다. 다수의 투자자들이 지나친 자신감과 같은 심리적 요인 때문에 자주 매매를 한 것으로 드러났다. 이들 중 상당수는 반드시 상승장이기 때문이 아니라, 자신의 종목 선정 능력이 뛰어나기 때문에 높은 수익률을 올릴 수 있다고 믿었다. 그들은 천장과 바닥이 언제인지 정확히 판단하여 주식을 사고팔 수 있으며, 후에 자신이 선호하는 주식을 다시 사들여도 여전히 수익을 낼 수 있다고 믿고 있었다. 그러나 찰스 엘리스가 1975년에 지적한 바와 같이 그들은 알지 못하는 사이에 스스로에게 방해자가 되고 있었다.

> 버핏은 주식을 자주 사고팔아서 고수익을 올릴 수 있다고 믿는 게 아니라, 소수의 종목을 선정하여 장기간 보유하면서 그 기업의 성장을 지켜보는 것이 더 낫다고 믿는다.

버핏은 이들과 다른 방식으로 자신의 투자방식에 대해 확신을 갖고 있었다. 오딘과 바버가 연구한 투자자들과 버핏을 비교하는 것은 습관적으로 복권을 구입하는 사람과 복권에 아무 의미도 두지 않기 때문에 전혀 구입하지 않는 사람을 비유하는 것과 다를 바 없다. 복권을 사는 데 중독된 사람들은 '이번 주에는 꼭 당첨될 것' 이라고 믿거나, 나름대로 행운의 번호를 선정하는 올바른 방법을 알고 있다고 믿으면서 계속 복권을 산다. 복권을 구입하지 않는 사람들은 복권 이외의 방법을 통해 더 많은 돈을 벌 수 있다는 충분한 자신감을 가지고 있기 때문에 복권을 사지 않는다. 이들은 1천만 달러의 당첨금을 타기 위해 겨우 700만 분의 1의 기회를 제공하는 복권에 5달러를 소비하는 것은 어리석은 일이라고 생각한다. 1천만 달러를 버는 다른 더 좋은 방법이 있다고 믿기 때문이다.

실제 버핏은 자신의 종목 선정 능력을 확신하기 때문에 한번 매수한 주식은 장기간 보유한다. 그는 주식을 자주 사고팔아서 고수익을 올릴 수 있다고 믿는 게 아니라, 소수의 종목을 선정하여 장기간 보유하면서 그 기업의 성장을 지켜보는 것이 더 낫다고 믿는다. 그는 1990년에 〈포브스〉지와의 인터뷰에서 다음과 같이 말했다. "투자자들이 해야 할 일은 뛰어난 통찰력과 경영 능력을 갖춘 경영자를 둔 우량기업의 주식을 내재가치보다 낮은 가격에 사는 것뿐이다."

버핏의 포트폴리오는 그가 오랫동안 보유해 온 소수 종목에 집중되어 있다. 버크셔 해더웨이는 1970년 중반에 워싱턴 포스트의 주식을 매집하기 시작하여 186만 9천 주를 사들였다. 1985년에 그중 10퍼센트를 매도했지만, 나머지 172만 7,765주는 오늘날까지도 보유하고 있다. 또한 1989년에 매수한 질레트 주식 9,600만 주도 오랫동안 보유하고 있다. 원래 전환우선주를 매입했는데, 이것이 보통주 1,200만 주로 전환되었고 그 이후 세 번에 걸쳐 분할된 것이다(2005년 초 질레트가 P&G에 합병됨으로써 주가가 매입 시보다 16배나 폭등했다-편집자 주). 코카콜라의 주식도 2억 주를 보유하고 있는데, 매출과 순이익이 크게 악화되었던 시기에도 결코 매도하지 않았다.

버핏은 21세 때부터 가이코의 주식을 연구하고 매수하기 시작했다. 그해 첫 번째 투자로 거의 50퍼센트의 수익률을 올렸다. 후에 월스트리트에서 가이코가 파산 위기에 몰려 있다고 판단을 내렸을 때도 버핏은 이 보험회사의 주식을 대량으로 사들이기 시작했다. 1983년에 680만 주를 보유하고 있던 그는 1대 6의 주식분할 덕분에 가이코 지분의 51퍼센트인 3,400만 주 이상을 소유하게 되었다. 1995년 8월에는 나머지 지분 49퍼센트를 모두 매수하고, 이 회사의 경영권이 버크셔 해더웨이로 넘어왔다고 발표했다.

버핏의 이러한 인내심은 후에 큰 결실을 맺었다. 1970년대에 가이코에 투자했던 4,500만 달러가 버핏이 잔여 주식을 매입하겠다고 발표했을 때는 24억 달러로 변해 있었다(20년 후 54배 증가). 1970년대에 투자한 워싱턴 포스트의 주식도 27년간 보유하다 보니, 처음에 투자한 1,060만 달러가 1999년 말에는 9억 3천만 달러로 증가했다. 86배 폭등한 것이다. 월스트리트의 증권중개인들이 투자자들에게 워싱턴 포스트의 주식을 사고팔라고 누차에 걸쳐 설득하던 그 기간 동안 버핏은 최대한의 수익을 기대하며 주식을 계속 보유했던 것이다. 버핏은 1985년에 10퍼센트를 처분했기 때문에 워싱턴 포스트 주식에 대해 자본소득세를 한 푼도 내지 않았다.

한 번의 투자로 8,600퍼센트의 수익률을 올린 투자자는 거의 없다. 주식의 잠재력을 최대화할 수 있을 정도로 오래 보유하는 투자자가 거의 없기 때문이다. 델 컴퓨터나 퀄컴, AOL과 같이 3~4년 내에 8천 퍼센트까지 폭등하는 종목은 간혹 등장하지만 투자자들이 그와 같은 수익을 올리는 경우는 드물다. 대부분이 성급하게 사고팔기를 반복하기 때문에 이 종목들의 주가는 가파르게 상승하기도 한다. 매매회전율이 수익률에 중대한 역향을 미치는데도 대다수의 투자자들은 단기매매를 함으로써 과오를 범한다.

보유 기간이 수익률을 결정한다

1999년 9월 16일에 미국의 투자전문 주간지 〈배런스 *Barron's*〉는 단기매매에 몰두할 경우 시장 평균 수익률을 뛰어넘을 가능성이 아주 낮다는 기사를 실었다. 그 기사는 "한 번의 매매에서 125달러를 벌어서 50달러를 수

> 주식투자를 통해 거래의 70~80퍼센트에서 수익을 올리는 것이 가능할까? 충분히 가능하다. 그러나 단기매매로는 불가능하다.

수료와 세금으로 지불하면 순이익은 75달러가 된다. 그러나 125달러를 손해 보면, 수수료가 추가되어 실제로는 175달러를 잃게 된다."라고 했다. 단기매매자 중에서도 주당 0.125달러의 시세차익을 얻고자 하는 초단타매매자Scalper를 예로 들자. 이 사람이 한 번 거래에서 손실을 입으면 세 번 거래에서 계속 수익을 올려야 한다. 즉 수지를 맞추기 위해서는 성공을 안겨다 줄 종목을 선정할 확률이 75퍼센트여야 한다.

이것은 사실상 거의 불가능하다. 초단타매매가 성행하는 시장은 거의 변칙적이며 예측이 불가능하게 돌아간다. 적색과 흑색을 보여 줄 확률이 동등한 룰렛판과 마찬가지로 주식 거래로 주당 0.125달러를 벌거나 잃을 확률은 거의 동일하다. 그래서 장기간에 걸쳐, 초단타매매로 시세차익을 노리는 투자자들이 돈을 벌 확률은 50대 50이다.

수수료를 계산에 넣으면 시세차익이 무의미할 수도 있다. 10만 달러 규모의 포트폴리오를 운용하고 있고 1년간 100번 매수를 했으며, 그중 50번은 500달러의 수익을 창출하고 50번은 500달러의 손실을 보았다고 가정하자. 그럴 경우 연말에는 순수익이 제로가 된다. 그러나 살 때와 팔 때 매번 50달러의 수수료가 들었다고 감안하면, 실제로는 1만 달러의 손실을 입게 된다. 따라서 거래의 60퍼센트를 성공으로 이끌 때까지는 수지를 맞출 수 없다. 그리고 투자금의 10퍼센트에 해당하는 수익을 올리기 위해서는 매매의 70퍼센트에서 성공을 거두어야 한다. 20퍼센트로 수익을 끌어 올리기 위해서는 거래의 80퍼센트를 성공해야 하는 것이다.

주식투자를 통해 거래의 70~80퍼센트에서 수익을 올리는 것이 가능할까? 충분히 가능하다. 그러나 단기매매로는 불가능하다. 〈그림 6-1〉의 네

그래프는 1989년부터 1999년까지의 S&P 500지수에 편입된 종목들을 가지고 수익을 올릴 확률을 살펴보고 있다. 필자는 10년간 매일 S&P 500종목 중 하나를 무작위로 선정해서 투자를 했다고 가정했다. 이 차트를 통해 일정 기간 '수익을 올릴 확률' 또는 수익을 가져다 줄 주식을 선정할 수 있는 가능성이 어느 정도인지 알아볼 수 있을 것이다. 1개월, 3개월, 1년, 5년 등 보유 기간별로 차트를 구분했다.

이 차트는 투자자들에게 무엇을 기대하고 투자를 해야 하는지를 알려주고 있다. 보유 기간이 길면 길수록, 종목 선정 능력과는 관계없이 수익을 올릴 수 있는 기회를 더 많이 얻을 수 있다. 예를 들어 5년 동안 주식을 보유하기로 결정해서 투자를 했더라면, 1989년과 1994년 사이에는 S&P 500종목으로 수익을 올릴 가능성이 80퍼센트 이상이었을 것이다. 어떤 기간에는 그 가능성이 90퍼센트를 넘었다. 이것은 어떤 날을 선택해서 S&P 500종목을 매수하든 수익을 올릴 수 있는 종목을 선정할 확률과 그렇지 않을 확률 간의 비율은 적어도 8대 1이나 때때로 9대 1이 된다는 것을 의미했다.

확실히 강세장의 위력은 수익을 올릴 확률을 높이는 데 도움을 주었다. 수년 동안 계속해서 주가가 오르는 상승장에서는 성공률을 더 높일 수 있다. 그러나 수치가 보여 주듯 더욱 확실하게 성공의 요인으로 작용한 것은 보유 기간이었다.

주식을 단지 1년만 보유하더라도 돈을 벌 확률은 대체적으로 높은 편이었다. 그러나 일정치가 않았다. 투자를 언제 하느냐에 따라 손실을 볼 확률이 증가하기도 하였다. 일반적으로 주식을 사서 5년간 보유하면 어떤 기간을 선택하여 투자를 하든 90퍼센트에 가까운 성공률을 기록할 수 있

그림 6-1 1989년~1999년까지 S&P 500종목 보유 시 수익을 올릴 확률

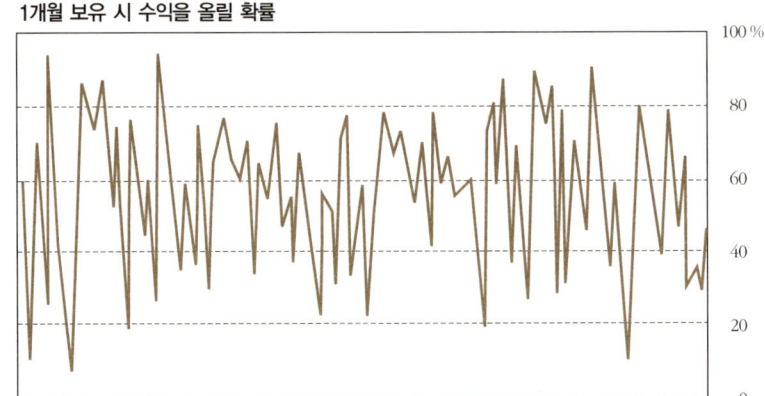

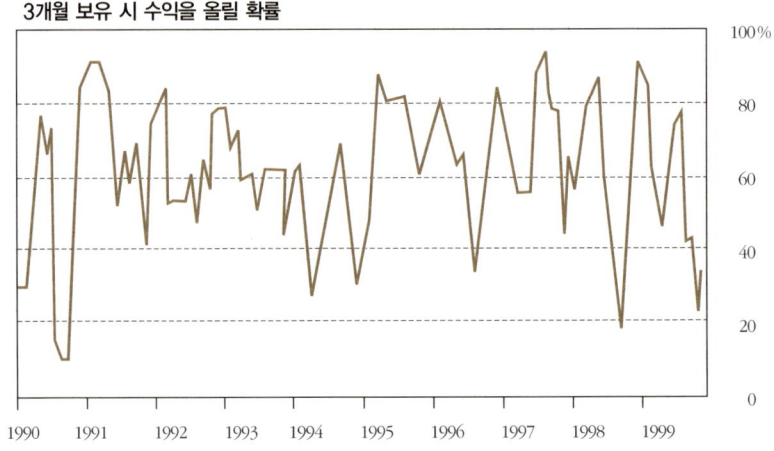

었다. 이와는 대조적으로 1년간 보유하면 평균 70퍼센트에 가까운 성공률을 올릴 수 있었다. 주식을 1년간 보유하는 경우, 시장 상황에 따라 성공할 종목을 선정할 확률이 50퍼센트 아래로 떨어진 적이 많았다(이 기간 동

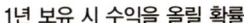

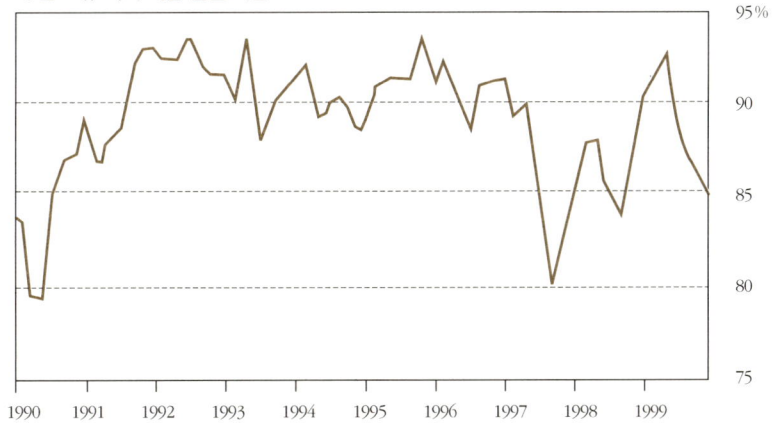

안 돈을 잃을 확률이 더 높았다).

보유 기간이 짧은 경우에는 수익이 크게 줄어들었을 뿐만 아니라 일정하지도 않았다. 3개월간 보유한 투자자의 평균 성공률은 60퍼센트에도 못

> 보유 기간이 짧은 경우에는 수익이 크게 줄어들었을 뿐만 아니라 일정하지도 않았다. 3개월간 보유한 투자자의 평균 성공률은 60퍼센트에도 못 미쳤다. 성공률이 60퍼센트 이하이면 결국 거래 비용 때문에 손실을 볼 수 있다.

미쳤다. 성공률이 60퍼센트 이하이면 결국 거래 비용 때문에 손실을 볼 수 있다. 또한 〈그림 6-1〉에서 알 수 있듯이 손실을 보는 기간이 늘어난다. S&P 500종목의 수익률을 능가하는 주식보다는 손실을 보는 주식을 선정할 확률이 더 높을 때가 많았다.

예를 들면, 1998년 또는 1999년의 여름에 S&P 500종목을 매수했더라면(상장된 어떠한 종목을 선정하든 관계가 없다), 성공할 종목을 선정할 가능성이 20퍼센트 이하였을 게 분명하다. S&P 500종목 중에 적어도 80퍼센트의 주가가 3개월 내에 하락했던 것이다.

보유 기간이 짧을수록 예상치 못한 일에 쉽게 노출되었다. 〈표 6-1〉의 보유 기간 1개월에 대한 확률이 이를 잘 설명해 준다. 수익률이 수시로 변하고 대부분의 경우 이를 예측하기가 쉽지 않았다. 30일간 S&P 500종목의 80퍼센트 이상의 주가가 올랐다. 이 강세장에 동참할 수 있을 정도로 행운이 따랐더라면 고수익을 올릴 수 있었을 것이다. 그와는 반대로 대다수의 주식들이 한 달 내에 급락하는 때가 있었다. 그러한 시기에는 종목 선정 능력이 뛰어나더라도 별 소용이 없다. 거의 모든 투자자들이 손실을 보기 때문이다.

사실상 연구가 진행된 10년 동안 보유 기간이 1개월인 경우의 성공률은 50퍼센트를 근소하게 상회했다. 이러한 확률은 라스베이거스의 도박사들은 승자로 만들 수 있지만, 월스트리트에서는 그렇지 않다. 단기매매의 약 절반 정도가 수익을 내는 거래라면, 증권중개인 수수료와 세금 등으로 인해 장기간에 거쳐 결국 손실을 보게 될 것이기 때문이다. 단기매매자의 운명도 룰렛 게임에 뛰어든 도박사와 다를 바 없다. 그들은 룰렛판에 0과 00

표 6-1 S&P 500종목으로 수익을 올릴 확률

(단위 : %)

매수 시기	보유 기간		
	1개월	3개월	1년
1998년 8월	8.9	46.1	63.0
1998년 2월	89.3	87.3	58.8
1997년 3월	24.1	74.4	83.8
1996년 11월	86.4	76.9	88.4
1996년 7월	19.1	61.4	81.1
1995년 2월	78.1	81.0	90.1
1994년 3월	20.5	35.9	56.6
1992년 11월	76.1	77.0	75.5
1991년 12월	93.2	83.4	85.1
1991년 11월	25.4	75.3	72.9
1990년 8월	5.6	10.9	71.9
1989년 11월	60.2	31.9	29.3

이 존재하지 않는다면 항상 수지를 맞출 수 있을 것이다. 이 두 가지 예측 불허의 요인은 주식거래 수수료와 같이 게이머의 지갑으로부터 돈을 서서히 빼내어 간다.

자주 사고팔면 결국 손해 본다

전체적으로 단기매매는 포트폴리오의 실적을 악화시키고, 금융계의 자금이 엉뚱한 곳에 사용되도록 하기 때문에 경제를 정체시키는 요인이 된다. 기업의 이익과 생산성 향상을 위해 쓰여야 할 돈이 수수료와 가치 없는 거래에 들어가는 비용으로 인해 낭비되기 때문이다.

기업의 이익을 공유하기 위해서 우리는 그 기업의 주식을 매수한다. 어느 투자자가 제약회사 머크Merck의 주식 200주를 보유하고 있는데 회사가 주당 3.5달러의 배당금을 지급하면 회사의 수익 중 700달러(200×3.5달러)를 받게 된다. 그러나 좀더 현명한 투자자라면 머크로 하여금 벌어들인 돈을 자기 대신에 재투자하도록 하여 700달러를 7천 달러로 불리는 방법을 찾아야 한다. 기업이 성장한다면 장기간에 걸쳐 주가는 그에 따라 10배로 상승할 수도 있다.

그러나 주식에 지불한 돈이 실제 수익을 초과하는 경우 어떻게 되는가? 놀랍게도 이러한 경우가 종종 발생하고 있다. 요즈음 많은 투자자들이 주식을 자주 사고팔고 있다. 그들은 자신이 선호하는 종목을 사들이기 위해 기업이 창출하는 이익보다 더 많은 돈을 수수료와 세금으로 지불한다. 버핏은 이러한 행태가 비논리적이라고 비판해 왔다. 1999년 버핏은 비즈니스 리더들이 모인 비공식적인 자리에서 이렇게 말했다. "전반적으로 투자자들은 기업이 벌어들이는 수익 외에는 그 기업으로부터 얻는 것이 아무것도 없다는 것을 명심해야 한다. 그러나 지나치게 자주 주식을 사고파는 투자자들은 종종 이러한 사실을 무시하고 있다."

〈표 6-2〉를 통해 단기매매로 얼마나 많은 비용이 낭비되고 있는지 알아보자. 대부분의 경우 주식매매로 지불된 누적 거래 비용이 모든 주주들이 챙겨 갈 수 있는 총수익을 초과하고 있다.

2000년 2월 야후의 회전율은 연간 1,080퍼센트를 기록했다(즉 33일마다 주식의 주인이 바뀌고 있었다). 그 당시 야후의 상장주식 수는 3억 9,800만 주였고 연간 거래량은 43억 주에 달했다. 예를 들어 야후 주식을 사고파는 투자자들이 주당 0.06달러의 수수료와 0.125달러의 세금을 지불했다

표 6-2 2000년 2월 현재 S&P 500 우량주의 회전율과 거래 비용

종목	발행주식 수 (100만 주)	연간 거래량 (100만 주)	회전율 (100%)	거래 비용 (100만 달러)	예상 순이익 (100만 달러)
야후	398.0	4301.8	10.8	796	155
라이트 에이드	258.9	1178.0	4.6	218	65
피플소프트	268.5	1033.9	3.9	191	62
시그램	432.6	278.9	0.6	52	17
컴캐스트	751.9	1261.7	1.7	233	83
베들레헴 철강	131.5	315.4	2.4	58	24
AOL	2201.8	9763.2	4.4	1,806	771
홈스테이크 마이닝	228.0	420.1	1.8	78	34
케이블트론 시스템스	172.1	663.0	3.9	123	62
네트워크 어플라이언스	145.7	535.3	3.7	99	6.0
퀄컴	646.4	5607.5	8.7	1,037	679
파라메트릭 테크놀로지	268.1	1054.6	3.9	195	131
질링스	312.5	1713.6	5.5	317	228
시트릭스 시스템스	171.8	1054.3	6.1	198	194
노벨	326.6	1474.5	4.5	273	242
KLA-텐코	174.9	1067.9	6.1	198	194
오라클	2862.3	8141.0	2.8	1,506	1,631
시게이트 테크놀로지	228.7	601.0	2.6	111	121
로완	83.2	252.8	3.0	47	53
스리컴	357.6	2132.5	6.0	395	451
트랜스오션 세드코	100.6	420.1	4.2	78	89
베이커 휴스	327.1	581.7	1.8	108	131
마텔	286.1	851.5	3.0	158	197
퀸타일스 트랜스내셔널	78.0	470.4	6.0	87	112
클리어채널 커뮤니케이션스	263.6	362.1	1.4	67	87
선 마이크로시스템스	1554.7	5362.5	3.4	992	1,415
ADC 텔레커뮤니케이션스	300.3	1003.4	3.3	186	270
컴퓨웨어	367.9	1525.2	4.1	282	453
앤드루	82.2	219.6	2.7	41	453
델 컴퓨터	2543.0	7431.6	2.9	1,375	2,289

종목	발행주식 수 (100만 주)	연간 거래량 (100만 주)	회전율 (100%)	거래 비용 (100만 달러)	예상 순이익 (100만 달러)
LSI 로직	282.8	1065.3	3.8	197	328
베드 배스 앤드 비욘드	139.4	381.9	2.7	71	121
뉴몬트 마이닝	167.2	414.5	2.5	77	139
BMC 소프트웨어	236.6	1182.4	5.0	219	412
미라지 리조츠	190.0	486.2	2.6	90	171
알자	87.3	385.6	4.4	71	137
코넥션트 시스템스	392.8	939.8	2.4	174	338
바이오젠	147.1	724.2	4.9	134	271
내셔널 반도체	169.1	600.8	3.6	111	237
어댑텍	105.5	500.3	4.7	93	199
페이첵스	246.3	448.3	1.8	83	180
컴팩 컴퓨터	1698.0	4476.9	2.6	828	1,834

고 가정하자. 야후의 거래량 43억 주와 관련된 총 거래 비용은 7억 9,600만 달러가 될 것이다. 1년이라는 기간 내에 투자자들이 야후 주식을 매수하기 위해 수수료와 세금으로 지불한 돈이다. 그러나 야후의 1년 총이익은 1억 5,500만 달러에 불과했다. 바꾸어 말하면 투자자들은 회사가 올리는 수익 1달러에 대해 5달러 이상을 거래 비용으로 지불한 것이다.

2000년 초 투자자들은 피플소프트PeapleSoft의 주식을 평균 약 92일 동안 보유하고 있었다. 이 종목 역시 수수료가 주당 0.06달러이고 세금이 0.125달러라고 가정하면 이 종목의 매매에 들어간 총 거래 비용은 연간 1억 9,100만 달러가 된다. 그러나 이 회사는 같은 기간에 6,200만 달러만을 벌어들인 것으로 추정되었다. 투자자들은 AOL의 주식을 매매하기 위해 연간 18억 달러 이상을 거래 비용으로 지불했다. 그러나 이 회사의 이익은 연간 7억 7,100만 달러에 불과했다. 퀄컴, 오라클, 델 컴퓨터 등과 같은 종목들의 거래도 매우 활발하였고, 투자자들은 이 회사의 주식을 사기 위해 1년간 10억 달러 이상을 지불했다.

> 투자자들은 AOL의 주식을 매매하기 위해 연간 18억 달러 이상을 거래 비용으로 지불했다. 그러나 이 회사의 이익은 연간 7억 7,100만 달러에 불과했다.

1999년 애플 컴퓨터의 매매회전율은 700퍼센트가 넘었다. 평균 보유 기간이 50일 정도에 불과했다. 1999년에는 애플 컴퓨터 주식이 13억 주 이상 거래되었다. 회사의 총 발행주식 수는 1억 7,500만 주에 불과했다. 주주와 기관투자가들은 애플 주식을 단기매매함으로써 수수료와 세금으로 4억 5천만 달러 이상을 지불했다. 그해 회사의 예상 순이익은 3억 8,500만 달러밖에 되지 않았다.

인터넷주의 경우는 이 수치들에 있어 더 큰 차이가 난다. 인터넷주 투자자들은 큰 이익도 내지 못하는 기업의 주식을 매수하기 위해 수억 달러의 수수료를 지불하고 있다. 거래 비용을 보상받을 수 있는 유일한 희망은 주식을 매집한 후 높은 가격에 처분하는 것이다. 그러나 이러한 일이 일어나리라는 보장은 없다. 특히 보유 기간이 서너 개월밖에 되지 않는 경우 더욱 그러하다. 이런 문제에 대해 워렌 버핏은 다음과 같은 말을 했다.

> 여러분과 내가 직접 주식을 거래한다면, 거래로부터 수익을 챙기는 증권중개인이 없기 때문에 거래 비용을 들이지 않을 수 있다. 그러나 실제 세계에서 투자자들은 종목을 자주 갈아타는 성향이 있고, 어떤 특정 주식을 선정해야 할지 조언을 받아야 하기 때문에 비용 지출이 수반된다. 그들이 지불해야 할 비용은 다양하다. 나는 그 비용을 '마찰 비용 frictional cost'이라고 부르고자 한다. 이 비용에는 시장 조성자에게 돌아가는 몫, 수수료, 판매 부가금, 관리비, 보관비, 서비스료, 세금, 금융 정보지 구독료 등이 있다. 이러한 비용들을 무시한 채로 투자에 뛰어들어서는 안 된다. 투자할 부동산을

평가하기 위해 수익을 계산할 때도 당연히 관리비를 따져 보는 것처럼 주식투자자들도 반드시 마찰 비용을 고려해야 한다.

이러한 비용이 얼마나 될 것인가? 내 계산으로, 미국의 주식투자자들은 종목을 자주 갈아타고 주식 선정에 대해 조언을 받느라고 1년에 1천억 달러 이상(아마도 1,300억 달러)을 지불하고 있다. 그중에 1천억 달러는 〈포춘〉 선정 500대 기업과 관계된 비용일 것이다. 바꾸어 말하면 투자자들은 종목 갈아타기와 종목에 대한 조언을 주는 '조력자'에게 지불하는 비용으로 인해 〈포춘〉 선정 500대 기업이 벌어들이는 수익(1998년 기준 3,340억 달러)의 3분의 1 정도를 낭비하고 있다. 〈포춘〉 선정 500대 기업의 주식에 투자한 사람들은 10조 달러의 투자금으로부터 2,500억 달러도 되지 않는 수익을 올렸다. 너무 빈약한 수익이다.

나는 시사해설자가 "오늘 뉴욕 증권거래소에는 주식거래가 한 건도 이루어지지 않았습니다. 모든 사람들이 자신이 보유하고 있는 주식에 만족했기 때문입니다."라고 말하는 만평을 본 적이 있다. 진정 그런 일이 일어난다면, 투자자들은 매년 1,300억 달러를 챙겨 갈 수 있을 것이다.

가끔 기업들이 조장하기까지도 하는 이 회전율은 실제적으로 투자자에게 어떠한 경제적 가치도 가져다 주지 않는다. 그러나 증권중개인이나 증권사에게는 커다란 수입원을 제공한다. 회전율을 이런 식으로 바라보면 학문적인 논쟁을 불러일으킬 수 있지만, 결국 투자자가 위에 언급한 종목을 수년 동안 보유하면 회사가 벌어들이는 이익은 비용을 훨씬 초과하게 되어 주주는 이득을 볼 수 있을 것이다. 문제는 투자자들이 이 주식들을 장기간 보유하지 않는다는 데 있다. 이와 같은 추세가 지속되면 2000년에는 S&P 500종목 중에 300종목 이상이 1년에 적어도 한 번 이상 회전하게 된다. 투자자들이 대부분의 주식을 1년도 채 되지 않아 내다 파는 것이다.

이러한 추세가 매년 되풀이되면 어떻게 될까? 그렇게 되면 주식을 보유함으로써 사회에 기여할 수 있는 경제적인 혜택이 없을 것이라는 것이 버핏의 생각이다. 기업이 이익을 내기 위해 투자하는 돈보다 거래 비용으로 빠져나가는 돈이 더 많다. 1달러 짜리를 사는 데 들이는 비용이 1달러보다 훨씬 더 클 것이다. 실제로 창출될 수 있는 유일한 가치는 하락장에 의해 미실현 수익paper gain이 사라진다는 것뿐일 것이다. 개인투자자들의 무모함만 비난받아서는 안 된다. 주식시장의 1일 거래량의 60~75퍼센트가 뮤추얼 펀드와 기관투자가들의 거래에서 나온다. 단기매매에 몰두하고 언제라도 사고파는 거래 습관은 커다란 손실을 야기한다. 따라서 주식을 더 오래 보유하고서도 아직 주머니에 여유가 있는 투자자가 훨씬 더 유리한 위치에 선다.

또한 기업들도 이러한 단기매매를 부추긴 데 대해 비난을 받아야 마땅하다. 경영자들은 증권사와 펀드 매니저들이 주가의 흐름에 대한 보고서를 분기별로 작성하도록 조장하는 수익 모델을 제공함으로써 금융계를 혼란에 빠트린다. 그리고 그들은 지나치게 자주 주식을 분할하여 증권거래소에 공급하는 주식 수를 늘리고 회전율과 거래 비용을 증가시킨다. 그러나 버핏은 그렇게 하지 않는다. 버크셔 해더웨이 주식의 회전율은 미국에서 가장 낮은 편에 속한다. 이 주식을 매수한 투자자들 중 상당수가 20년 이상 보유하고 있다. 버핏 그 자신은 때때로 소량의 주식을 기부한 적은 있지만, 그가 1960년대에 버크셔 해더웨이의 주식을 축적하기 시작한

> 주식시장의 1일 거래량의 60~75퍼센트가 뮤추얼 펀드와 기관투자가들의 거래에서 나온다. 단기매매에 몰두하고 언제라도 사고파는 거래 습관은 커다란 손실을 야기한다.

이후 단 한 주도 판 적이 없다. 또한 버크셔 해더웨이는 주식을 분할한 적도 없다. 낮은 주가가 단기매매를 조장하며 타이밍 포착에 의한 초단타매매를 조장하도록 한다고 믿었기 때문이다. 결과적으로 버핏은 경제적 손실을 최소화할 수 있었다. 그래서 버크셔 해세웨이 투자자들의 연간 수익률은 어떤 다른 투자회사보다 높다.

오늘날 버핏만큼 주식의 회전율이 높다고 걱정하는 CEO도 없을 것이다. 버핏이 여러 번 지적한 바와 같이, 목사는 신도들이 얼마나 자주 바뀌느냐보다는 신도들이 얼마나 오랫동안 자리를 지키고 경청하느냐에 따라 자신이 얼마나 신도들에게 믿음을 주고 있는지를 판단해야 한다. 버핏은 밝혔다. "버크셔 해더웨이의 목적은 기업의 성과에서 나오는 이익을 주주와 파트너들이 공유할 수 있도록 하는 것이다." 주식의 가치는 회전율에 의해서 올라가는 것이 아니라 기업의 성공에 의해서 올라간다. 기왕 투자를 했다면, 수익률을 연 15퍼센트 선으로 유지하고서 기다리는 것이 좋다. 그러면 하루에 1천 주가 거래되든, 1천만 주가 거래되든 시간이 갈수록 주가는 상승할 것이다. 그는 덧붙여 말했다. "나는 아무도 자리를 뜨기를 원하지 않기 때문에 다른 사람들이 앉을 자리가 없게 되는 상황을 가끔 상상해 보곤 한다."

제7장

연쇄 실패를 부르는 수학적 함정

한 번의 실수로 모든 게 빗나가는 실패의 연쇄법칙
애널리스트의 예측이 틀리기 쉬운 이유

> 버핏은 계산기도 사용하지 않으며, 장이 마감되기 전에 주가를 확인할 필요도 없다고 말했다. 실제로 버크셔 해더웨이의 부회장인 찰리 멍거도 버핏이 예상 구매가를 계산하며 머리를 짜내는 것을 본 적이 없다고 밝혔다. 버핏은 이런 데이터를 외면함으로써 오히려 손실을 피해 갔다.

경제학자 피터 번스타인Peter Bernstein은 1996년 출간된 《리스크 : 리스크 관리의 놀라운 이야기Against the Gods : The Remarkable Story of Risk》를 통해 인간의 모든 중요한 노력 속에는 숫자들이 중대한 역할을 해왔음을 상기시켰다. 과학자들이 치수나 무게 등의 측량 단위에 대한 일정한 표준을 고안해 내고 물리학의 법칙을 실험을 통해 밝혀내고 입증하기 전까지는 우리가 아침에 샤워를 한다거나, 커피를 마신다거나, 벽난로에 불을 붙인다거나 하는 단순한 일들이 불가능했다.

그러한 형태로 수학적 확실성이 갖추어지지 않았더라면, 우리는 변덕스러운 운명의 손에 우리 자신을 맡겨야 했을 것이다. 예를 들어 수량화가 도입되지 않았더라면 날씨에 대해 측정하거나, 날씨를 예측하거나, 날씨에 적응하기가 힘들었을 것이다. 음식 재료의 비율을 알지 못하면 좋아하는 음식도 만들 수 없고, 경마에서 말의 능력을 구별하는 척도가 없다면 우승 예상마를 선정하기도 어렵다. 이와 마찬가지로 비누, 자동차, 주택, 보험증권, 마이크로소프트 주식 등의 경제적 가치나 이점을 수량화할 수 없으면 그러한 상품의 가격을 결정할 수 없다. 번스타인은 이렇게 설명했다. "수량화 없이는 확률을 예측할 수 없다. 그리고 확률을 알 수 없다면 리스크에 대처하는 유일한 방법은 신과 운명에 호소하는 것뿐이다. 즉 리스크는 완전히 배짱과 결부된 문제로 남게 될 것이다."

투자는 근본적으로 확률 게임이다. 투자자는 수치를 통해 리스크를 파악하고, 잠재 수익률을 예측하며, 그러한 가정들을 혼합하여 대부분의 경우에 적용될 수 있는 종목 선정 전략을 수립해야 한다. 그런데 많은 전문 투자자들이 자신도 모르는 사이에 수십 가지의 변수를 안고 있는 복잡한 주식 선정 시스템에 의존함으로써 자기 스스로를 함정에 빠트리고 있다. 예를 들면, 그들은 5년 또는 10년간에 걸친 주가의 움직임을 연구하고 주식 거래량과 일일 주가 변동폭을 조사한다. 또는 경제 전반에 대해 상세히 분석함으로써 투자 결과에 영향을 미칠 만한 변수들 사이의 관계를 연구한다. 수만 명의 투자자들이 컴퓨터에 의존해 기업의 이익률, 매출 성장률, 재고 누적률 등에 관한 많은 자료를 분류하고 있다. 그들은 비슷한 가격의 여러 종목 중에서도 고수익을 가져다 줄 수 있는 우량주를 선별하기 위해 한 기업의 주가 변동, 이익률, PER, 매출 성장률 등을 업종 전반과 비교 및 분석하기도 한다.

물론 이처럼 투자자들이 수량화를 통해 자신의 의문점을 밝혀 내려 한다고 해서 비난할 수는 없다. 리스크 관리에서 중요한 것은 불확실성의 제거이기 때문이다. 예를 들면, 자료 분석을 통해 금리가 0.25퍼센트 떨어질 때마다 기업의 매출이 5퍼센트 상승한다는 것을 알게 되었다면, 장래의

방대한 자료로 인한 혼란은 결국 종목 선정 시스템에 혼란을 가져온다. 워렌 버핏은 이러한 자료의 한계를 정확히 읽어 냄으로써, 오늘날 전문 투자자들이 일상적으로 사용하는 대부분의 기법들로 인한 오류를 피해 왔다.

불확실성을 어느 정도 제거할 수 있을 것이다. 그러한 정보로 무장한 투자자는 그러한 자료조차도 접하지 못한 투자자보다 향후 기업의 매출과 이익을 예측하는 데 보다 유리할 것이다.

그러나 분석 자료가 너무 많으면 피할 수 없는 문제들이 발생한다. 방대한 자료로 인한 혼란은 결국 종목 선정 시스템에 혼란을 가져온다. 워렌 버핏은 이러한 자료의 한계를 정확히 읽어 냄으로써, 오늘날 전문 투자자들이 일상적으로 사용하는 대부분의 기법들로 인한 오류를 피해 왔다. 그의 오마하 사무실에는 컴퓨터도 없다. 그는 컴퓨터 사용에 능숙하다고 말한 적도 없다. 버핏은 계산기도 사용하지 않으며, 장이 마감되기 전에 주가를 확인할 필요도 없다고 말했다. 실제로 버크셔 해더웨이의 부회장인 찰리 멍거도 버핏이 예상 구매가를 계산하며 머리를 짜내는 것을 본 적이 없다고 밝혔다.

버핏은 이런 데이터를 외면함으로써 오히려 손실을 피해 갔다. 오히려 그 덕에 블룸버그 터미널Bloomberg terminals 쿼트론Quotrons 또는 기타 정보 시스템 등을 이용하는 투자자들보다 더 많은 이득을 보았던 것인지도 모른다. 그는 복잡한 시스템으로 인해 오히려 쉽게 수학적 함정에 빠질 수 있다는 것을 너무나 잘 알고 있다. 전 세계의 머니 매니저와 경쟁을 해야 하고 이에 필요한 상세한 분석 자료가 널려 있다고 하더라도 그는 이를 크게 참고하지 않을 것이다.

한 번의 실수로 모든 게 빗나가는 실패의 연쇄법칙

어느 공장에서 다섯 가지 부품으로 구성된 기계를 구입했다고 가정하자. 공장은 3교대로 8시간씩 라인을 돌리고 있다. 각 부품은 8시간의 교대시간 내에 고장날 가능성이 5퍼센트다. 또한 각 부품은 다른 부품과 연결되어 있어, 한 부품이 고장나면 옆에 있는 부품도 연쇄적으로 고장난다. 8시간 동안 이 기계의 예상 고장률은 얼마일까? 각 부품의 고장률인 5퍼센트와 같을까? 아니다. 그보다 훨씬 높다. 믿기 어렵겠지만 고장률은 거의 23퍼센트에 가깝다. 이 기계는 4.5번씩 교대할 때마다 한 번씩 고장이 발생할 것으로 예상된다.

다섯 가지 부품을 하나씩 각각 따져 보았을 때는 100번 교대하는 동안 95번은 정상적으로 작동한다는 것을 고려하면, 이 비율은 믿기지 않을 정도로 높은 수치다. 한 부품의 고장이 다른 부품의 고장을 야기하기 때문에 고장률이 이렇게 높은 것이다. 부품 각각의 성공률과 고장률은 서로 곱하면 기계 전체의 성공률과 고장률을 알아낼 수 있다. 이 경우 전체 수치는 부품 각각의 성공률이나 고장률을 합한 것보다 더 높다.

기계의 성공률=(부품 1의 성공률)×(부품 2의 성공률) ×(부품 3의 성공률)……

따라서 각각 95퍼센트의 성공률을 가진 다섯 가지 부품으로 구성된 기계 전체의 예상 고장률은 다음과 같다.

$$0.95 \times 0.95 \times 0.95 \times 0.95 \times 0.95 = 0.774(77.4퍼센트의 성공률)$$

$$\begin{aligned} 고장률 &= 1 - 성공률 \\ &= 1 - 0.774 \\ &= 0.226 \text{ 또는 } 22.6퍼센트 \end{aligned}$$

이 수학적 원리는 생산라인을 감독하는 관리자나 기계를 만드는 설계기술자에게 매우 중요하다. 그들의 목적은 아무리 다양한 부품으로 이루어졌다고 해도 결점이 거의 없는 시스템을 개발하는 것이다. 이 목표는 두 가지 방법으로 성취할 수 있다. 각 부품의 고장률이 매우 미미할 정도로 부품을 정밀하게 제작하거나, 한 부품이 고장날 때 프로세스가 멈추지 않도록 대체 시스템을 설치하는 것이다. 오늘날의 컴퓨터는 수천 개의 미세한 부품으로 구성되었음에도 불구하고 각 부품의 고장률이 거의 제로에 가까우므로 예전에 비해 잘 고장나지 않는다. 한편 제트 여객기는 중요한 부품에 문제가 발생할 경우에 대체할 수 있는 백업 시스템을 설치해 놓음으로써 큰 고장이 나는 것을 방지한다. 우주왕복선은 두 가지의 중요한 부품, 즉 극히 고장률이 적은 첨단 회로소자와 원격측정용 부품에 의존해서 고장을 방지한다. 또한 우주왕복선에는 고장을 대비해서 수십 세트의 백업 시스템이 장착되어 있다.

고장이 연쇄적으로 일어난다는 것은 투자자들에게 매우 중요한 의미를 던져 준다. 예를 들면, 종목을 선정할 때 기술적 차트 분석, 수익률 예측, 할인 현금흐름 모형 등과 같은 시스템에 의존하는 투자자들은 다음과 같이 설계기술자가 직면하는 것과 같은 수학적 문제에 봉착하게 된다.

첫째, 모든 것들을 지나치게 복잡하게 생각하게 되고, 그 결과 의식하지 못하는 사이에 스스로 혼란에 빠진다. 종목 선정 시스템은 자동차 조립라인과 전혀 다를 바가 없다. 주식투자 모형에 더 많은 구성 부품을 첨가시킬수록, 즉 종목 선정 시스템을 더 복잡하게 만들수록 그 시스템은 자주 고장이 일어날 것이다.

> 주식투자 모형에 더 많은 구성 부품을 첨가시킬수록, 즉 종목 선정 시스템을 더 복잡하게 만들수록 그 시스템은 자주 고장이 일어날 것이다.

둘째, 투자분석 작업을 더 세밀하게 할수록 고장의 확률이 증폭된다. 따라서 많은 변수가 적용되는 모형, 특히 미래 예측에 기초를 둔 투자 모형에 의존하는 것을 피해야 한다. 찰스 멍거는 언젠가 이렇게 말했다. "지나치게 생각을 많이 하는 것은 좋지 않을 뿐만 아니라 또 다른 실수를 초래한다. 좋은 것도 지나치면 원하지 않은 부작용을 초래할 수 있다. 생각도 예외는 아니다."

애널리스트의 예측이 틀리기 쉬운 이유

마이크로소프트의 주가가 내년에 어떻게 될 것인지 예측하려 한다고 가정하자. 경험이 풍부한 애널리스트들에게도 쉬운 과제는 아니다. 다수의 투자자들은 마이크로소프트라는 회사에 대해 대개 다음과 같은 변수를 살펴볼 것이다.

- 향후 12개월간의 매출액 : 매출액을 예측하기 위해서는 전 세계의 소프트웨어 판매량을 추산하고, 그중에서 마이크로소프트의 시장 점유율

을 예측해야 한다. 전 세계 소프트웨어 판매량을 계산하기 위해서 각 국가의 향후 12개월간의 경제성장률을 예측하고 PC와 인터넷의 수요를 예측해야 할 것이다. 이를 위해서는 환율 변동과 금리의 변화를 고려해야 한다. 그런 후에 마이크로소프트가 판매하는 소프트웨어의 평균가격을 산출하고 회사에서 매출액을 얼마로 발표할 것인지 예측해야 할 것이다.

- 영업이익 : 영업이익을 산출하기 위해서는 향후 12개월간의 마이크로소프트의 재고비용과 고정비, 변동비, 관리비 등을 추산해야 한다.
- 영업외비용 : 부채가 있다면 이자비용을 계산해야 하며, 현금과 채권 보유액에 대한 이자수익도 예측해야 한다.
- 발행주식 수 : EPS를 계산하려면 발행주식 수를 확인해야 한다. 이를 위해서는 마이크로소프트가 기업을 인수하거나 사원들에게 무상증여하기 위한 목적으로 추가로 발행할 주식이 어느 정도인지 추정해야 하며, 그해에 행사할 스톡옵션도 고려해야 한다.

이렇게 한 후에도 아직 할 일이 많이 남아 있다. 향후 12개월에 한해서 증시의 흐름을 예견해야 한다. 강세장일 것인가, 약세장일 것인가? 기술주가 상승할 것인가, 하락할 것인가? 주가가 오른다면 그 이유는 무엇인가? 내년에 투자자들에 의해 형성될 마이크로소프트의 PER는 어느 정도인가? 업계의 평균보다 높을 것인가, 낮을 것인가? 그 이유는 무엇인가?

일반투자자들은 이러한 이야기에 관심이 없을지 모른다. 그러나 분기별 수익, 주가동향, 증시흐름 등을 예측하는 수많은 애널리스트들이 이런 데이터에 의존하고 있다. 그들의 예측이 빗나가는 경우가 많은 것은 전혀 이

상한 일이 아니다. 주가의 흐름을 읽기 위해 고려해야 할 변수들(매출액, 시장 점유율, 금리, 환율, 영업비, 발행주식 수, 옵션, EPS, 다른 투자자들의 움직임 등)이 너무 많기 때문에 애널리스트들은 실수를 남발할 수밖에 없다. 그들의 예측 방법이 복잡하고 세분화될수록 실패율도 증가한다.

기업의 매출액, 순이익, 시장 점유율, 발행주식 수나 금리 등에 대한 가정이 틀릴 확률이 20퍼센트라고 가정하자. 마이크로소프트의 주가에 대해 애널리스트들이 최종적인 예측을 내놓았다 해도, 그것 자체가 정확하지 않은 데이터를 근거로 한 것이기에 틀릴 가능성이 높다. 때문에 그러한 가정에 전적으로 의존해선 안 된다. 예를 들어 마이크로소프트의 주가를 예측하기 위해 여덟 가지 변수를 사용했다고 치자. 그러한 예측이 맞을 확률은 16.7퍼센트에 불과하다(즉 실패율이 83.3퍼센트에 달한다). 가정을 하기 위한 변수들이 다른 변수들에 의해 영향을 받는 경우가 많기 때문에 결과적으로 실패율은 더 늘어날 수도 있다. 따라서 이러한 가정은 쓸모가 없다.

워렌 버핏과 같은 가치투자자들이 시장 예측과 종목 선정을 위해 이러한 자료들을 사용하지 않는 것은 이와 같은 이유 때문이다. 마이크로소프트의 사례에서 알 수 있듯이 복잡한 가정은 실패율을 높인다. 그러한 자료들은 현실성이 떨어질 뿐만 아니라 가치도 없다. 매수할 종목을 선정할 때는 실패할 확률을 최소화하는 것을 목표로 삼아야 한다.

마이크로소프트의 단기 수익률과 주가의 흐름을 예측하려는 것은 인도네시아의 다음 달 기후를 예측하려는 것이나 다름없다. 성공률도 비슷하다. 논리적으로 연구를 시작했다고 하지만, 결국에는 예측만 남발하게 되며 그 결과치도 실제와는 무관할 수 있다. 잘못된 예측이 또 다른 잘못된 예측을 낳는다. 결국 무작위로 주식을 선정하는 것이 더 나을 것이다.

제8장

7할5푼의 타율 :
고수익을 올릴 기회를 기다려라

30년간 타석에 서 있었던 워렌 버핏
언제 방망이를 휘둘러야 하는가

> 주식시장은 하루에 수천 번의 공을 던지는 메이저 리그의 투수와 같다. 투수가 던진 각각의 공이 바로 일정한 가격을 가진 주식이라면 타자인 투자자는 수천 개의 투구 중 어떤 것을 칠 것인지 결정해야 한다. 그러나 다른 선수보다 우수한 기록을 내려면 모든 공에 방망이를 휘둘러서는 안 된다.

야구에 조금이라도 관심이 있는 사람이라면, 전설적인 야구선수 테드 윌리엄스Ted Williams를 알고 있을 것이다. 야구선수로서, 후대 타자들의 모범이 되는 선배로서 그의 영향력은 오늘날까지 지속되고 있다. 윌리엄스는 과거 어떠한 선수보다 뛰어난 타력(평생 521번의 홈런 기록)과 인내력(동시대의 어떠한 타자들보다 포볼로 출루한 횟수가 많음)과 제구력(평생 평균타율 0.344 기록)을 골고루 겸비했다. 또한 선두타자로서의 지혜와 4번 타자로서의 힘, 보결선수로서의 인내, 단타에 강한 대타자로서의 방망이 조절력 등의 장점을 지닌 선수였다.

그는 타격에 수학적 논리를 가미해서 경기를 할 때 많은 도움을 받았다. 그가 남긴 가장 위대한 유산은 《타격의 과학The Science of Hitting》이라는 책이었고, 이것이 워렌 버핏의 관심을 끌었다. 윌리엄스는 스트라이크 존 전체를 77개의 미니 존으로 분리해서, 투수가 던지는 공에 대응하는 방법을 고안해 냈다. 예를 들면, 그는 스트라이크 존 안쪽으로 높게 들어오는 공은 타자에게 불리한 투구라는 것을 알고 있었다. 그러한 투구에 계속해서 방망이를 휘두르면 타율이 떨어질 것이 분명했다. 스트라이크 존 바깥쪽으로 낮게 들어오는 공도 같은 결과를 가져왔다. 이런 투구에 연달아 방망이를 휘두를 경우, 성공률은 윌리엄스의 평생 평균타율보다 훨씬 낮았을 것이다.

그러나 자신이 가장 힘을 실어서 칠 수 있는 위치로 공이 들어온다면 충분히 타율을 높일 수 있다는 것을 알고는 마음껏 방망이를 휘둘렀다. 그는 또한 인내심도 뛰어났다. 타율이 떨어질 듯한 공이 와도 무턱대고 방망이를 휘두르기보다는 인내심을 갖고 기다렸다. 그리고 스트라이크 존 가장자리로 들어오는 공은 그냥 보내 버렸다. 섣불리 방망이를 움직여서 아웃되는 것보다 스트라이크를 한 번 당하는 것이 더 낫다는 것을 간과했던 것이다.

버핏은 이와 같은 논리를 종목 선정에 적용했다. 주식시장은 하루에 수천 번의 공을 던지는 메이저 리그의 투수와 같다. 투수가 던진 각각의 공이 바로 일정한 가격을 가진 주식이라면 타자인 투자자는 수천 개의 투구 중 어떤 것을 칠 것인지 결정해야 한다. 그러나 다른 선수보다 우수한 기록을 내려면 모든 공에 방망이를 휘둘러서는 안 된다. 투자 게임에서는 야구장에서처럼 빨리 방망이를 휘두르라고 강요하는 사람들이 없다. 버핏이 아래에 언급한 것처럼 누구도 투자자를 독촉하지 않는다.

주식투자에서는 스트라이크를 걱정하지 않아도 된다. 타자는 홈플레이트에 서 있고 투수는 스트라이크 존 중앙 바로 아래로 공을 던질 수도 있다. GM

의 주식이 47달러에 나와 있는데, 그 가격에 매수를 해야 할지 말아야 할지를 결정하지 못했다면 그냥 지나쳐도 된다. 그러나 누구도 이를 스트라이크라고 부르지 않는다. 스트라이크가 될 때는 방망이를 휘두르고서도 공을 치지 못할 때뿐이다.

> 전문적으로 투자자의 자금을 맡아서 관리하는 펀드 매니저는 자신이 원하든 원하지 않든 투구가 날아올 때마다 방망이를 휘둘러야 한다는 압박감에 시달린다. 투자 정보가 변함에 따라 1년에 수백 번 종목을 바꿔야만 하는 압력을 느낄 수도 있다.

반면 전문적으로 투자자의 자금을 맡아서 관리하는 펀드 매니저는 자신이 원하든 원하지 않든 투구가 날아올 때마다 매번 방망이를 휘둘러야 한다는 압박감에 시달린다. 투자 정보가 변함에 따라 1년에 수백 번 종목을 바꿔야만 하는 압력을 느낄 수도 있다. 그들은 S&P 500지수를 앞질러야 하고, 동료보다 더 많은 수익을 올려야 하며, 100~200개 기업의 분기별 이익을 성공적으로 예측해야 하고, 투자자들은 끌어모으기 쉽게 포트폴리오를 정비해야 한다는 압박을 받는다.

그러나 개인투자자라면 그럴 필요가 없다. 증권중개인에게 의뢰하든, 온라인 거래를 하든, 마음에 드는 종목 100주를 매수하기 전에는 수천 번의 투구가 오더라도 그냥 지나쳐도 된다. 한 달에 1천 종목에 대해 조사를 했더라도 한 종목만 매수해도 된다. 찰스 슈왑Charles Shwab에 투자하기로 했다면, 원하는 수준으로 주가가 떨어질 때까지 사지 않고 무작정 기다릴 수도 있다.

증시는 투자자를 유혹하기는 하지만 강요하지는 않는다. 주가가 적절하지 않고 그 기업에 대해 제대로 파악하지 못한 상태에서 공이 날아오더라도 투자 자금을 날리는 위험에 빠지지 않을 수 있다. 그 과정을 거쳐 타율을 높이는 방법을 터득할 수도 있다. 그러다가 자신이 선호하는, 특히 아

그림 8-1 투자자의 스트라이크 존(성공률)

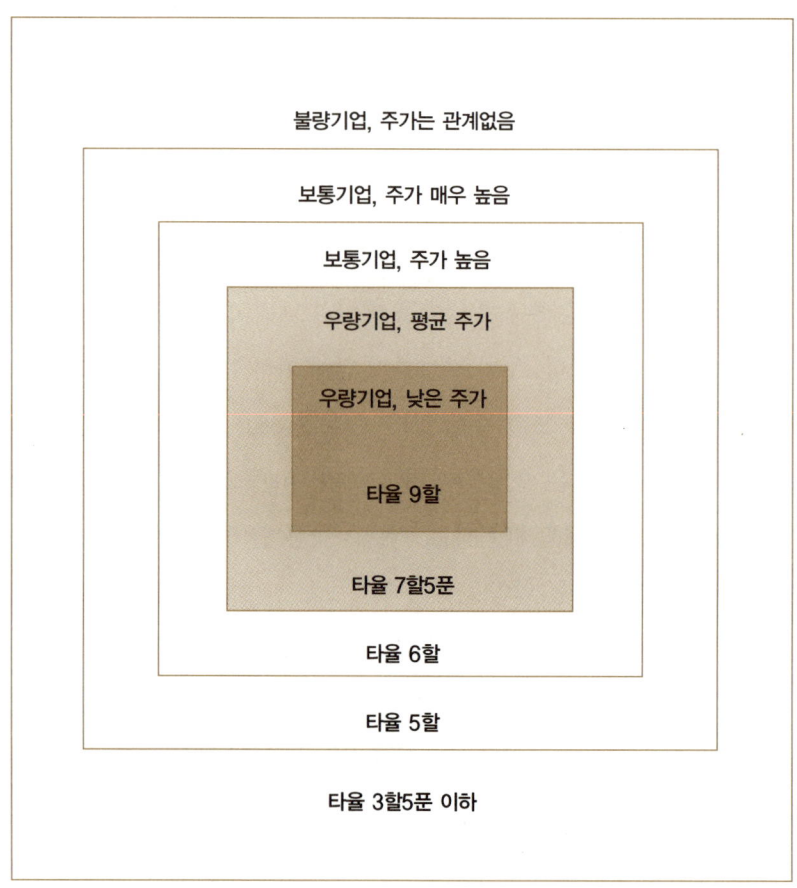

주 낮은 가격에 나와 있는 종목을 발견하면 담장을 넘기는 홈런을 칠 수도 있다. 버핏은 9할대 이상의 타율을 기록할 수 있는 기회는 아주 드물다고 말한다. 20년간 투자를 한다고 해도 그런 기회는 기껏 20번 정도일 것이다. 어느 정도 높은 타율을 올릴 수 있는 기회는 100번 정도 될 수 있다.

그러나 나쁜 기회는 하루에도 수백 번 찾아온다.

〈그림 8-1〉에서는 이러한 버핏의 야구 유추법을 그림으로 설명해 놓았다. 테드 윌리엄스가 스트라이크 존을 평균 이상 및 평균 이하의 여러 존으로 구분한 것과 같은 방식으로 투자 타율을 분석할 수 있다. 성공할 확률이 가장 높은 투구에서만 방망이를 휘두르는 것을 목표로 잡아야 한다. 투자자의 성공률은 다음 두 가지 요인이 충족될 경우에 올라간다. 첫째는 기업의 우량성이고 둘째는 낮은 주가다. 일반적으로 주가가 높을 때 매수할수록 또는 상대적으로 불량한 기업을 선택할수록 점점 성공의 기회가 줄어든다. 또한 보유 기간도 타율에 영향을 준다. 저가에 매입했다 하더라도 보유 기간이 짧으면 수익을 창출할 가능성이 기껏해야 50퍼센트에 불과하다. 매일매일의 주가 변동폭이 불규칙하고 예측하기 힘들기 때문이다. 세금, 수수료 등을 고려하면 수익률은 더 낮아진다.

> 테드 윌리엄스가 4할대의 타율을 목표로 삼았던 것과 같이, 투자자는 75퍼센트의 성공률보다 더 높은 타율을 올릴 수 있는 종목을 찾아야 한다.

이처럼 성공률이 50퍼센트인 상황은 피해야 한다. 대신에 수익을 올릴 수 있다는 확신이 강한 종목에 집중하는 것이 좋다. 테드 윌리엄스가 4할대의 타율을 목표로 삼았던 것과 같이, 투자자는 75퍼센트의 성공률(7할5푼의 타율)보다 더 높은 타율을 올릴 수 있는 종목을 찾아야 한다. 어떻게 하면 그러한 기회를 포착할 수 있을까? 다음 장에서 논의할 것이지만, 주식투자에서의 성공은 주로 투자자가 매수 시 지불하는 주가와 관련되어 있다. 주식을 무한정 보유한다는 목표를 가지고 성장주를 매력적으로 낮은 가격에 매수하면 고수익을 올릴 가능성은 매우 높아진다. 실제로 1990년대에는 3~4년만 넘게 주식을 보유했다면 80퍼센트 이상의 성공률을 보였을 것이다. 반면 장기간 주식을 보유할 의도가 없었던 투자자들의 성공률은 매우 낮았다. 그와 마찬가지로 주가가 높은 시기에 매수할 때도 타율이 떨어졌다. 1990년대에 우량주를 골라 EPS의 15배 되는 가격을 지불하자 타율이 높아졌다. 그러나 같은 종목에 30배를 지불했을 때는 타율이 급격히 떨어졌다.

30년간 타석에 서 있었던 워렌 버핏

타석에 들어섰다면 얼마나 오랫동안 어깨 위에 방망이를 올려놓고 있어야 할까? 버핏은 자신이 좋아하는 공이 들어올 때까지 무한정 기다려야 한다고 말한다. 주가가 기대하는 수준까지 다다르기 전까지는 절대 방망이를 휘두르지 말라는 것이다. 그동안에는 어떤 주식이든 그냥 지나쳐도 된다. 투자를 원하는 종목이 1만 개라면 모두 조사해도 된다. 그러나 그러한 종목이 충분히 매력적인 가격에 나와 있는지를 가장 중점적으로 확인해야 한다. 버핏은 지난 40년간 미국 대형주의 거의 대부분에 대해 연구를 해왔다. 그들 중 일부는 수차에 걸쳐 검토했다. 그리고 각 종목에 대해 자신이 지불할 수 있는 최대치를 설정해 놓고 그 종목이 적정가에 이르면 그제야 방망이를 휘둘렀다.

버핏의 포트폴리오가 균형을 유지할 수 있었던 것은 그의 인내심 덕분이다. 그의 인내심은 기업을 자세히 훑어보게 하고, 감정에 치우치지 않도록 도와줬다. 매수하기 수년 전부터 가격과 수익률에 대한 목표를 설정함으로써 종목 선정의 체계를 잡아 왔고, 대부분의 투자자들을 괴롭히는 '강요받지 않은 실수'에서 멀어질 수 있었다.

1998년 그는 온스당 5달러에 1억 2,900만 온스의 은을 사들였다. 왜 그렇게 이례적인 투자를 했느냐고 질문을 받았을 때, 그는 은 시장에 대해 30년 이상 연구를 했으며, 이제 은 가격이 자신이 원하는 매력적인 수준에 다다랐다고 대답했다. 실제로 버핏이 매입할 당시 은 값은 인플레이션에 대한 조정 과정을 거쳐 650년 만에 최저점에 다다랐다. 영국과 프랑스 사이의 백년전쟁 이후 최저가에 거래되고 있었다.

이처럼 그는 타석에 들어서서 장기간 시간을 보냈다. 코카콜라도 수년간 지켜본 후에 1980년대에 들어서야 최종적으로 매수했다. 캐피털 시티스/ABC Capital Cities/ABC, 월트 디즈니 등도 오랫동안 연구한 끝에 매수를 감행했다. 그리고 이 두 종목을 꾸준히 보유하다가 팔았다. 팔 때도 마찬가지로 가격이 만족스러울 때까지 오랫동안 기다렸다. 월트 디즈니의 경우는 30년 동안 지켜보다가 매도했다.

언제 방망이를 휘둘러야 하는가

다른 많은 위대한 투자자들처럼 버핏도 순간적인 유혹의 손길을 건네는 주식에는 손을 대지 않는다. 가격만 적절하면 어느 종목이든 잠재적으로 투자할 가치가 있다고 할 수 있지만, 버핏은 주식이 과소평가되었다고 해서 무조건 매수하는 어리석음을 범하지 않았다.

세계적인 기업인 퀄컴과 오라클을 포함하여 미국의 1만여 개 상장기업의 주식들이 언젠가는 과소평가되어 거래될 수도 있다. 그러나 그중 단지 소수의 기업들만이 장기적인 성장 가능성을 가지고 있다. 대부분은 펀더

> 1999년 초에 버크셔 해더웨이는 350억 달러 이상을 현금과 채권으로 보유하고 있었다. 매수할 만한 종목이 나타나지 않았기 때문이다.

멘털이 부실하고 불규칙적인 성장 기록을 보이고 있다. 이런 기업들은 피해야 한다. 또한 다른 투자처에서 주기적으로 더 나은 수익을 올리는 게 가능해지거나 주식투자에 대한 매력을 잃어버리는 투자자들이 많아지면 주식시장이 침체될 수도 있다. 이럴 때 장기간에 걸쳐 종목을 선정하다 보면 결과적으로 매수 후보를 수십 종목으로 줄일 수 있다. 그런 후 한 번에 한 종목씩 골라서 가격이 매력적인 수준으로 떨어지기를 기다렸다가 매수해야 한다.

단순히 여유자금이 있다고 해서 주식을 사는 우를 범해서는 안 된다. 자금이 풍부하면 오히려 실수를 저지를 때가 있다. 1999년 초에 버크셔 해더웨이는 350억 달러 이상을 현금과 채권으로 보유하고 있었다. 매수할 만한 종목이 나타나지 않았기 때문이다. 이와는 대조적으로 대부분의 투자자들은 주머니에 돈이 있으면 심리적인 부담을 느낀다. 그리하여 매수하기로 목표한 종목의 가격이 떨어질 때까지 참을성 있게 기다리지 못할 뿐만 아니라, 그 기업의 펀더멘털을 연구할 시간도 충분히 갖지 않고 불량한 기업의 주식을 매수한다.

버핏은 보유하고 싶은 종목이 있으면 수년간에 걸쳐 연구함으로써 이러한 함정을 피하고, 한 번에 한 종목씩 신중하게 투자해 왔다. 원하는 수준으로 주가가 하락하지 않으면 어떠한 조치도 취하지 않았다. 항상 가격이 내릴 가능성이 존재한다는 것을 알고 있었기 때문이다. 그는 지금도 주가가 이미 매력적인 수준으로 떨어진 기업이 없는지 살펴 보고 있다.

투자 타율을 높이려면 〈표 8-1〉처럼 먼저 매수 목표 종목을 선정해야 한다. 즉 현재 시점으로 그 종목에 기꺼이 지불할 수 있는 최대치를 설정하

표 8-1 매수 목표 종목 선정하기

관심 종목	현재 주가 ($)	매수 예정가 ($)	참조
아메리칸 익스프레스	135	100	아직 주가 높음
암젠	65	45	주가 너무 높음
시스코 시스템스	130	<60	주가하락 위험 높음
페더럴 익스프레스	33	<40	현재 매수 가능
GE	135	135	현재 매수 가능
인텔	115	70	가격 변동폭 심함
나이키	39	45	반드시 매수
뉴코	45	<50	매수
P&G	65	<85	매수 준비
선 마이크로시스템스	95	65	과대평가됨
월트 디즈니	38	25	수익에 대한 우려 상존

고, 자주 볼 수 있는 곳에 이 목록을 붙여 놓는다. 그리고 나서 주기적으로 확인해야 한다.

 이로써 선정된 기업을 주의 깊게 지켜볼 수 있는 기회를 가질 수 있을 것이다. 매수를 하기 전에 기업의 합리적인 가치에 대해 연구해야 한다. 가치를 평가하는 과정을 거치면 성급한 결정을 내릴 가능성이 크게 줄어든다. 이런 방식을 거쳐 주식을 매수하면 진정으로 원하는 종목으로 포트폴리오를 구축할 수 있을 뿐만 아니라, 남아도는 돈이 있다고 해서 원하지 않는 주식을 매수하는 우를 피할 수 있다. 이 방법으로 성공하려면 인내력이 필요하다. 가장 중요한 것은 과대 지불을 하지 않으면서 높은 수익을 올릴 만한 주식을 사야 한다는 것이다.

 매수 예정가가 합리적인지 확인하기 위해 주기적으로 체크리스트를 갱신해야 한다. 한 기업의 성장 가능성이 줄어들면 원래 설정한 매수 예정가가 너무 높게 느껴질 수 있다. 그와 반대로 이 기업의 펀더멘털이 개선되면 주가가 매수 예정가로 다시 내려오지 않을 수도 있다. 그러한 경우 그 종목이 실제로 인상된 주가만큼의 가치가 있는지 재평가해야 한다.

중요한 점은 투자할 필요가 없을 때는 투자해서는 안 된다는 것이다. 종목 선정에 확신이 서면 자연히 매매 결정을 내리는 경우가 줄어들 것이다. 성공적인 투자자가 되려면 자기 자신을 시즌 막바지에 2위 팀보다 20게임 이상 앞서 있는 1위 팀이라고 생각해야 한다. 어깨 위에 방망이를 올려놓고 무한정 타석에 서 있어도 된다. 이제는 어떤 방법으로도 시즌의 결과를 뒤바꿀 수 없기 때문이다.

버핏이 왜 좋은 종목이 나타날 때까지 타석에 서 있으라고 했는지는 누구라도 이해할 수 있을 것이다. 수학적으로 실수를 최소화하며 고수익을 올릴 기회를 향상시키는 방법이기 때문이다. 버핏은 투자가 확률의 문제라는 것을 잘 알고 있다. 주식투자로 6할의 타율을 올리면, 즉 60퍼센트의 확률로 수익을 올릴 수 있는 종목을 선정할 수 있다면 포트폴리오를 합리적으로 운용할 수 있을 것이다. 확률을 75퍼센트로 올리면 놀라울 정도로 훌륭한 결과를 얻게 될 것이다. 80퍼센트 이상의 타율을 기록하면 장기간에 걸쳐 엄청난 수익을 창출할 수 있다. 성장 가능성이 높은 종목을 합리적인 가격에 매수하면 성공의 확률은 더 높아진다.

타석에 서 있다 보면 자제력과 인내심을 기를 수 있고, 인내심은 근면성과 추리력을 길러 주며, 궁극적으로 근면성은 높은 수익을 보장해 준다. 알맞은 투구를 기다리는 동안 여러 기업들을 주의 깊게 연구해야 한다. 마음에 들지 않는 가격에 AOL의 주식 5천 달러어치를 충동적으로 사들이는 대신에 이 기업을 자세히 연구하고, 재무제표를 검토하며, 업계와 기업의 가치, 비즈니스 모델 등에 대해 조사를 하면서 시간을 보내는 것이 더 낫다. AOL이라는 기업에 대해 충분히 알게 되고, 이 종목의 주가가 만족스러운 수준이 되기 전까지는 매수를 해서는 안 된다. 어떠한 기업이든 마찬가지다.

제3부 | 최고의 종목을 고르는 워렌 버핏의 기업 분석법

오래전부터 나는 여러 기업들을 돌아다니며 관심을 두고 있는 회사의 직원들뿐만 아니라 경쟁사까지 찾아가서 대화를 나누곤 했다. 나는 그들에게 끊임없이 질문을 던지곤 했다. 그것은 일련의 기업 분석 과정이었다. 그러고 나서 기업에 대한 보고서를 쓰기로 했다. 어떤 회사는 보고서를 쓰기가 쉬웠고, 어떤 회사는 훨씬 어려웠다. 우리는 결론적으로 보고서를 쓰기가 쉬운 회사를 선정해서 투자했다.

Warren Buffett

03

Analyzing Companies Like Buffett

제9장

워렌 버핏은 어떻게 기업의 가치를 평가하는가

기업의 미래이익 추산법

워렌 버핏만의 미래이익 할인법

> 어떤 사람은 마이크로소프트의 가치가 주당 100달러도 되지 않는다고 하고, 또 다른 사람은 150달러를 들여서라도 매수를 해야 한다고 말한다. 적자에 허덕이는 인터넷 기업들에 손도 대지 않는 사람들이 많지만, 같은 기업의 주가가 200달러까지 오를 것으로 보고 투자를 하는 사람도 있다.

조그마한 도시에서 운영하던 아케이드를 매각하려고 한다. 얼마에 팔아야 할지를 결정하려면 아케이드의 실질적인 가치가 얼마인지를 알아보아야 한다. 이를 위해 건물주는 여러 가치 기준을 적용해 볼 것이다. 아케이드의 연매출액은 10만 달러다. 건물주는 이 상가의 실제 가치를 확실히 알아보기 위해 주변 사람들과 상의할 것이다.

어쩌면 이 아케이드를 연매출액의 절반인 5만 달러에 팔아야 한다는 의견이 나올 수도 있다. 이 금액은 아케이드의 청산가치라 할 수 있다. 아케이드가 경매에 의해 팔렸을 때 건물, 설비, 자동판매기, 전자게임기 등에 지불되는 대금으로 보면 된다. 그러나 이 금액은 아케이드가 앞으로도 계속 이익을 낼 수 있다는 것을 고려하지 않은 것이기 때문에, 건물주로서는 이 의견을 그대로 받아들일 수 없다. 분명 새 주인이 될 사람은 5만 달러보다 더 많은 돈을 지불할 용의가 있을 거라고 생각된다.

또는 모든 자동판매기와 게임기의 대체원가replacement cost(이미 조달한 설비나 재고를 현재 또는 장래의 어느 시점에서 다시 조달할 경우에 드는 비용 —역자주)인 3만 달러에 아케이드를 매각하라고 말하는 사람도 있을 것이다. 건물주는 이번에도 고개를 흔든다. "이 설비가 추후에 매출과 이익을 발생시키는 데 별 도움이 되지 못한다면, 그 정도만 받을 수도 있지. 하지만 아직 매출과 이익을 더 낼 수 있으니까 더 많은 돈을 받아야 해."

한편 아케이드의 장부가격, 즉 순자산인 9만 달러에 매각을 고려할 수 있다. 이 수치는 청산가치인 5만 달러보다 상당히 많은 금액이다. 그러나 건물주는 직관적으로 장부가격이 아케이드의 가치를 적절하게 나타내지 못한다는 생각이 든다. 순자산에 비해 조금이라도 더 수익을 올릴 수 있다면, 분명 그보다 가치가 더 클 것이기 때문이다.

또 다른 사람은 6만 5천 달러에 매각하라고 권할 수도 있다. 6년 전 아케이드를 구입한 금액이다. 그러나 이 가격이 현실성이 있을까? 아케이드의 가치가 6년 동안 1달러도 오르지 않을 수 있을까? 따라서 건물주는 이렇게 말할 것이다. "내가 아케이드를 매입한 후에 수익성이 두 배로 올랐어. 이것만으로도 팔 때는 애초에 지불한 것보다 더 받아야 해."

좀더 생각해 보면 연매출액인 10만 달러에 매각하는 방법도 있다. 이웃 도시에 있는 비슷한 아케이드가 연매출액과 비슷한 가격에 팔렸다는 것을 고려하면 합리적인 금액인 것 같다. 이론상으로는 이 금액이 최선의 해결책인 것처럼 보인다. 그러나 이 가정에도 뭔가 허점이 있다. 건물주는 공정시장가치fair market value를 추산하는 것이 아케이드의 사업가치를 제대로 평가하는 길이라고 생각된다. 10만 달러에 팔렸다는 다른 아케이드의 가격이 적정가가 아닐 가능성도 고려해야 한다.

조금만 더 의견을 모아 보니 매매가격과 관련된 변수들이 더 나타난다. 연매출액의 여섯 배인 60만 달러를 요구해도 될 것이라고 말하는 사람도 있다. 자동판매기와 게임기를 6년간 더 사용할 수 있으니 앞으로는 총 60만 달러의 매출을 올릴 수 있다는 것이다. 그러나 건물주가 생각하기에는 60만 달러씩이나 지불하고 그 아케이드를 사는 바보 같은 사람은 없을 거라고 생각된다. 향후 아케이드가 매년 벌어들일 수입 10만 달러는 해가 갈수록 가치가 하락할 것이기 때문이다. 새 주인이 60만 달러를 투자해서 매년 15퍼센트의 투자 수익률을 올린다면, 다음 해의 매출에 대한 현재가치는 8만 6,956달러이며, 6년차의 매출액 10만 달러의 현재가치는 4만 9,718달러에 불과할 것으로 예상된다.

쉽게 갈피를 잡지 못하는 건물주는 결국 회계사에게 조언을 청하고, 회계사는 이렇게 대답해 준다. "이 아케이드의 가치는 21만 5천 달러입니다." 주인은 묻는다. "그 수치는 어떻게 얻은 것입니까?" 회계사는 다음과 같이 설명해 준다.

아케이드를 인수함으로써 새 주인은 첫해에 10만 달러를 벌어들이고 매출은 매년 4퍼센트씩 성장할 것으로 내다봤다. 그런 후 인건비, 세금, 감가상각비, 원자재비, 재고비, 설비비, 임차료, 유지보수비, 보험료 등의 모든 비용을 빼야 한다. 이 비용 또한 매년 4퍼센트씩 상승할 것이다. 또한 아케이드가 향후 10년에 걸쳐 연평균 3만 5천 달러의 세후이익을 올릴 것이라고 가정했다. 10년이 지난 후에는 감가상각으로 인해 게임기의 잔존가치가 '0'이 되어 추가적인 투자가 필요할 것이므로 이때 투자를 해주면 세후이익이 연간 8퍼센트로 늘어날 것이다.

그러고 나서 지난 6년간 이 아케이드에서 벌어들인 이익과 현금 흐름의 변동성이 어느 정도인지 분석했다. 실적이 매년 일정하지 않았던 것으로 보아 이 사업체가 다른 비슷한 투자처보다 리스크가 크다고 간주했다. 인수자는 그 외에도 여러 가지 추가적인 리스크에 대한 보상으로 연 15퍼센트의 수익을 보장받으려 할 것이다. 15퍼센트의 수익을 올리기 위해서 인수자로서는 21만 5천 달러 이상을 지불해서는 안 된다고 결론지었다. 이것이 바로 아케이드의 내재가치다.

> 어떤 투자자는 주당 50달러까지만 지불하려 하지만, 다른 투자자는 같은 종목이 주당 150달러 이상의 가치가 있다고 생각한다. 분명히 두 유형의 투자자들은 자신이 옳다고 주장할 것이지만, 정답은 아니다.

한 기업의 실제 가치는 어떻게 평가해야 할까? 위의 예와 같이 대답은 그 질문을 어떻게 받아들이냐에 달려 있다. 어떤 투자자는 5만 달러 이상은 주지 않으려 할 것이다. 또 다른 투자자는 25만 달러를 기꺼이 지불할 용의가 있을 것이다. 월스트리트에도 이와 같은 주관적인 판단에 의해 투자하는 사람들이 많다. 어떤 투자자는 주당 50달러까지만 지불하려 할 것이지만, 다른 투자자는 같은 종목이 주당 150달러 이상의 가치가 있다고 생각할 것이다. 분명히 두 유형의 투자자들은 자신이 옳다고 주장할 것이지만, 정답은 아니다. 주식투자에 기교가 필요한 이유는 이와 같은 가격과 가치의 관계 때문이다. 월스트리트의 노련한 애널리스트와 펀드 매니저조차도 맥도널드, 마이크로소프트, 듀크 에너지Duke Energy 등의 가치를 분석하는 방법에 있어 큰 차이를 보인다. 어떤 사람은 마이크로소프트의 가치가 주당 100달러도 되지 않는다고 하고, 또 다른 사람은 150달러를 들여서라도 매수를 해야 한다고 말한다. 적자에 허덕이는 인터넷 기업들에 손도 대지 않는 사람들이 많지만, 같은 기업의 주가가 200달러까지 오를 것으로 보고 투자를 하는 사람도 있다.

　이론적으로는 가치에 대한 논쟁은 적을수록 좋다. 모든 투자자들이 같은 사실에 기초해서 객관적으로 가치를 평가한다면, 그들의 분석은 거의 비슷한 결과를 도출할 것이다. 아케이드의 경우처럼 모든 자산은 장기적인 수익 가능성과 보유 시의 위험이 반영된 고유의 내재가치를 지니고 있다. 기업의 내재가치는 상당히 역동적이다. 금리, 달러화의 가치, 기업의 이익과 매출, 부채 수준, 경기 등의 몇 가지 요인에 의해서 수시로 변하기 때문이다. 투자자는 언제든 주어진 정보를 활용하여 기업의 가치를 합리적으로 분석해야 한다.

　기업에 대한 가치평가가 옳은지 그른지는 투자자가 세우는 가정에 따라 달라지게 마련이다. 하지만 아케이드 주인에게 조언을 한 회계사처럼, 모든 관련 요소들을 살펴봄으로써 사려고 하는 주식이 그 가격만큼의 가치가 있는지 빠르게 파악할 수 있다. 이것이 바로 주식 매수 시에 선택의 폭을 축소하고 실패의 확률을 줄이는 방법이다. 기업의 가치를 정확하게 계산하려고 할 필요는 없다. 잘해도 20퍼센트 내외의 오차가 발생할 것이기 때문이다. 그러나 이왕이면 오차를 20퍼센트보다 좁힘으로써 주식의 가치를 과대평가할 확률을 최소화해 보자.

　수백 년 동안 기업의 가치를 평가하는 방법은 개인에 따라 대부분 달랐다. 20세기에 들어와서야 투자자들은 합리적인 가치평가를 할 수 있는 기업 정보를 획득할 수 있었다. 그전에는 투자자들이 정확한 판단을 하는 데 필요한 정보를 쉽사리 얻을 수 없었다. 1900년대 초기만 해도 크게 나아지지 못했다. 1938년 존 버 윌리엄스John Bur Williams는 기업의 가치는 기업에서 벌어들이는 이익에서 취할 수 있는 것 그 이상도 그 이하도 아니라

> 웰스파고 은행이 존속하는 동안 500억 달러를 벌어들일 수 있다고 추산된다면, 이 은행의 모든 주식을 사들이기 위해서는 그 이하도 그 이상도 아닌, 딱 500억 달러만 지불하면 된다.

고 주장했다. 따라서 주식투자자는 기업이 존속하는 동안 벌어들이는 이익을 추산해 낸 후 인플레이션과 돈의 시간가치를 이익에 반영함으로써 기업의 가치를 평가해야 한다는 것이다. 인텔이 존속하는 동안 인플레이션과 위험 허용도risk tolerance 등을 고려한 이후 1,750억 달러를 벌어들일 것이라고 추산된다면, 이 기업 전체를 인수하는 데는 1,750억 달러까지 지불해야 한다는 뜻이다.

인텔의 발행주식 수가 17억 5천만 주라면 각 주가의 총합은 기업 전체의 평가액appraised value과 같아야 하므로, 주가는 100달러일 것이라고 추산할 수 있다. 이와 비슷하게 웰스파고 은행이 존속하는 동안 500억 달러를 벌어들일 수 있다고 추산된다면, 이 은행의 모든 주식을 사들이기 위해서는 그 이하도 그 이상도 아닌, 딱 500억 달러만 지불하면 된다. 이것이 바로 웰스파고 은행의 내재가치다. 이 회사가 앞으로 벌어들일 이익을 고려한 공정한 주가인 셈이다. 이 은행의 총 발행주식 수가 4억 주라면 한 주당 내재가치는 125달러가 된다. 투자자들은 웰스파고 은행의 주식에 이 가격 이상을 지불해서는 안 된다.

윌리엄스는 이렇게 기술했다. "투자가치를 평가하기 위해서는 미래에 얼마를 지불하면 될지 추산해야 한다. 돈 자체의 가치 변화에 따라 조정을 거친 이 미래의 지불금은 투자자가 요구하는 순수 이자율pure interest rate로 할인되어야 한다." 윌리엄스는 기업의 가치평가에 다음 네 가지 중요한 개념을 도입했다.

- 투자자는 자신을 그 기업의 소유주로 생각하고서 그 회사를 평가해

야 한다.
- 기업의 잠재적 미래이익을 추산해야 한다.
- 미래이익이 일정할 것인지, 들쑥날쑥할 것인지 예측해야 한다.
- 돈의 시간가치에 따라 미래이익의 가치를 조정해야 한다.

왜 윌리엄스는 주가가 아니라 이익에 바탕을 두고서 기업의 가치를 평가했을까? 이익이란 유형자산이다. 기업의 소유주는 연말에 이익을 자기 주머니로 집어넣을 수도 있고, 적당한 곳에 재투자할 수도 있다. 이와는 대조적으로 주가는 기업의 가치를 제대로 반영하지 않는다(그러나 이에 동의하는 학자들은 거의 없다). 주가는 기업의 가치에 대한 투자자들의 인식 변화를 반영할 뿐이다. 주가에 대한 인식은 두려움, 과욕, 오보, 공황, 증권거래소에서의 수요공급의 불균형 등으로 크게 왜곡될 수 있다. 투자자가 매수한 후 그 주식의 값이 계속 오르리라고 보장해 주는 것은 아무것도 없다. 매출과 이익이 계속 증가함에도 불구하고 주가는 하락할 수 있다. 이와 유사하게 기업의 매출과 이익이 부진해도 주가가 가파르게 상승할 수 있다.

장기간에 걸쳐 기업의 가치가 상승하면 주가도 그에 걸맞게 올라야 하는 게 정상이다. 그러나 짧은 기간에는 이런 일이 일어나지 않을 수도 있다. 투자자들은 아케이드를 인수하려는 사람이 평가하는 것과 같은 방식으로, 즉 기업 소유주(주주)가 얼마의 이익을 챙겨 갈 수 있느냐에 따라 기업을 평가해야 한다. 앞서 논의한 대로 아케이드를 사게 된다면 매년 세후이익이 얼마일지 또는 매년 어느 정도의 현금흐름을 창출할 수 있을지에 따라 구매가격을 결정해야 하는 것이다. 분명 다우존스지수를 기준으로 삼아서 구매가격을 결정하는 우를 범해서는 안 된다. 인수인이 매도인에게 "다우존스지수가 4퍼센트 떨어졌으니 매매가를 1만 달러 내려야만 합니다."라고 말하면 매도인은 비웃을 것이다. 또한 다우존스지수가 상승했다는 이유로 매도인이 가격을 인상하는 일도 없을 것이다. 아케이드의 경제적 가치에 대한 대중의 인식은 아케이드의 가격과 큰 관계가 없다. 주가의 변동이 기업의 내재가치를 들쑥날쑥하게 만들지는 않는다. 주가는 그저 사람들이 기업의 내재가치에 어떤 변화가 있을 것이라고 인식한 결과에 불과하다. 그러나 수많은 투자자들이 이런 사실을 잊고서 실수를 저지르고 있다.

주식을 사면 기업의 소유주가 되었다고 보는 것이 기업의 가치를 평가하기 위한 첫 번째 조치다. 벤저민 그레이엄은 버핏에게 이러한 맥락에서 주식투자를 바라보도록 가르쳤다. 1934년, 그레이엄은 시장에서 형성된 현재의 주가를 그대로 받아들이기보다는 주가를 기업의 가치에 빗대어 본 후에 그 가치가 적절한지 파악해야 한다고 말했다.

믿기 힘들겠지만, 월스트리트에서는 "그 기업 전체가 얼마에 팔릴 수 있는가?"라고 질문하는 투자자들이 거의 없다. 그러나 주식에 투자할 때는 제일 먼저 이런 질문을 해야 한다. 어떤 사업가가 1만 달러를 투자하면 5퍼센트의 회사 지분을 주겠다고 제의받았다면 그 기업 전체를 인수하려면 그 금액의 20배인 20만 달러를 주어야 할 것이다. 최종적으로 그는 이 20만 달러가 적절한 가격인지를 따져 보아야 한다.

그레이엄의 투자 방식은 이처럼 단순한 가정에 기초를 두고 있다. 투자자는 이익을 목표로 투자한다. 따라서 투자자는 주가가 아니라, 매년 자신에게 얼마의 이익이 돌아오느냐로 기업의 가치를 평가해야 한다. 주식의 시장가격은 단순히 그 회사가 과소평가되었는지, 적절한지 또는 과대평가되었는지 판단하는 근거가 될 뿐이다.

> 주가의 변동이 기업의 내재가치를 들쑥날쑥하게 만들지는 않는다. 주가는 그저 사람들이 기업의 내재가치에 어떤 변화가 있을 것이라고 인식한 결과에 불과하다.

기업의 미래이익 추산법

워렌 버핏은 주가가 얼마일 때 매입하는 것이 좋을지 판단하기 위해 먼저 기업의 가치를 평가해 왔다. 이런 과정을 거치지 않고서는 어떠한 투자자라도 현재의 주가가 높은지 낮은지, 그 주식이 높은 수익을 가져다 줄 수 있을지 확인할 길이 없다. 기업의 이익은 주식의 매입가와 직접적으로 관련이 있고, 주가는 가치와 불가분의 관계에 있기 때문이다.

 기업의 내재가치는 매년의 이익을 돈의 시간가치로 할인한 미래 기대이익의 총합이라고 간단히 말할 수 있다. 분명 이것은 기업의 가치를 평가하는 데 가장 어려운 부분이다. 수백만 달러의 연구비를 쓰는 월스트리트의 우수한 애널리스트조차도 기업과 산업 전체의 가치를 완전히 오판하는 경우가 비일비재하다. 워렌 버핏이 확실성을 보이는 기업들만을 선호하는 이유 중 하나도 이것 때문이다. 이렇게 하면 잘 알지 못하는 기업을 예측하려다 오판할 가능성을 피할 수 있다. 그는 이렇게 말한다. "찰리 멍거와 나는 사업상의 난해한 문제를 해결하는 방법을 배우지 못했다. 우리가 배운 것은 그러한 문제를 피하는 것이다. 우리가 이 정도의 성공을 거둘 수 있었던 것은 2미터짜리 장애물을 뛰어넘는 능력을 갖췄기 때문이 아니라, 손쉽게 넘을 수 있는 30센티미터짜리 장애물 경기에 집중했기 때문이다."

아메리칸 익스프레스, 웰스파고 은행, 질레트, 코카콜라와 같은 기업들은 장기간에 걸쳐 이익률이 꾸준히 성장해 왔다. 따라서 버핏은 이 기업들의 미래에 대해 빠르고 합리적인 판단을 내릴 수 있었다. 안정성은 기업의 가치를 판단할 때 아주 중요한 요인이다. 기업의 실적이 불안정할수록 그 기업의 미래도 불안정하다고 봐야 한다. 그러한 기업은 리스크도 높으며, 실적이 안정적인 기업에 비해 가치가 떨어진다. 불행하게도 세계 기업들의 99퍼센트가 일관성이 결여되어 있다. 미래를 추정할 수 있는 근거가 되는 기업의 실적이 안정적이지 못하기 때문에 다수의 투자자들은 기업의 미래에 대해 비논리적인 가정을 하게 된다.

버핏이 다른 애널리스트들과 다른 점은 보편적인 평가 기준을 사용하여 가정을 한다는 것이다. 그는 기술 기업들이 근래에 들어 새롭게 출현했기 때문에 달리 취급해야 한다고 주장하는 젊은 세대의 설득에 흔들리지 않는다. 모든 기업들은 궁극적으로 매출을 통해 획득한 이익과 매년 수익률이 얼마나 증가하는지에 따라 평가받아야 한다는 것이다. 그는 인터넷 기업들도 철도, 전기, 소프트웨어 개발업체, 영화제작사, 소매업체 등과 동일한 척도로 평가하고 있다. 이러한 기업들의 가치 역시 기대이익에 대한 현재가치 이상도 그 이하도 아니다. 미래에 돈을 벌 것으로 예상되지 않는다면, 가치가 없는 기업이다. 마차의 채찍을 만드는 기업부터 휴대전화 제조업체에 이르기까지, 가치를 지닌 모든 기업들은 경제적으로 모두 동등한 입장에 놓여 있다는 것이 그의 생각이다. 버핏은 다음과 같은 글을 쓴 적이 있다.

현명한 투자는 쉽다고는 말할 수 없지만, 그다지 복잡하지는 않다. 투자자에게 필요한 것은 투자를 하기 위해 선택한 기업들을 정확하게 평가하는 능력이다. '선택한'이란 말에 주목하자. 모든 기업에 관해서 전문가가 될 필요는 없다. 여러분의 역량 내에 있는 기업들만 평가할 수 있으면 된다. 역량이 어느 정도인지는 중요하지 않다. 그러나 그 경계선을 설정하는 것이 중요하다.

투자자로서 여러분의 목표는 무슨 일을 하는지 쉽게 이해할 수 있는 기업의 지분을 합리적인 가격에 사들이는 것이다. 단 그 기업은 지금부터 5년, 10년 또는 20년 후에도 실질적으로 이익이 더 증가할 수 있는 기업이어야 한다. 장기간에 걸쳐 여러분은 이 기준에 맞는 기업은 그리 많지 않다는 것을 알게 될 것이다. 그래서 이러한 기업을 찾을 경우 다량의 주식을 매수해야 한다. 자신이 정한 기준에서 벗어나려는 유혹에 빠져서는 안 된다. 10년 동안 보유할 주식이 아니라면, 10분간이라도 보유해서는 안 된다.

기업의 미래이익이 어느 정도일지 추산할 때는 먼저 과거를 돌아보아야 한다. 한 연구에 의하면 미래를 위한 예측 지표로는 기업의 과거 실적이 가장 믿을 만하다고 한다. 머크처럼 꾸준히 성장하는 기업을 연구하든 호황과 불황을 되풀이하는 순환형 기업인 인코Inco 같은 광산업체를 조사하든 공히 그러한 개념이 적용된다. 지난 25년간 매년 꾸준히 15퍼센트의 이익 성장률을 보였던 기업이 미래에 그것과 크게 다른 결과를 보일 가능성은 그리 높지 않다. 그런 기업은 불경기나 전쟁, 고금리 상황에서도 유

> 기업의 실질 성장률을 감안하지 않고 미래이익을 추산하거나, 기업이 과거의 실적에서 갑자기 큰 변모를 보일 수 있다고 가정하다 보면 실수를 저지르게 마련이다. 지난 50년간 매년 10퍼센트의 성장률을 기록한 기업이 갑자기 14퍼센트의 성장률을 보이는 것은 쉽지 않은 일이다.

사한 성장률을 유지하고, 증시가 폭락하더라도 견뎌 낼 수 있을 것이다.

불행하게도 수많은 주식회사 중 아주 일부만이 이러한 수준의 일관성을 유지하고 있다. 버핏은 애벗 연구소, 머크, 필립 모리스Philip Morris, 맥도널드, 코카콜라, 제뉴인 파츠Genuine Parts, 에머슨 전기Emerson Electric, 오토매틱 데이터 프로세싱Automatic Data Processing, 월그린Walgreen 등을 그런 기업으로 평가하고 있다. 1960년대 중반으로 돌아가서 이 기업들의 연이익을 조사해 보면 호경기 때나 불경기 때나 거의 일관적임을 알 수 있다. 장기간에 걸쳐 이처럼 일관성을 유지할 수 있는 기업들은 미래에도 그와 같은 실적을 올릴 가능성이 높다. 또한 이러한 기업들은 매년 매출 성장률에 있어서도 꾸준한 상승세를 보인다.

그러나 기업의 실질 성장률을 감안하지 않고 미래이익을 추산하거나, 기업이 과거의 실적에서 갑자기 큰 변모를 보일 수 있다고 가정하다 보면 실수를 저지르게 마련이다. 지난 50년간 매년 10퍼센트의 성장률을 기록한 기업이 갑자기 14퍼센트의 성장률을 보이는 것은 쉽지 않은 일이다. 실제로 그 반대를 가정하는 편이 낫다. 새로운 시장을 개발하고 매출을 향상시키기가 점점 더 어려워지는 요즘에, 궁극적으로 이런 기업들의 성장률은 떨어질 가능성이 크다. 반면 과거의 성장률을 그대로 유지하거나 더 나아질 것이라고 확신해도 되는 기업이 있다. 예를 들어 지난 10년간 매년 12~14퍼센트의 성장률을 기록한 기업이 있다고 하자. 이 회사는 향후 10년간에도 지금까지의 평균 성장률(13퍼센트)을 획득할 가능성이 높다. 따라서 〈표 9-1〉과 같이 미래 이익을 추정하기가 쉬운 기업은 좀더 수월

표 9-1 이익 성장률이 안정적인 기업의 미래이익

연도	EPS($)	이익 성장률(%)
1989	3.00	
1990	3.39	13
1991	3.80	12
1992	4.33	14
1993	4.89	13
1994	5.48	12
1995	6.24	14
1996	7.06	13
1997	7.90	12
1998	9.01	14
1999	10.18	13
연도	예상 이익($)	이익 성장률(%)
2000	11.50	
2001	13.00	13
2002	14.69	13
2003	16.60	13
2004	18.76	13
2005	21.20	13
2006	23.95	13
2007	27.07	13
2008	30.59	13
2009	34.56	13

하게 내재가치를 파악할 수 있다.

20년간 이 가상 기업의 EPS는 11배 이상 증가하게 된다. 2009년에도 이 주식의 PER가 1989년과 같다면, 주가 또한 11배 이상 상승할 것이다. 이처럼 기업의 과거 성장률이 일정할 경우 미래이익도 추정치와 비슷할 가능성이 크다.

> 벤저민 그레이엄은 버핏에게 순환형 기업을 평가할 때 어느 한 해의 이익에 혹해서 큰 웃돈을 지불하는 일이 없도록 여러 해의 평균이익을 가지고 미래이익을 추정하도록 가르쳤다.

그렇다면 이익이 사업 주기에 따라 변동하는 순환형 기업은 어떨까? 버핏은 그러한 기업의 주식이 시장에서 저평가되어 있거나, 주가가 오를 만한 호재가 있는 경우가 아니면 대개의 경우 손을 대지 않는다. 버핏이 순환형 기업을 아예 외면했던 것은 아니다. 왜냐하면 버크셔 해더웨이는 이미 오랫동안 여러 은행들을 포함하여 GATX, 엑손Exxon, 알코아Alcoa, 아메라다 헤스Amerada Hess, 클리블랜드 클리프스 아이언Cleveland Cliffs Iron, 제너럴 다이내믹스General Dynamics, 핸디 앤드 하먼Handy & Harman, 카이저 알루미늄Kaiser Aluminum, 울워스Woolworth 등과 같이 많은 순환형 기업들에도 투자해 왔기 때문이다. 대체적으로 이 기업들이 속한 업종이 다시 활황을 맞이할 조짐을 보이거나, 주가가 거의 바닥으로 하락했던 증시 침체기를 벗어난 직후에 매수하기 시작했다.

순환형 기업들의 문제점은 장기적으로 보았을 때 운영상의 일관성이 떨어진다는 것이다. 알코아는 호경기일 때는 EPS가 6달러가 넘었지만, 불경기 때는 주당 1달러 이하의 순이익을 올렸다. 울워스는 1년 내에 최고점에서 최저점까지 급등락하는 모습을 보였다. 이와 같이 순환형 기업은 버핏이 좋아하는 예측 가능한 기업과는 거리가 멀다. 아마도 그러한 사실은 가까운 장래에는 변하지 않을 것이다. 인류가 불경기를 없애거나 원자재 가격의 급등을 막을 수 없다면, 이처럼 많은 기업들이 장기적으로 기복이 심한 이익 구조를 보이면서도 성장은 거의 없을 것이다. 오늘날 시어스 로벅Sears Roebuck, 이스트먼 코닥Eastman Kodak, GM 등과 같은 기업의 EPS는 1970년대 중반보다 그리 증가하지 않았다. 우연은 아니지만 지난 25년 동안 이 기업들의 주가도 별반 오르지 않았다.

표 9-2 순환형 기업의 미래이익

연도	EPS($)
1990	1.55
1991	1.25
1992	-0.40
1993	-0.90
1994	0.10
1995	0.85
1996	1.60
1997	1.85
1998	2.25
1999	2.30
평균	1.05

연도	EPS 추정치
2000	1.05
2001	1.05
2002	1.05
2003	1.05
2004	1.05
2005	1.05
2006	1.05
2007	1.05
2008	1.05
2009	1.05

벤저민 그레이엄은 버핏에게 순환형 기업을 평가할 때 어느 한 해의 이익에 혹해서 큰 웃돈을 지불하는 일이 없도록 여러 해의 평균이익을 가지고 미래이익을 추정하도록 가르쳤다. 예를 들어 적어도 지난 7~10년간의 평균 EPS를 조사해서 합리적이고 정확하게 미래이익의 평균치를 산출하라는 것이었다. 또한 그레이엄은 순환형 기업의 경우에는 평균 EPS의 16

배 이상의 가격일 때 매수해서는 안 된다고 제안했다. 예를 들면, 인코와 같은 광산업체는 호경기일 때 EPS가 5달러일 수 있지만, 불경기일 때는 주당 1달러 이상의 손실을 볼 수 있다. 과거를 돌이켜보면 인코의 평균 EPS는 1달러 정도였다. 그레이엄은 투자자들에게 경기가 어떠하든 인코의 주식에 16달러 이상은 지불하지 말라고 제안했다.

과거 EPS의 평균을 냄으로써 기업의 미래이익에 대해 좀더 현실적인 평가를 할 수 있고, 지속성이 떨어지는 추세를 맹신하는 과오를 피할 수 있다. 이따금 투자자들은 어떤 시점에서는 이 기업의 EPS가 1달러 밑으로 급락한다는 것을 망각하고서는 인코와 같은 종목의 EPS가 5달러일 때 매집하는 경향이 있다. 평균 EPS를 적용할 때의 또 다른 이점은 경기의 흐름을 예측할 필요가 없다는 것이다. 〈표 9-2〉와 같이 평균 EPS만으로도 가능하기 때문이다.

워렌 버핏만의 미래이익 할인법

기업의 미래이익을 추산하는 목적은 투자하려는 기업이 현재 안고 있는 경영 위험business risk의 수준을 파악하는 데 있다. 다른 조건들이 동등하더라도 기업이 이익을 내는 과정에 잔존하고 있는 위험 요소가 큰 종목일수록 투자를 피해야 한다. 기업의 내재가치는 기업 경영의 일관성과 깊이 연결되어 있다. 버핏은 이익 발생이 불규칙한 순환형 기업은 가치평가를 하기가 어렵기 때문에 장기투자의 대상으로 선호하지 않는다. 전문 애널리스트조차도 〈표 9-2〉와 같은 기업의 미래이익을 예측하기가 쉽지는 않을 것이다. 이 기업은 너무나 많은 경영 위험에 노출되어 있다.

경영 위험의 수준은 궁극적으로 주식 매입가가 적당한지 알아보는 데 중요한 역할을 한다. 일단 기업의 적절한 이익 성장률을 추산했다면 돈의 시간가치만큼 할인율을 적용해야 한다. 예를 들어 CD(양도성예금증서)에 투자할 경우 1년에 5퍼센트의 이자수익을 올릴 수 있다면, 인플레이션을 반영한 실수익은 그보다 더 적을 것이다. 신용등급 AAA인 10년 만기 회사채로 6.5퍼센트의 수익을 올릴 수 있다고 해도 인플레이션, 채무 불이행, 경영 위험 등을 감안하면 실질적인 수익은 줄어든다. 주식도 마찬가지다. 이 경우에 떠안게 되는 위험은 이 주식을 매수함으로써 다른 투자처에서 얻을 수 있는 수익을 포기해서 생기는 기회비용이다.

> 투자자는 기업의 가치를 평가할 때 기업으로부터 기대할 수 있는 이익 동향에 주의를 기울여야 한다. 채권투자자가 이표에 대한 권리를 가지고 있는 것과 같이 주식투자자도 주주로서 기업의 이익에 대한 권리를 갖고 있다.

버핏은 기업의 가치를 평가하는 것이 채권의 가치를 평가하는 것과 크게 다를 바가 없다고 생각했다(제15장에서 다시 설명할 예정). 채권의 가치를 평가할 때는 수익률 동향이나 이표를 살펴보고, 채권을 소유하면서 지니게 되는 모든 위험과 기회비용이 반영된 비율만큼을 수익에서 할인해야 한다. 이표의 역할을 하는 것이 기업의 연간 현금흐름 또는 연이익이라는 것을 제외하면 기업 평가에도 같은 논리가 적용된다. 채권투자자가 이표에 대한 권리를 가지고 있는 것과 같이 주식투자자도 주주로서 기업의 이익에 대한 권리를 갖고 있다. 따라서 투자자는 기업의 가치를 평가할 때 기업으로부터 기대할 수 있는 이익 동향에 주의를 기울여야 한다.

기회비용이란 동일한 위험 부담이 있는 비슷한 투자처에 동일한 자금을 투입했을 때 벌어들일 수 있는 금액을 말한다. 예를 들어 일정한 자금을

표 9-3 15퍼센트의 할인율이 적용된 기업의 연이익

연수	이익($)	적용된 할인율	할인된 가치($)
1	10,000	1.15	8,696
2	10,000	$(1.15)^2$	7,561
3	10,000	$(1.15)^3$	6,575
4	10,000	$(1.15)^4$	5,718
5	10,000	$(1.15)^5$	4,972
합계	50,000		33,522

가지고 연간 15퍼센트의 잠재수익을 창출하는 세탁소에 투자하거나, 같은 돈으로 주당 50달러인 철도회사 주식을 매수할 기회를 갖게 되었다고 가정하자. 두 투자처는 모두 동등한 위험을 수반한다. 철도회사의 가치를 평가하기 위해서는 미래의 연이익이나 현금흐름을 추산하고 매년 15퍼센트의 할인율을 적용해야 한다. 그 결과 주당 50달러에 매입한 것 이상의 수익을 창출할 수 있다면 철도회사에 투자해야 한다. 그러나 주당 50달러에 매입할 만큼의 가치가 없다고 판단되면 주식은 현재 과대평가되어 있는 것이고, 세탁소에 투자하는 것이 더 나은 셈이다.

미래이익을 할인하기 위해서는 매년 발생한 미래이익이나 현금흐름을 투자자가 추산한 할인율로 나누어야 한다. 예를 들어 기업이 향후 5년 동안 매년 1만 달러씩 벌어들이고 다른 곳에 투자할 경우의 수익률, 즉 기회비용이 15퍼센트라고 가정하자. 〈표 9-3〉은 이 기업에 투자할 경우 5년간의 연이익을 매년 어떻게 할인해야 할지를 보여 준다.

첫해에는 15퍼센트의 할인율을 적용하기 위해 1만 달러의 이익을 1.15로 나눠야 한다. 그 결과로 나온 8,696달러는 그러한 이익이 실제로 어떠

한 가치가 있는지를 보여 준다. 2년차에는 1.15의 제곱으로 1만 달러를 나눠야 한다. 3년차에는 이익을 1.15의 세제곱으로 나눈다. 이와 같은 방식으로 수식이 계속된다. 알다시피 1만 달러의 가치는 할인율이 늘어나서 적용되기 때문에 시간이 갈수록 크게 가치가 줄어든다. 5년 후 이익 1만 달러는 현재로서는 4,972달러의 가치가 있을 뿐이다. 이 기업은 5년간 주주를 위해 할인율이 적용된 이익금 총 3만 3,522달러를 창출했다. 이것이 바로 이 회사의 내재가치다. 소유주(주주)는 이 회사로부터 이만큼의 이익을 거둘 수 있다.

> 할인율을 바라보는 또 다른 방법은 그것을 최저 목표 수익률로 생각하는 것이다. 최저 목표 수익률은 기대수익을 올리기 위해 투자자가 주식에 기꺼이 지불해도 되는 금액이 얼마인지를 알려 준다.

기업의 가치는 할인율이 적용된 미래이익의 총계다. 〈표 9-3〉에 제시된 바와 같이 5년이 지난 경우 이 기업의 가치는 3만 3,522달러라는 것을 알 수 있다. 그러나 10년 뒤를 가정하면 매년 이익의 누적 합계가 더 커지기 때문에 기업의 가치는 훨씬 더 늘어난다.

할인율을 바라보는 또 다른 방법은 그것을 최저 목표 수익률hurdle rate로 생각하는 것이다. 최저 목표 수익률은 기대수익을 올리기 위해 투자자가 주식에 기꺼이 지불해도 되는 금액이 얼마인지를 알려 준다. 마이크로소프트의 연이익에 연 15퍼센트의 할인율을 적용하고, 그렇게 하니 주당 75달러의 가치가 있다고 가정해 보자. 실제로 투자자는 마이크로소프트의 위험 및 수익 구조에 대해 결정을 내렸을 것이다. 마이크로소프트로부터 최소한 연 15퍼센트의 수익을 얻으려면 이 주식에 75달러 이상 지불해서는 안 된다. 75달러 이상을 지불하면 수익률은 15퍼센트 밑으로 떨어질 것이다. 만약 주당 50달러에 마이크로소프트의 주식을 매수할 수 있으면 수익률은 15퍼센트를 훨씬 뛰어넘을 것이다.

그렇다면 적절한 할인율을 어느 정도로 봐야 할까? 학자들은 이 점에 관해 끊임없이 논쟁하고 있다. 가치평가 전문가들은 자료를 해석하는 방법에 따라 가치평가가 높게 나온 기업에 대해서는 최소 3퍼센트까지 낮게 또는 주식이 과대평가된 기업에 대해서는 25퍼센트까지 높게 할인율을 적용해 온 것으로 알려졌다. 얼마의 할인율을 적용할 것인지가 가치평가에 있어 가장 중요하면서도 오판을 할 수 있는 가능성이 가장 많은 단계이기 때문에 버핏은 가장 단순한 해결책을 선택했다. 그는 보통 10년 만기 장기국채에 투자해서 얻을 수 있는 수익률과 같은 비율의 할인율을 도입하여 이익을 할인한다. 그가 이 방식을 합리적이라고 생각하는 이유는 다음과 같다.

- 버핏은 주식투자를 채권 수익률의 관점에서 바라본다. 그는 주식투자로 채권 수익률을 능가할 수 있는 수익률을 기대할 수 없을 경우에는 차라리 채권을 선택할 것이다. 따라서 기업을 평가하는 그의 첫 번째 방법은 적어도 국채 수익률을 초과하는 최저 목표 수익률을 설정하는 것이다.
- 채권 수익률을 기준으로 삼으면, 자신이 검토하는 모든 주식의 할인율을 일일이 추산하려고 애쓸 필요가 없다. 할인율은 금리, 예상 수익률, 주가 변동률, 기업의 재무구조의 변화 등에 따라 지속적으로 변할 수 있다. 예를 들면, 시어스 로벅에 대한 가치평가는 그러한 평가가 이루어지는 시점의 상황과 밀접한 관계가 있다. 이 때문에 이틀 후에 새로운 정보를 취득한 애널리스트가 할인율을 바꾸거나 다른 평가를 내릴 수도 있는 것이다. 이처럼 할인율이 지속적으로 변경되

는 상황을 피하기 위해 버핏은 채권 수익률에 맞춰 가치평가 기준을 다소 엄격하게 유지한다.

- 대부분의 머니 매니저들이 사용하는 할인율은 변동성volatility을 적절하게 규정하지 못하고, 그들이 사용하는 방법을 따르면 기업의 불변성standing도 정확히 측정하는 결과를 도출하지 못한다. 다수의 학자들은 적절한 할인율을 이끌어 내고 위험에 대처하기 위해 주가의 변동폭을 고려해야 한다고 제안한다. 주가의 변동이 심하면 위험도 클 거라고 보고서 더 높은 할인율을 적용해야 한다는 것이다. 그러나 버핏은 위험을 다르게 정의한다. 그는 경영 위험에 초점을 맞춘다. 기업의 연간 이익률을 정확히 예측할 수 있어야 한다는 것이다. 이익률의 변동이 심한 듀퐁DuPont과 같은 순환형 기업은 위험성이 높다고 보고, 오랫동안 꾸준히 12~14퍼센트의 이익 성장률을 보인 월그린 Walgreen과 같은 기업에 비해 더 높은 할인율을 적용한다. 경영 위험이 없다면, 즉 그 기업의 연간 이익률을 정확히 예측할 수 있다면 버핏이 볼 때 국채만큼 위험성이 적은 것이다. 따라서 국채와 유사한 낮은 할인율을 적용한다. 이익 성장률의 변동이 적은 기업에 집중적으로 투자함으로써 국채 수익율로 기업의 미래이익을 할인하고 있는 것이다. 그는 "위험은 우리가 무엇을 하고 있는지 알지 못하는 데서 온다."라고 주장한다.

또한 버핏은 할인율을 적용하는 방법에 있어서도 차이를 보인다. 대부분의 애널리스트들은 매년 기업의 이익을 할인해 가는 과정에서 기업의 이익을 가능한 한 장기간 추산해야 한다고 배웠다. 그들은 기업의 영구적

표 9-4 맥도널드의 일반적인 가치평가

		첫 10년간 EPS 성장률	12%
		10년이 지난 후 EPS 성장률	5%
		할인율	10%

연도	EPS($)	적용된 할인율	할인된 가치($)
2000	2.50	1.1	2.27
2001	2.80	$(1.10)^2$	2.31
2002	3.14	$(1.10)^3$	2.36
2003	3.51	$(1.10)^4$	2.40
2004	3.93	$(1.10)^5$	2.44
2005	4.41	$(1.10)^6$	2.49
2006	4.93	$(1.10)^7$	2.53
2007	5.53	$(1.10)^8$	2.58
2008	6.19	$(1.10)^9$	2.63
2009	6.93	$(1.10)^{10}$	2.67
첫 10년간			24.68
+잔여가치($7.76/0.05)/$(1.10)^{10}$			59.92
−주당 부채			6.00
내재가치			53.92

인 예상 성장률을 반영하는 '잔여가치continuing value'를 명시해서 매년의 이익을 할인한다. 따라서 〈표 9-4〉처럼 맥도널드의 이치를 평가한다.

버핏은 이 공식에만 의존하지는 않는다. 대신 주식이 채권보다 더 유리한지 판단하기 위해 기업의 EPS 성장률과 할인율을 사용한다. 버핏은 자신의 비교 지표로서 〈표 9-4〉에 공개된 맥도널드의 2000년도 EPS(2.5달러)를 사용한다. 할인율이 적용된 미래이익을 구하기 위해 버핏은 2.5달러를 국채 수익률인 6퍼센트로 나누어 할인된 가치인 40달러를 얻는다 ($2.50÷0.06\%=\$40$). 이 40달러가 최저 목표 수익률을 올릴 수 있는 매입가다. 맥도널드의 수익이 매년 영속적으로 2.5달러로 고정된다면, 이 기업은 채권보다 뛰어난 투자처가 된다. 그래서 이 기업의 주식이 40달러 이하로 거래되면 채권보다 더 매력적인 수익률을 제공하는 셈이다. 수익률이 국채보다 높기 때문이다(제15장 참조). 맥도널드의 주가가 현재 50달러라면 수익률은 채권의 이표 이자율 6퍼센트보다 낮은 5퍼센트($\$2.5 \div \$50 = 0.05\%$)에 불과하다. 이 경우 버핏은 맥도널드의 주식보다는 차라리 채권을 매입할 것이다.

> 재평가를 할 때, 특히 고속성장 기업의 가치를 평가할 때는 중대한 모순을 안게 될 수도 있다. 즉 신뢰할 수 없는 것들에 의존하게 되는 것이다.

버핏에게 맥도널드의 주식의 적정 매입가인 40달러는 채권과 비교했을 때의 적정 투자가를 뜻한다. 이 금액은 버핏이 관심을 보이지 않을 수준이다. 만약 맥도널드의 EPS가 매년 2.5달러를 유지하지 못할 위험이 있다면, 그는 이표 이자율이 고정된 채권에 투자할 것이다. 맥도널드가 연간 EPS를 증가시킨다면, 주식은 40달러 이상의 가치를 갖게 된다. 미래이익이 증가하면 버핏이 원래 매수한 가격에 비례하여 맥도널드 주식의 연간 이익 수익률이 오른다(제15장에 자세히 설명함). 시간이 감에 따라 그 가치가 더 높아진다. 그러므로 그는 맥도널드의 주식을 사기 위해 프리미엄을 기꺼이 지불할 것이다. 〈표 9-4〉에서는 맥도널드의 이익이 10년 동안 12퍼센트씩 성장할 것이라고 가정했다. 이것을 현재 40달러에 살 수 있다면 수익률이 6퍼센트인 채권과 비교하면 횡재나 다름없다. 채권은 6퍼센트로 고정되어 있는 반면 주식의 수익은 계속 증가하기 때문이다.

재평가를 할 때, 특히 고속성장 기업의 가치를 평가할 때는 중대한 모순을 안게 될 수도 있다. 즉 신뢰할 수 없는 것들에 의존하게 되는 것이다. 현재 시점에서 가치를 산출하기 위해서는 미래를 예측하거나 적어도 기업의 성장 전망에 대해 합리적인 결론을 도출해야 한다. 기업이 3년, 5년 또는 10년 동안 얼마나 많은 수익을 창출할 수 있을지 예측할 수 없다면, 투자자의 분석은 치명적인 결점을 내포하고 있는 것이다. 아마도 미래의 성장률에 대해 과대평가하거나 기업의 가치를 너무 높게 평가하게 될 가능성이 높다. 버핏은 거기에 문제가 있다고 믿었다. 일단 기업에 대한 가치를 높이 평가하고 나면, 그것은 자기 충족적 예언이 됨에 따라 투자자들은 그 회사의 수익이 지속적으로 증가하고 과거의 실적과는 다르게 높은 성장률을 보일 수 있다고 믿게 된다. 따라서 그 종목에 투자하면 당연히 고수익을 올릴 것으로 생각하게 된다.

그러나 미래는 가장 신뢰할 수 없는 가치 결정 요소다. 오라클과 같은 기업의 주식 매수가로 EPS의 100배를 지불하려면 100배의 순이익을 창출할 수 있을지를 입증해야 한다. 오라클의 과거 성장률 하나만으로 그러한 주가를 정당화할 수는 없다. 따라서 투자자들은 오라클의 미래이익은 PER를 100으로 끌어올리기에 충분하다는 것을 보여 주어야 할 과제를 안고 있다. 그렇게 높은 PER는 오라클의 매출과 이익이 향후 10~15년 동안 매년 30~40퍼센트 정도 성장하는 경우에만 정당화될 수 있다. 그렇게 될 확률은 어느 정도일까? 증시 사상 그렇게 오랫동안 그렇게 놀라운 성장률을 기록한 기업은 거의 없다. 또한 이 기업의 미래 전망이 불투명하며 확실하게 예측하기가 거의 불가능하다. 그러므로 투자자들은 불확실성을 가지고 오라클의 미래를 예측할 수밖에 없다.

정말로 1990년대 말 주가가 치솟을 때 애널리스트들은 연구보고서에 기업의 가치평가 내용을 제대로 다루지 않았다. 당시 그들은 존 버 윌리엄스가 주장했고, 요즈음 거의 모든 MBA에서 가르치고 있는 분석 방법으로는 당시의 주가에 대해 설명하기가 힘들었다. 따라서 애널리스트들은 주가가 치솟는 기업들이 시장 점유율을 지속적으로 확대하고 이익 성장률을 가속화할 수 있다고 가정해야 했다. 대부분의 애널리스트들은 자신의 매수 추천 종목을 정당화하기 위해 부적절한 방법을 사용했다. 기업의 분기별 이익이 예상액을 초과했다면 주가가 아무리 높아도 매수할 가치가 있다고 본 것이다. 이와 마찬가지로 경쟁사가 비슷한 가치평가를 받고 있으면 높은 가치평가가 타당하다고 간주했다. 일부 기업들은 단순히 '인수 프리미엄' 때문에 추천되었다. 즉 다른 기업에 의해 인수될 가능성이 있다는 이유로 가치를 인정받았다.

오로지 미래만을 기반으로 기업의 가치를 평가하면 잘못된 결과를 초래할 수 있다. 벤저민 그레이엄은 이렇게 말했다.

> 가치평가를 할 때 기업의 미래에 대한 예측에 더 의존할수록, 그리고 과거의 실적을 무시할수록 심각한 착오나 오류에 빠질 가능성이 더 많다. 고성장주에서 발견되는 가치의 대부분은 성장률 그 자체를 제외하고 과거의 실적과는 상관없는 미래에 대한 전망으로부터 온다. 그러므로 오늘날(그레이엄은 1973년에 이 글을 썼다) 애널리스트들은 수학적이고 과학적인 방법을 모색해서 정확한 판단을 해야 한다.

기업의 내재가치는 역동적이며 경제 여건, 금리, 부채 수준, 시장 변화 등에 따라 지속적으로 변동한다. 내재가치는 매일매일 변하지만 기업의 주가의 변동과 반드시 일치하는 것은 아니다. 기업의 내재가치가 60달러에서 65달러까지밖에 조정되지 않더라도 주가는 3개월 내에 50달러에서

100달러로 상승할 수 있다. 또한 내재가치가 5달러에서 6달러로 증가하는 동시에 주가가 20달러에서 5달러로 폭락할 수 있다. 궁극적으로 가격과 가치는 함께 움직여야 한다. 기업의 주가와 내재가치 사이의 불균형이 무한정 지속될 수는 없다. 내재가치가 65달러에 불과한 데 시장에서 주식이 100달러에 거래되면 내재가치가 오르거나 주식이 65달러 또는 그 이하로 하락해야 한다.

기업의 내재가치를 정확히 꼭 집어내기는 어렵다. 모든 자산은 정밀한 분석을 거쳐야만 진정한 가치를 발견할 수 있다. 숨어 있는 가치를 결국 찾지 못할 수도 있다. 내재가치를 발견하는 것은 쉬운 일이 아니며 매우 주관적이다. 쉽다면, 예를 들어 월스트리트의 모든 애널리스트들이 AOL의 주가에 대해 모두 같은 의견을 가지고 있어야 할 것이다. 그러나 그런 일은 결코 일어나지 않는다.

벤저민 그레이엄은 '안전마진margin of safety'을 주장함으로써 이 딜레마를 회피했다. 웰스파고 은행의 적정주가가 80달러인지 100달러인지 결정할 수 없다면, 매수를 하기 전에 여유를 갖고 80달러보다 가격이 훨씬 더 하락할 때까지 기다려 보라. 이것이 가장 안전한 방법이다.

제10장

주가는 신경 쓰지 말고
장부가치를 믿어라

장부가치를 증가시키는 방법
순이익보다 장부가치가 더 정확하다
회계처리로 주주를 속이는 기업들

> 버핏은 버크셔 해더웨이의 CEO로서 장부가치 증가야말로 시대를 뛰어넘어 주주들에 해줄 수 있는 가장 큰 보상이라고 생각해 왔다. 주당 장부가치를 빠른 속도로 그리고 지속적으로 증가시킬 수 있는 기업은 순이익도 빠르게 늘릴 수 있다. 그러므로 장기간에 걸친 장부가치의 증가는 비례적으로 내재가치와 주가에도 영향을 준다.

워렌 버핏이 버크셔 해더웨이의 주주들에게 보내는 연례보고서를 살펴보면, 한 기업의 CEO이자 70대의 투자자인 그가 진정으로 중요하게 생각하는 것이 무엇인지를 알 수 있다. 예를 들어 그는 한 연례보고서에서 대차대조표상의 성장률을 척도로 삼아 회계 연도의 실적을 다음과 같이 열거했다.

> 1998년 한 해 동안 우리 회사의 순자산은 259억 달러 증가했다. 우리 회사의 A급 주식과 B급 주식 모두 장부가치가 48.3퍼센트 상승했기 때문이다. 34년 전 현재의 경영진이 인수한 이래로 장부가치가 19달러에서 3만 7,801달러로 뛰어올랐다. 복리로 계산하면 매년 24.7퍼센트 상승한 것이다.

많은 CEO들은 자사의 순이익이나 매출이 업계 평균보다 더 늘어난 것을 칭찬하면서 연례보고서를 시작한다. 또는 대규모 합병을 완수하거나 회사의 재무구조를 개선하기 위한 조치를 취한 것에 대해 자랑한다. 전년도에 주가가 폭등한 데 대한 공로를 자화자찬하는 CEO도 있다. 일부 CEO들은 해외의 경기침체나 금리인상으로 이윤폭과 순이익이 줄어들었다고 불평한다. 이들과 달리 워렌 버핏과 일부 CEO들은 대차대조표의 내용을 인용해서 연례보고서를 써 내려 간다.

버핏은 버크셔 해더웨이의 CEO로서 장부가치 증가야말로 시대를 뛰어넘어 주주들에게 해줄 수 있는 가장 큰 보상이라고 생각해 왔다. 주당 장부가치를 빠른 속도로 그리고 지속적으로 증가시킬 수 있는 기업은 순이익도 빠르게 늘릴 수 있다. 그러므로 장기간에 걸친 장부가치의 증가는 비례적으로 내재가치와 주가에도 영향을 준다. 1966년 그는 주주들에게 다음과 같은 글을 보냈다. "특정 기간의 장부가치의 변화율은 내재가치의 변화율과 거의 비슷해야 하는 게 정상이다."

실제로 장기간에 걸쳐 장부가치의 증가와 주가의 상승 사이에는 밀접한 상관관계가 있다. US 철강U.S. Steel 또는 GM과 같은 기업의 주당 장부가치는 지난 35년간 거의 변화를 보이지 않았다. 이것은 이 기업들의 주가가 오랫동안 제자리걸음인 주요 이유이기도 하다. GM의 주식은 1965년의 최고점에서 1999년까지 불과 20달러밖에 오르지 않았다. 심지어 USX(US 철강의 지주회사)의 주식은 1950년대보다 낮은 가격에 거래되고 있다.

이와는 대조적으로 시스코 시스템스의 장부가치는 1990년대에 연평균 91퍼센트 가까이 증가했다. 우연은 아니겠지만 이 회사의 주가도 같은 기간에 92퍼센트 상승했다. 오라클의 주가와 장부가치는 1990년대에 각각 33퍼센트와 31퍼센트 가까이 올랐다. 클리어채널 커뮤니케이션스Clear

주가는 신경 쓰지 말고 장부가치를 믿어라

> 경영진이 주주를 대신해서 이익을 재투자하기 위한 성공적인 조치를 취했다면, 이들에게는 주가의 상승이라는 보상이 돌아가게 마련이다.

Channel Communications, 어댑텍Adaptec, 컴팩Compaq, 컨트리와이드 크레디트Countrywide Credit, 나이키Nike, 패니 매Fannie Mae, 노벨Novell 등과 같은 기업들의 장부가치와 주가도 1990년대에 거의 동등한 증가세를 보였다. 선 마이크로시스템스Sun Microsystems, 솔렉트론Solectron, 마이크로소프트, 인텔, 암젠Amgen, 할리 데이비슨Harley-Davidson, 메드트로닉Medtronic, 델 컴퓨터, EMC 등과 같은 많은 고성장 기업들은 장부가치 증가를 훨씬 뛰어넘는 높은 주가 상승률을 보였다(〈그림 10-1〉 참조).

이러한 상관관계를 처음 발견한 사람은 에드거 스미스Edgar Smith였다. 1924년 출간된 그의 저서 《장기투자 대상으로서의 주식Common Stocks as Long-Term Investments》은 버핏을 포함하여 많은 저명한 투자자들이 즐겨 읽던 책이다. 스미스는 자사의 주가를 올리고 싶은 경영자들에게 기업의 가치를 높이는 것보다 더 좋은 방법은 없다고 기술했다. 이익잉여금retained earning과 장부가치를 지속적으로 증가시키다 보면 이 목적을 달성할 수 있다는 것이다. 경영진이 주주를 대신해서 이익을 재투자하기 위한 성공적인 조치를 취했다면, 이들에게는 주가의 상승이라는 보상이 돌아가게 마련이다.

버핏은 이익잉여금이 많을수록 기업의 가치가 증가한다는 스미스의 분석을 그대로 적용해서 투자대상 기업을 평가했다. 연례보고서에서 쓴 바와 같이 그는 경영진이 기업의 내재가치를 성공적으로 증가시켰는지에 대해 평가하는 척도로 장부가치의 증가를 들고 있다. 또한 경영자의 능력을 평가할 때 단기적 주가 동향은 크게 참고하지 않는다. 이론적으로 시장은 매일 변동하는데, 경영진이 이를 통제하기란 거의 불가능하다고 보기

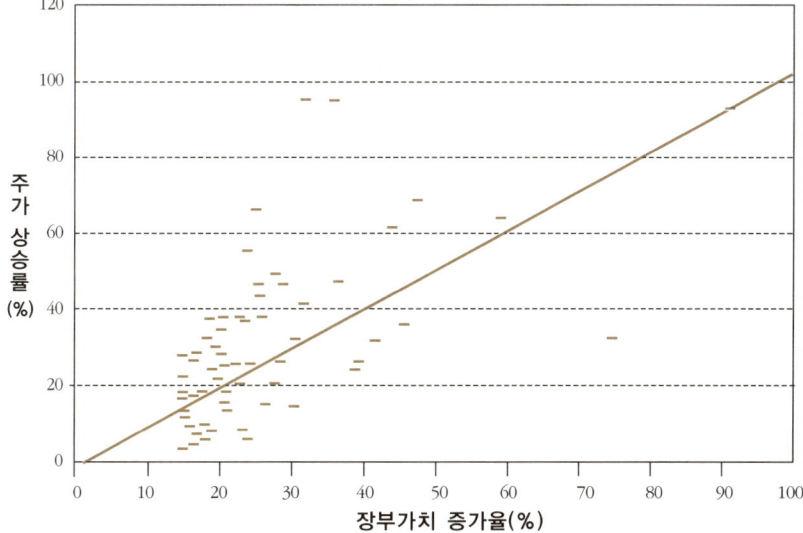

그림 10-1 1990년대 고성장 S&P 500대 기업들의 장부가치 변화

때문이다. 모멘텀을 좇는 투자자들은 특정 종목에 열광하게 되고 이로 인해 그런 종목의 주가는 단기간에 두 배로 치솟을 수도 있다. 기업이 발표한 실적과는 무관하게 1998~1999년에 자주 발생했던 현상이다. 이와는 반대로 같은 종목의 투자자들이 주식을 저가에 대량으로 처분할 경우, 기록적인 실적을 올린 기업이라 해도 단기간에 주가가 30퍼센트 하락할 수도 있다. 어떠한 상황에서든 경영자에게 이에 대한 책임을 물어서는 안 된다. 경영진은 엉뚱한 주가 반등으로 공적을 인정받아서도 안 되고, 엉뚱한 주가 하락으로 비난받을 필요도 없다.

투자자들이 당황해서 투매를 하거나 무조건적으로 매집하는 것을 자제하고 합리적으로 행동한다면, 주가의 움직임은 장부가치 및 내재가치의 증감과 거의 비슷해야 하는 게 정상이다. 지금까지 버크셔 해더웨이의 주식은 미국 내 상장기업들의 99퍼센트에 비하면 회사의 내재가치에 매우 가까운 가격으로 거래되었다. 버핏은 주식분할을 하지 않고, 투자자들이 회사의 가치를 제대로 평가할 수 있도록 충분한 정보를 담은 연례보고서를 발행함으로써, 버크셔 해더웨이의 주식이 투기의 대상이 되지 않게 하려고 노력했다. 또한 그는 월스트리트에서 분기별 순이익을 발표하는 것을 그다지 달가워하지 않는다. 해더웨이는 연중에는 순이익에 관해 언급하지도 않으며, 애널리스트들에게 투자 정보도 주지 않는다. 그는 이렇게 말했다. "그런 행동은 단기매매를 조장하게 된다. 주주가 우리를 선택할 뿐이다. 우리는 어느 누구에게도 버크셔 해더웨이의 주식을 사거나 팔라고 강요하지 않는다."

경영진이 협력하지 않아 애널리스트들은 버크셔 해더웨이의 순이익에 대한 예측을 쏟아 내려 애쓰지 않는다. 따라서 버크셔 해더웨이는 모멘텀을 바라고 단타매매를 하는 기관투자자들로부터 자유로워질 수 있다. 버크셔 해더웨이의 주식은 투기성 랠리나 패닉 상태에 빠져 헐값에 처분되는 경우가 거의 없다. 버핏이 원하는 바이기도 하다. 1988년 그는 주주들에게 말했다. "우리는 버크셔 해더웨이의 주식이 최고가에 거래되기를 원하지 않는다. 대신에 우리 회사의 주식이 내재가치와 비슷한 가격에 거래되기를 원한다. 찰리와 나는 우리 회사의 주식이 과소평가되는 것만큼이나 과대평가되는 것에 대해서도 우려한다. 양쪽의 이런 극단적인 상태는 많은 주주들에게 버크셔 해더웨이의 실제 사업 결과와는 완전히 다른 판단을 하도록 하기 때문이다."

버핏은 주당 장부가치의 증감을 살펴보면 기업들이 상대적으로 어느 정도의 실적을 올렸는지 쉽게 파악할 수 있다고 믿는다. CEO로서 그는 보통 자신의 연간 실적을 평가할 때, 그해 동안 버크셔 해더웨이 주식의 장부가치를 S&P 500종목의 수익(〈표 10-1〉 참조)과 비교한다. 버크셔 해더웨이의 장부가치가 S&P 500종목의 수익보다 더 빠르게 증가했다면, 버핏은 주주들에게 가치를 전달하는 데 있어 그 기업들보다 성공한 셈이다. 장부가치는 주가처럼 빠르게 변동하는 것이 아니라, 실체에 근거한 산물이기 때문에 실적 평가를 위한 지표로서 더 유용하다. 주가는 사소한 이유로도 한 달에 30퍼센트 하락할 수도 있다. 그러나 장부가치는 기업에서 구조조정을 하기 위해 극적인 조치를 취하거나 큰 회계적 손실이 발생하지 않는 한 그렇게 되지 않는다.

> 주가는 사소한 이유로도 한 달에 30퍼센트 하락할 수도 있다. 그러나 장부가치는 기업에서 구조조정을 하기 위해 극적인 조치를 취하거나 큰 회계적 손실이 발생하지 않는 한 그렇게 되지 않는다.

〈그림 10-1〉의 분산도 scattergram 는 주가와 장부가치 사이의 상관관계를 보여 주기 위해 1990년대에 고성장한 S&P 500대 기업들의 주가 상승률과 장부가치 증가율을 비교했다. 추세선에 걸쳐 있는 기업들의 장부가치와 주가는 같은 비율로 상승했다. 그러나 추세선 위에 있는 기업들의 주가는 장부가치보다 빠르게 상승했고, 추세선 아래에 있는 기업들의 주가는 장부가치보다 느리게 상승했다. 차트에 흩어져 있는 각 점은 S&P 500대 기업들 중에서도 급성장 중인 기업을 나타내고 있다. 1990년대 이 기업들의 장부가치 증가율은 15퍼센트를 상회했다.

전반적으로 점들은 추세선을 중심으로 흩어져 있다. 이는 두 변수 사이에 다소 밀접한 상관관계가 있음을 나타낸다. 예를 들어 장부가치가 연간 20퍼센트 증가한 기업들의 주가 역시 연간 20퍼센트 정도 상승했다는 뜻

표 10-1 1989~1999년의 대표적인 S&P 500종목의 장부가치 증가율

(단위 : %)

	10년간의 증가율	1998~1999	1997~1998	1996~1997	1995~1996	1994~1995	1993~1994	1992~1993	1991~1992	1990~1991	1989~1990
시스코 시스템스	90.8	57.0	60.0	47.2	71.5	53.9	71.4	88.0	82.9	72.9	543.0
유나이티드 헬스케어	74.3	-7.5	14.7	13.7	12.5	159.9	31.4	87.0	118.3	77.8	669.6
클리아 채널 커뮤니케이션스	59.0	91.2	166.7	181.8	24.9	30.8	176.3	21.1	613.5	15.6	-84.1
솔레트론	47.5	105.0	25.1	20.3	22.9	35.05	24.7	103.2	69.5	25.7	75.9
케이블트론 시스템스	45.5	-7.7	-0.9	28.5	31.0	38.5	45.2	40.9	44.1	96.8	244.0
마이크로소프트	43.7	69.7	55.7	28.8	29.5	27.4	33.2	42.7	55.9	43.9	57.0
BMC 소프트웨어	41.6	53.3	35.0	42.0	26.6	24.7	14.2	55.0	55.9	39.7	81.1
콘세코	39.3	-0.2	20.1	64.8	96.8	-38.5	54.6	41.3	164.9	35.7	80.5
컴캐스트	38.6	186.6	186.3	75.2	-155.8	6.6	-0.2	339.9	-986.8	-178.6	-112.9
컴버스 테크놀로지	36.5	-0.2	21.1	50.4	10.6	12.9	134.1	71.1	25.3	9.6	124.3
델 컴퓨터	36.0	81.8	28.1	21.2	56.4	45.7	-9.4	30.8	98.4	36.4	5.2
EMC	32.1	38.0	39.2	38.5	35.8	63.3	118.6	28.0	12.2	8.2	-15.5
홀리포	31.7	22.2	17.3	18.5	37.7	21.3	20.6	29.7	107.6	30.2	31.2
오피스 데포	30.6	-2.2	14.2	14.2	34.5	21.9	37.8	19.9	48.7	9.2	157.4
오라클	30.6	27.4	25.4	27.5	48.3	67.3	39.3	19.4	23.0	-14.4	62.7
암젠	28.9	21.5	6.2	23.9	30.7	10.3	27.5	70.1	28.2	74.8	13.2
어메텍	28.2	-5.6	28.6	27.8	34.3	26.4	28.2	57.5	16.5	15.0	68.3
어플라이드 머티리얼스	27.7	33.6	5.9	21.8	32.2	73.2	54.2	22.9	25.7	690.0	15.0
프랭클린 리소시스	27.7	16.8	23.2	26.5	21.6	25.7	30.0	46.5	28.6	26.4	33.3
비아컴	26.4	-5.9	6.3	11.9	-0.2	288.5	21.0	8.0	69.6	-0.2	0.4
스테이플스	25.8	40.5	22.6	21.6	41.7	14.8	11.7	31.0	71.8	830.0	7.2
인텔	25.7	8.5	25.5	41.2	31.8	25.1	37.9	20.1	20.4	30.2	19.9
버크셔 해더웨이	29.0	48.3	34.1	31.8	43.1	13.9	14.3	20.3	39.6	7.4	44.4

워렌 버핏의 가치투자 전략

이다. 델 컴퓨터, EMC, 마이크로소프트, 솔렉트론(차트상에 가장 높은 점들 중의 네 곳) 등과 같은 몇몇 기업들은 장부가치 증가율을 뛰어넘는 주가 상승률을 보였다. 이것은 기업의 내재가치를 증가시키려는 경영자의 노력에 주주들이 기꺼이 웃돈을 지불했다는 것을 의미한다. 추세선 위의 기업들은 1990년대 PER의 증가에 따라 보상을 받았다. 즉 투자자들은 주주자본이 1달러 증가할 때마다 1달러 이상을 지불할 용의가 있었던 것이다. 그들이 그렇게 한 이유는 1990년대에 이 기업들의 ROE(자기자본 이익률)가 1920년대 후반 이후 경험하지 못했던 수준으로 증가했기 때문이다. 매출액의 증가, 저비용 구조, 자산매각, 구조조정, 주식환매buy-back 등이 ROE의 급등을 가속화했다. 그 결과 주주들은 주주자본 1달러에 대해 전보다 더 많은 돈을 기꺼이 지불했다.

버크셔 해더웨이의 주식이 줄곧 회사의 실질가치와 유사하게 변동해 왔을지라도 과대평가되거나 과소평가된 적이 없었던 것은 아니다. 버핏이 이 회사를 인수했을 때 주당 장부가치는 19달러 선이었다. 버핏이 생각하는 회사의 실질가치보다 더 큰 금액이었다. 오늘날 버핏은 버크셔 해더웨이의 핵심 자회사인 보험회사의 위력과 견실한 대차대조표 덕분에 주당 장부가치가 3만 7,987달러를 웃돌 것으로 평가하고 있다.

장부가치를 증가시키는 방법

버핏이 장부가치를 바라보는 견해는 분명히 그를 20세기 최고의 CEO 자리에 올려놓았다. 그가 1965년 버크셔 해더웨이를 인수한 이후 회사의 장

> 버크셔 해더웨이는 성장 가능성이 있는 기업들의 주식을 주의 깊게 선정하여 적정가에 매수함으로써 회사의 내재가치와 주가가 급등할 수 있는 여건을 만들어 온 것이다.

부가치는 19달러에서 3만 7,987달러로 급증했다. 복리로 계산해 보면 연평균 24퍼센트 이상 증가한 것이다. 같은 기간 동안 어떠한 상장회사도 그러한 성장률을 구가하지 못했다. 버핏은 어떤 방법으로 이를 가능하게 했을까? 그는 이러한 성과의 상당 부분은 버크셔 해더웨이가 보유 중인 주식들의 가치가 상승했기 때문이라고 말한다. 이 주식들은 현재의 시장가치에 따라 대차대조표상에 기록된다. 버크셔 해더웨이는 성장 가능성이 있는 기업들의 주식을 주의 깊게 선정하여 적정가에 매수함으로써 회사의 내재가치와 주가가 급등할 수 있는 여건을 만들어 온 것이다.

회사에서 보유하고 있는 코카콜라 주식이 5억 달러 오르면 버크셔 해더웨이의 장부가치도 5억 달러 증가한다. 최근에는 코카콜라의 EPS가 2.5달러만 늘어도 장부가치가 5억 달러 증가한다. 그 반대의 경우에는 5억 달러 손실을 본다. 질레트의 주가가 1달러 상승하면, 버크셔 해더웨이의 장부가치는 9,600만 달러가 증가한다(버크셔 해더웨이는 질레트의 주식을 9,600만 주 보유하고 있다). 1980년대에 매수한 코카콜라 역시 이후 주가가 계속 올라 버크셔 해더웨이의 장부가치가 103억 달러 증가했다. 코카콜라의 A급 주식의 주가가 거의 주당 6,800달러에 육박하게 된 것이다. 또한 워싱턴 포스트의 주식을 보유함으로써 그는 회사의 장부가치를 9억 달러 이상 증가시켰다. 이 주식은 주가가 거의 600달러에 이른다. 가이코의 주가가 20년간 계속 오르다 보니, 버크셔 해더웨이의 장부가치도 24억 달러 증가했다. 버크셔 해더웨이가 1996년에 가이코를 인수했기 때문에 장부가치는 앞으로 더 늘어날 것으로 기대된다.

버크셔 해더웨이와 같은 아주 극소수의 투자기업만이 대차대조표를 주식으로 채워서 관리할 수 있도록 법적으로 허용받았다. 따라서 이런 기업들도 이익을 늘리고, ROA(returns on assets, 총자산 이익률)을 높이며, 고수익을 창출하며, 경제적으로 가치를 증가시키는 데 도움이 되는 기업들을 신중하게 인수하는 것과 같은 전형적인 기업 활동으로 장부가치를 증가시킬 수 있다. 이러한 이유로 장부가치가 합법적으로 증가하면, 경영진은 내재가치를 증가시키고 주가를 상승시키는 데 일조하게 될 것이다. 그러나 장부가치 증가의 원인이 순이익 증가에 있지 않다면, 무언가가 잘못된 것이다. 이처럼 순이익과 내재가치가 증가하지 않았는데도 장부가치만 증가하는 경우가 있다. 따라서 기업의 성장 내용을 검토할 때 다음 사실을 염두에 두어야 한다.

첫째, 기업은 단순히 발행주식 수를 늘림으로써 장부가치를 증가시킬 수 있다. 인터넷 기업들은 지난 수년 동안 파산을 피하기 위해 수천만 주를 신주발행한 것으로 악명이 높다. 주식 공모를 통해 끌어들인 자금은 부채를 갚고 시장을 확장하는 데 사용되었다. 이러한 자금 조달 방식으로 많은 자금이 대차대조표에 유입되었고, 이 기업들은 엄청난 순자산을 보유하고 있는 것으로 비쳐졌다. 실제로는 많은 기업들이 여전히 적자에 허덕이고 있다. 그들의 비즈니스 모델 자체가 수익성이 떨어지기 때문이다.

둘째, 다른 기업을 인수함으로써 지속적으로 장부가치가 증가한 것으로 조작할 수 있다. 피터 드러커Peter Drucker는 이렇게 말했다. "뒷거래는 낭만적이고 섹시한 행위다. 그것이 논리에 맞지 않는 거래를 하게 되는 이유다." 다른 기업을 인수하자마자 장부가치를 불리는 것이 가능하지만, 이것은 기업의 수익 구조를 약화시키며 내재가치 증가를 저해할 가능성이 있다. 보통 이것은 기업 인수에 지나치게 많은 돈을 지불하고 거래에 소비된 1달러에 대해 1달러의 가치를 얻지 못하는 데서 오는 결과다. 불행하게도 이렇게 부적절한 거래로 인한 결과가 수년 동안 명백하게 밝혀지지 않고 그냥 지나가는 경우가 있다. 특히 자산상각asset write-downs이 이루어지거나 기껏 인수한 기업을 손해를 보면서 매각해야 하는 경우가 문제다. 매수 기업의 주식이 장부가치에 큰 프리미엄이 덧붙여진 값에 팔릴 때 (1999~2000년의 대부분의 기업들처럼), 인수 자금을 마련하기 위해 주식을 신규발행하다 보면 장부가치가 늘어날 수 있다. 처음부터 실질적인 내재가치가 증가하지는 않을지라도 장부가치는 증가한다.

마지막으로 단순히 기업의 이익금이 이자를 불리며 은행에 예치되어 있어도 장부가치가 증가한다. 기업이 연간 이익금을 이자율 5퍼센트의 저축성 예금 계좌에 예치하면, 다른 요인들이 일정하다고 가정할 때 그 기업의 장부가치는 매년 지속적으로 증가할 것이다. 그렇다면 이런 방법이 실제로 기업의 내재가치를 향상시키는 데 도움이 될까? 이자수익은 복리로 인해 매년 큰 폭으로 증가할 것이 확실하며, 장부가치도 매년 (점점 감소하는 비율로) 증가할 것이다. 그러나 ROE는 5퍼센트에 다다를 때까지 서서히 하락하고, 내재가치의 증가율도 감소할 것이다.

순이익보다 장부가치가 더 정확하다

버핏이 순이익이나 주가보다 장부가치를 기업 실적의 척도로 더 선호하는 이유는 무엇일까? 그는 우선 주가가 매우 변덕스럽다는 것을 알기 때문에 주가의 움직임에 의존하지 않는다. 그는 늘 투자자들에게 1년 동안의 주가 상승분으로 CEO의 성과를 측정하는 것은 바람직하지 않다고 말해 왔다. 장기간에 걸쳐 주가는 기업의 이익과 보조를 맞추며 움직일 것이 분명하다. 그러나 단기적으로는 이 둘 사이에 상관관계가 없을 수도 있다.

> 구조조정, 자산매각이나 상각, 해고, 고정자산 평가감 등의 방법을 통해 합법적으로 장부를 조작함으로써, 실제로는 손실을 보고 있을 때조차도 회사가 잘 돌아가고 있다는 인상을 주는 기업들이 있다.

버핏은 이처럼 기업의 순이익이 가변적이라고 생각하기 때문에 장부가치를 더 선호한다. 이를테면 CEO는 수년간의 결산 내역을 부풀리기 위해 수십 가지 방법으로 순이익을 조작할 수 있다. 구조조정, 자산매각이나 상각, 해고, 고정자산 평가감 등의 방법을 통해 합법적으로 장부를 조작함으로써, 실제로는 손실을 보고 있을 때조차도 회사가 잘 돌아가고 있다는 인상을 주는 기업들이 있다. AT&T, 벨사우스 BellSouth, 벨 애틀랜틱Bell Atlantic, SBC 커뮤니케이션스SBC Communications 등과 같은 거대 통신기업들을 예로 들어 보자. 서류상으로 이 기업들은 1990년대에 거의 매년마다 높은 순이익을 올린 것으로 알려졌다. 이 기업들의 순이익만 보고서 투자를 결정한 사람들에게는 일단 꾸준한 주가 상승이라는 보상이 돌아갔다. 예를 들어 세 베이비 벨Baby Bell(AT&T에서 기업분할한 벨사우스BellSouth, 벨 애틀랜틱Bell Atlantic, SBC 커뮤니케이션스를 말한다-역자주)의 주가는 1986년부터 1999년까지 네 배나 상승했다.

그러나 이러한 순이익은 잦은 자산상각, 구조조정, 해고 등을 통해 얻은 것이었기 때문에 대부분의 경우 별 의미가 없었다. AT&T 또는 벨사우스가 비용 절감을 위해 10억 달러를 상각할 때마다 주주자본이 같은 금액만큼 줄었다. AT&T는 1980년대와 1990년대 초기에 감가상각을 많이 했는데, 보고에 따르면 그 총계가 순이익을 초과할 정도였다. 바꾸어 말하면 경영진이 실질적인 가치를 창출하지 못했던 것이다.

만약 당신이 이 기업들의 유일한 소유자라면, 버핏이 지적하듯이 이익을 자기 주머니로 챙길 것이 아니라, 사업을 지속하기 위해 매년 그 돈을 재투자해야 할 것이다. 언젠가 버핏은 우려하며 말했다. "만약 여러분이 10년 동안 자본집약적인 사업체의 100퍼센트를 소유한다면, 회계 기준에 따라 완전히 여러분에게 귀속될 이익잉여금의 경제적 가치가 '0'이 될 수도 있을 것이다."

〈표 10-2〉는 베이비 벨이 이런 면에서 어떤 식으로 힘을 써왔고, 13년에 걸쳐 세 회사의 순이익과 장부가치가 어떻게 변동해 왔는지를 알려 준다.

표 10-2 세 베이비 벨의 실질적인 장부가치 변화

(단위 : 달러)

연 도	벨 애틀랜틱		벨사우스		SBC 커뮤니케이션스	
	장부가치	EPS	장부가치	EPS	장부가치	EPS
1986	10.45	1.46	5.90	0.85	6.52	0.86
1987	11.03	1.56	6.22	0.87	6.82	0.87
1988	11.64	1.66	6.38	0.88	7.08	0.88
1989	10.89	1.67	6.80	0.87	6.96	0.91
1990	11.36	1.69	6.63	0.85	7.15	0.92
1991	9.89	1.71	6.75	0.78	7.38	0.96
1992	9.00	1.62	6.99	0.85	7.76	1.09
1993	9.43	1.70	6.80	0.90	6.34	1.20
1994	6.97	1.77	7.24	1.05	6.86	1.37
1995	7.63	1.94	5.95	1.12	5.13	1.55
1996	8.48	1.98	6.68	1.27	5.70	1.73
1997	8.24	2.48	7.64	1.41	5.38	1.84
1998	8.39	2.72	8.26	1.65	6.52	2.08
1999	9.80	3.00	7.60	2.00	8.10	2.15
증가율(%)	-0.5	5.7	2.0	6.8	1.7	7.3

* 출처: 〈밸류라인 인베스트먼트 서베이*ValueLine Investment Survey*〉

이 기업들은 주주들을 위하여 내재가치를 증가시켜야 함에도 이를 위해 한 일이 거의 없다. 벨 애틀랜틱의 회계상 순이익은 연평균 5.7퍼센트 증가했지만 실질적으로 주당 장부가치는 하락했다. 벨사우스의 장부가치는 연 2퍼센트 증가했고, SBC 커뮤니케이션스의 장부가치는 연 1.7퍼센트 증가했다. 그럼에도 불구하고 그들의 주가는 급등했다.

따라서 버핏의 관점으로 어떤 기업이 소유할 가치가 있는지를 평가하려면, 장부가치의 변화를 파악하는 것이 더 낫다. 예를 들어 통신회사들은 회계처리를 통해 자산가치를 급격히 줄였기 때문에 장부가치를 증가시킬 수 없었다. 수십억 달러짜리 장비들이 빠른 속도로 마모되고 기술도 낙후되어 갔다. 역사적으로 볼 때 통신회사들은 순이익의 대부분을 성장을 촉진하기 위해 재투자하는 것보다는 스위치, 네트워크, 기타 인프라 등을 교체하는 데 소비해 왔다. 기존 기술을 대체하는 신기술을 들여와야 하고, 그 과정에서 일부 직원들을 내보내야 한다. 따라서 대다수의 통신회사들은 때때로 보유 장비와 설비에 대해 감가상각을 실시하고 대량 해고를 발표한다. 그들은 주주의 돈으로 구매한 장비가 그 가치를 잃어 가고 있다는 것을 어느 순간엔가 스스로 인정할 수밖에 없다. 따라서 놀라운 일은 아니지만 버핏은 통신회사의 주식을 선호하지 않는다.

회계처리로 주주를 속이는 기업들

버핏은 기업들이 회계처리를 통해 일거에 문제점들을 덮어 버리고, 오랫동안 문젯거리가 되는 부실경영의 증거를 인멸할 수도 있다고 보았다. 그

> 버핏은 기업들이 회계처리를 통해 일거에 문제점들을 덮어 버리고, 오랫동안 문젯거리가 되는 부실경영의 증거를 인멸할 수도 있다고 보았다.

래서 그는 회계처리의 악용에 대해 비판한다. 1998년 주주에게 보내는 연례보고서에서 그는 회계처리와 자산상각이 늘어나는 것은 불명예스러운 일이라고 평하고, 실적을 왜곡하고 주가를 끌어올리기 위해 회계 규정을 악용하는 CEO들을 비난했다.

수많은 고위 경영진들이 월스트리트의 욕망을 충족시키기 위해 회사의 순이익을 조작하는 행위를 자행하고 있다. 실제로 상당수의 CEO들이 이러한 회계 조작이 필요하다고 인정할 뿐만 아니라, 그것이 자신의 의무라고 생각한다. 이런 경영자들은 공통적으로 자신들의 임무가 주가를 가능한 한 높이 끌어올리는 것(우리가 단호하게 반대하는 관점)이라는 가정에서 이런 일을 시작한다. 그들은 일단 주가를 올리기 위해 경영상의 수완을 발휘한다. 그러나 이러한 노력으로 바라던 결과가 도출되지 않으면, 요구되는 수준으로 순이익을 조작하거나 회계상의 술책을 고안해서 향후를 대비한다.

예를 들어 보잉Boeing 사가 다음 몇 분기에 걸쳐 비용 절감을 한다는 것을 숨기고서 분기당 10억 달러를 책정하기로 했다. 다음 여러 분기 동안 보잉은 마치 실제로 10억 달러의 비용이 들어간 것처럼 만들고서 '준비금'을 비축해 둔다. 이런 메커니즘으로 보잉은 총비용 중 일부를 손익계산서에 명시하지 않는다. 따라서 단위당 이익이 늘어나는 결과가 온다.

버핏은 연례보고서에서 이것은 실제로는 90타를 치고도 일부러 140타로 기록한 후에 '배드 스윙bad swing'을 해 다음 라운드 들어서 50타를 빼기 위해 비축을 하는 골퍼와 같다고 말했다. 이 골퍼의 실제 스코어는 90,

115, 72, 80, 77, 106으로 아주 형편없는 것으로 밝혀질 수 있지만, 그는 이 스코어 대신에 140, 80, 80, 80, 80, 80을 친 것으로 만든다. 경기위원은 여기에서 스코어 140을 무시한다. 다른 기록을 보았을 때 실제로 칠 수 없는 스코어로 판단되기 때문이다. 따라서 전체적으로 낮은 스코어를 기록하고 일관성을 보인 이 선수에게 트로피가 수여된다.

사실상 빅 배스big bath(기업이 내부적으로 파악한 회계이익이 일정한 수준보다 높은 경우 비용을 과다계상해서 이익을 감소시키는 방향으로 조정하는 행위-역자주) 형태로 회계처리를 하는 기업도 이와 같은 일을 벌이고 있는 셈이다. 위의 예에서 보잉은 그해에 이 모든 비용을 일괄 처리함으로써 다음 해에 세전이익을 10억 달러까지 인위적으로 부풀릴 수 있다. 월스트리트는 비용을 절감한 보잉에 찬사를 보내고, 장부가치가 파괴된 것을 무시하며, 실제가치보다 더 높은 주가로 보잉의 장래 실적에 대해 보상해 준다. 물론 그 뒤에 발생하는 순이익의 어느 것도 실질적인 것이 아니다. 보잉의 빅 배스가 일어난 분기는 실제만큼 실적이 초라해 보이지 않고, 뒤따르는 분기들은 회계 조작에 의해 희석된다. '배드 스윙'은 곧바로 채점표에서 삭제된 것이다.

모토롤라Motorola, 보잉, 나이키, 몇몇 대형은행 등을 포함한 수십 개의 기업들은 이전 분기에 수십억 달러의 비용을 계상함으로써 1999년도 순이익의 상당 부분을 조작했다. S&P 500대 기업들도 1998년 발표된 순이익의 20~25퍼센트 정도의 금액을 비경상nonrecurring비용으로 처리했다. 이는 1991년과 1992년 많은 대기업들이 퇴직금과 같은 미래비용을 상각한 이래 가장 규모가 큰 회계 조작이다. 그래서 이 기업들이 발표한 EPS의 1달러당 25센트 이상이 잠식되었다. 이와는 대조적으로 순이익을 1990

년대 대부분의 기간 동안 발표된 순이익의 10퍼센트도 채 되지 않게 계상한 사례가 있다.

1998년 모토롤라는 거의 20억 달러를 회계 조작하여 수십 년 동안 주주들을 위해 쌓아올린 장부가치의 13퍼센트를 삭감했다. 월스트리트는 그 후 15개월간에 걸쳐 모토롤라 주가를 200퍼센트 끌어올림으로써 그 조치를 보상했다. 버핏은 이렇게 말한다. "불행하게도 현실 세계에서 이러한 비정상적인 책략을 쓰는 CEO들은 이러한 게임에 쉽게 중독된다. 결국 이들에게는 땀 흘리며 고된 연습을 하는 것보다 채점표를 조작하는 것이 더 쉬운 법이다."

그럼에도 불구하고 이러한 '배드 스윙'이 사라지지는 않을 것 같다. 기업 구조조정 시기가 왔을 때에야 경영진은 기업의 자산을 잘못 운영하고 비용 구조를 부풀려 어느 것에서도 이익을 낼 수 없게 되었다는 것을 대부분 인정한다. 투자자는 회계처리에 대해 철저히 조사해야 한다는 말밖에 할 수 없다. 거의 모든 주요 업종의 기업들이 1년에 적어도 한 번 그런 식으로 처리하는 게 기정사실이라면 그들의 이익을 정확히 판단하는 것은 사실상 불가능하다. 분기별 실적 보고서의 40퍼센트 이상이 조작되고, 전기의 회계처리와 합병(또 다른 의심스러운 회계처리 출처) 또는 자산매각 때문에 그러한 보고서를 액면 그대로 받아들일 수 없는 실정이다.

과거 수년 동안 투자자들이 이런 비용을 용인한 것을 고려해 볼 때, 이러한 관행이 하루 빨리 시정되어야 할 것이다. 시장전략가들은 기업의 이익이 지속적으로 증가할 수 있다는 가정하에 오늘의 주가를 확고히 방어해야 한다. 그러나 이익이 가장된 것이라면 이것이 결과적으로 표면화될 것이고 주가의 폭락을 야기할 것이다. 버핏은 이 점에 대해서 다음과 같이 밝혔다. "버크셔 해더웨이는 이러한 관행과는 전혀 무관하다. 우리가 여러분을 실망시키는 경우가 있더라도, 그것은 우리들의 이익 때문이지 회계 문제는 아닐 것이다."

제11장

ROE로 기업의 이익 성장률 진단하기

어떤 기업들의 ROE가 높은가
ROE 평가 방법
ROE 예측의 전제 조건

> ROE는 기업의 투자가치를 분석하는 데 유용할 뿐만 아니라, 주가와 기업의 가치가 적정한지를 평가하는 데 중요한 역할을 한다. 더 정확하게 표현하자면 자기자본에 비해 높은 이익을 올릴 수 있는 기업만이 장기적으로 성장할 가능성이 있다. ROE가 기업의 실적을 평가하는 데 이익 성장률보다 중요한 척도인 것이다. 회계상의 이익은 기업이 얼마든지 왜곡할 수도 있기 때문이다.

19 90년대는 투자자들뿐만 아니라 기업들에게도 아주 특별한 시기였다. 투자자들은 연평균 20퍼센트에 가까운 수익률을 올렸을 뿐만 아니라, 기업들도 지난 1세기에 걸쳐 가장 괄목할 만한 실적을 올린 기간이었다. 물론 이 두 가지 결과는 떼려야 뗄 수 없는 관계를 지니고 있다. 기업들이 이익을 많이 내고 효율적으로 운영하지 않았더라면, 투자자들이 기업의 이익에 높은 프리미엄을 지불하지 않았을 것이다. 또한 기업들의 실적이 좋아지지 않았더라면 증시가 크게 활성화되지도 않았을 것이다.

20세기에 들어 최악의 경기 침체기가 찾아왔을 때는 기업의 이익이 바닥을 기고 있었고, ROE도 매우 낮았다. ROE가 낮다 보니 주가의 변동폭도 미미했다. 그러나 1990년대가 끝나갈 무렵에는 기업들의 ROIC(return on invested capital, 투하자본 이익률)가 20세기 내내 보였던 수준을 훨씬 상회하였기 때문에 주가의 변동폭도 확대될 조짐을 보였다.

1990년대 말 미국에서는 대기업들이 보여 준 높은 ROE가 주식시장을 활황으로 이끄는 견인차 역할을 했다. 몇 가지만 이야기하자면 지속적인 수익구조 개선, 기업 생산성 향상, 간접비 삭감, 매출 증대와 같은 요인들이 ROE를 향상시키는 데 큰 역할을 했다. 이러한 성과를 달성하기 위해 기업들은 구조조정, 해고, 주식환매, 효율적인 자산 활용 등의 방법을 도입했다. 그 결과 과거와는 견줄 수 없는 높은 ROE를 달성할 여건이 조성된 것이다.

20세기 대부분의 기간 동안 S&P 500대 기업들은 평균 10~15퍼센트의 ROE를 달성했다. 그러나 1990년대에 들어 ROE가 급격히 상승하기 시작해 1990년대 말에는 20퍼센트 이상으로 껑충 뛰었다. S&P 500대 기업들의 평균 ROE가 20퍼센트 수준으로 올랐다는 것은 획기적인 변화였다. 1990년대에는 코카콜라, 필립 모리스를 비롯한 소비재 제조회사들과 워너 램버트Warner-Lambert, 애벗 연구소, 머크 같은 제약회사 등과 마찬가지로 여러 기술 관련 기업들의 ROE도 30퍼센트를 넘어섰다. 기업들이 그와 같이 높은 ROE를 보이자 투자자들은 장부가치에 높은 프리미엄을 덧붙여 주식을 매매했다. 20세기 대부분의 기간 동안 주식이 자기자본의 1~2배의 금액으로 거래되던 것과는 달리, 1999년 말 무렵에는 평균적으로 6배 이상에 거래되었다.

그러나 1999년이 오기 이전, 버핏은 기업들이 지속적으로 ROE를 20퍼센트 이상으로 유지할 수 있을 것인가에 대해 의구심을 품기 시작했다. 그것이 불가능하다면 주가가 자기자본의 6배까지 오를 수 없으리라 생각했다. 1990년대를 돌이켜 보면 버핏의 생각이 옳았다. 1990년대 미국 기업들은 배당금을 지급하는 데 인색해지고 연간 이익 증가분을 사내에 유보했다. 게다가 미국의 경제 성장률이 연평균 3~4퍼센트밖에 되지 않았다. 이러한 조건하에서 기업들이 무한정 20퍼센트의 ROE를 유지하는 게 거의 불가능해질 게 분명했다. 매년 20퍼센트의 ROE를 얻기 위해서는 이익 성장률 또한 매년 20퍼센트를 상회해야 하기 때문이었다. 경제 성장률이 매년 10퍼센트를 크게 초과하지 않으면 불가능한 일이었다.

ROE는 기업의 투자가치를 분석하는 데 유용할 뿐만 아니라, 주가와 기업의 가치가 적정한지를 평가하는 데 중요한 역할을 한다. 대부분의 투자자들은 기업의 과거와 미래의 이익 성장률에만 관심을 둔다. 전문 애널리스트조차도 이러한 이익 성장률 증가만을 성공의 척도로 삼는 경향이 있다. 그러나 더 정확하게 표현하자면 자기자본에 비해 높은 이익을 올릴 수 있는 기업만이 장기적으로 성장할 가능성이 있다. ROE가 기업의 실적을 평가하는 데 이익 성장률보다 중요한 척도인 것이다. 회계상의 이익은 기업이 얼마든지 왜곡할 수도 있기 때문이다. 워렌 버핏은 20여 년 전에 이에 대한 의견을 피력한 적이 있다.

기업의 실적은 ROE가 얼마나 지속적으로 증가했느냐가 아니라 사용한 자기자본에 비해 얼마나 높은 이익률을 달성했느냐(과도한 차입자본 또는 회계 조작 없이)에 따라 평가되어야 한다. 경영자나 애널리스트들이 EPS와 연중 EPS가 어떻게 변화하는지만 중시하는 관행을 바꾼다면, 주주뿐만 아니라 일반 대중들도 모든 기업을 쉽게 평가할 수 있을 것이다.

어떤 기업들의 ROE가 높은가

ROE는 이익 발생에 필요한 자기자본을 가지고 실제로 연간 얼마의 이익을 내는지를 비율로 나타낸 것으로, 다음과 같은 공식에 따라 계산한다.

$$ROE = \frac{당기순이익}{(기말자본 + 기초자본) \div 2}$$

기업이 자기자본 2천만 달러로 회계연도를 시작한 후 1천만 달러를 벌어서 3천만 달러로 마감했다면, ROE는 다음과 같이 약 40퍼센트가 된다.

$$ROE = \frac{10,000,000}{(20,000,000 + 30,000,000) \div 2}$$
$$= 0.40 \text{ 또는 } 40\%$$

이 경우 경영진은 주주들로부터 투자받은 자기자본의 40퍼센트에 해당하는 이익을 냈다. 자기자본은 기업의 순자산 중에서 투자자의 몫이 얼마인지를 나타내는 것이다. ROE는 주주들에게서 투자받은 자본과 그 자본으로 올린 회사의 이익에서 특별 항목을 제외한 후의 것이다. ROE가 높은 기업일수록 주주가 제공한 자본을 효율적으로 사용하고 있는 셈이다. 기업이 자기자본을 증가시키는 속도가 빠를수록 주가도 이와 같이 빠르게 상승하는 것이 정상이다.

높은 ROE를 달성하고 유지할 수 있는 기업은 그리 많지 않다. 상대적으로 이런 기업들이 부러움의 대상이 되는 것은 당연하다. 따라서 그 기업의 주가가 순이익 성장률(이익 성장률)과 ROE에 비해 매력적인 수준일 때 투자해야 한다. 기업의 규모가 커질수록 높은 ROE를 유지하기가 어려워지기 때문이다. 사실상 GE, 마이크로소프트, 월마트, 시스코 시스템스와 같은 대형 우량기업들 대부분이 기업 규모가 커지면서 수년간 지속적으로 ROE가 감소하는 모습을 보였다. 이 기업들은 자기자본이 10억 달러에 불과했을 때는 30퍼센트의 ROE를 기록할 정도로 많은 이익을 낼 수 있었다.

그러나 자기자본이 100억 또는 200억 달러가 넘는 현재 시점에서 기존 그대로 30퍼센트의 ROE를 유지하기가 어려워졌다. 일반적으로 일정한 ROE를 유지하기 위해서는 ROE를 초과하는 순이익 성장률을 보여야 한다. 즉 ROE를 25퍼센트로 유지하기 위해서는 줄곧 25퍼센트 이상의 순이익 성장률을 올려야 한다. 배당금을 지급하지 않는 기업들은 필히 이런 방법을 써야 한다(배당금을 지급하면 자기자본이 줄어들어서 상대적으로 ROE를 높이기가 쉬워진다). 이를테면 ROE를 25퍼센트로 유지하려면, 자기자본 1달러당 순이익 1달러 이상을 창출해야 한다.

〈표 11-1〉를 살펴보면 마이크로소프트가 1990년대의 평균 ROE인 30퍼센트를 그대로 유지하기 위해서는 앞으로도 연평균 35.4퍼센트의 순이익 성장률을 기록해야 한다는 것을 알 수 있다. 2000년 자기자본 80억 달러로 회계 연도를 시작한 마이크로소프트는 연평균 35.4퍼센트의 순이익 성장률을 유지하기 위해 2010년까지 자기자본을 2,230억 달러로 증액시켜야 한다.

경영진은 ROE를 높이기 위해서 주어진 자원을 최대한 활용해야 한다.

표 11-1 마이크로소프트의 ROE

ROE 30퍼센트를 2010년까지 유지하는 경우

연도	기초자본($)	당기순이익($)	기말자본($)	ROE(%)	순이익 성장률(%)
2000	8,000	2,825	10,825	30.0	
2001	10,825	3,825	14,650	30.0	35.4
2002	14,650	5,179	19,829	30.0	35.4
2003	19,829	7,012	26,841	30.0	35.4
2004	26,841	9,491	36,332	30.0	35.4
2005	36,332	12,847	49,179	30.0	35.4
2006	49,179	17,390	66,569	30.0	35.4
2007	66,569	23,540	90,109	30.0	35.4
2008	90,109	31,865	121,974	30.0	35.4
2009	121,974	43,130	165,104	30.0	35.4
2010	165,104	58,380	223,484	30.0	35.4

사업을 그만두고 연이율 5퍼센트인 예금계좌에 넣어 두는 경우

연도	기초자본($)	당기순이익($)	기말자본($)	ROE(%)	순이익 성장률(%)
2000	8,000	2,825	10,825	30.0	
2001	10,825	2,966	13,791	24.1	5.0
2002	13,791	3,115	16,906	20.3	5.0
2003	16,906	3,270	20,176	17.6	5.0
2004	20,176	3,434	23,610	15.7	5.0
2005	23,610	3,605	27,215	14.2	5.0
2006	27,215	3,786	31,001	13.0	5.0
2007	31,001	3,975	34,976	12.0	5.0
2008	34,976	4,174	39,150	11.3	5.0
2009	39,150	4,383	43,533	10.6	5.0
2010	43,533	4,602	48,134	10.0	5.0

물론 단순히 이익금을 은행에 저축하고 이자만 챙겨도 매년 이익을 늘려 갈 수 있다. 마이크로소프트가 현재의 사업을 모두 그만두고 모든 자금을

연이율 5퍼센트인 예금계좌에 넣어 둔다면, 표와 같이 순이익은 계속 증가할 것이다. 그러나 ROE는 급격히 하락할 것이다.

마이크로소프트의 경영진은 아무것도 하지 않으면서도 매년 5퍼센트의 순이익 성장률을 자랑해 가며 투자자들에게 매년 기록 수익record earnings을 올리고 있다고 말할 수도 있다. 하지만 이들은 회사의 자산을 지혜롭게 사용하지 못한 책임을 면할 길이 없을 것이다. 2010년이 되면 마이크로소프트의 ROE는 10퍼센트로 떨어질 것이다. 그리고 ROE가 순이익 성장률과 같은 5퍼센트에 도달할 때까지 차후 70년간 계속 하락할 것이다. 순이익이 자기자본이 증가하는 만큼 증가하지 않는다면, 경영진은 진정 주어진 자원을 최대한 활용하지 못한 셈이다. 버핏의 1997년의 연례보고서에 다음과 같이 썼다.

> 요즘 대부분의 기업들은 EPS를 적어도 기록 수익만큼은 올려야 한다는 데 동의하고 있다. 자기자본을 매년 늘려 나가는 기업들이 대다수이기 때문에, 예를 들어 10퍼센트의 자기자본 증가와 5퍼센트의 EPS 증가 정도는 특별히 주목받을 만한 경영 성과가 아니다. 저축성 예금통장에 들어 있는 돈조차도 복리 덕택에 이자수익이 꾸준히 상승하기 때문이다.

투자자들은 ROE가 높은 기업을 골라서 투자해야 한다. 위에서 밝힌 바와 같이 ROE가 높은 기업은 순이익 성장률이 높고, 꾸준히 자기자본을 증가시킬 수 있으며, 기업의 내재가치와 주가를 높이기가 쉽다. 마이크로소프트가 매년 30퍼센트의 ROE를 유지하고 배당금을 지불하지 않는다

표 11-2 1990년대 대표적 기술주들의 ROE

(단위: %)

종목	1989	1990	1991	1992	1993	1994	1995	1996	1997	1998	1999	ROE 평균	예측 가능성
반도체													
알테라	23.1	21.9	21.9	12.1	17.4	9.2	34.0	29.5	28.2	17.5	17.0	21.1	
댈러스 반도체	13.4	14.2	13.0	13.7	15.5	15.3	15.6	14.1	18.4	13.4	14.5	14.6	
인텔	17.4	18.1	18.0	19.8	30.4	27.7	28.8	30.6	36.0	26.4	25.0	25.3	높음
리니어 테크놀로지	15.3	16.4	18.9	20.3	22.4	25.4	27.5	30.4	22.8	23.9	21.4	22.2	높음
맥심 인티그레이티드 프로덕트	19.2	20.1	19.8	18.9	17.8	18.5	21.8	37.9	29.4	28.2	22.3	23.1	
자일링스	26.8	19.1	19.6	22.1	23.9	24.9	32.8	23.2	23.0	15.0	20.0	22.8	높음
하드웨어													
아메리칸 파워 컨버전	39.9	36.6	35.7	36.6	36.8	33.6	24.0	23.6	23.3	22.8	23.0	30.5	
시스코 시스템스	56.0	20.1	33.9	34.4	36.2	37.1	34.8	32.4	33.0	26.4	22.0	33.3	
델 컴퓨터	6.4	24.3	18.6	27.5	NMF*	22.9	28.0	48.9	73.0	62.9	56.5	36.9	높음
EMC	NMF	8.2	10.4	18.2	30.3	34.4	32.0	23.6	22.7	23.9	23.0	22.7	
마이크로 시스템스	11.8	16.3	17.1	17.1	19.2	21.8	21.7	21.4	22.8	21.9	22.9	19.5	높음
선 마이크로시스템스	9.2	12.0	15.7	11.7	10.2	12.0	16.8	23.2	26.8	25.8	24.0	17.0	
소프트웨어													
어도비 시스템스	57.3	37.2	28.2	21.1	19.5	18.5	19.4	21.7	26.1	23.2	37.0	28.1	
오토데스크	29.1	26.0	21.6	18.5	20.9	22.6	25.6	18.4	23.9	22.3	7.5	21.5	높음
BMC 소프트웨어	35.3	31.2	32.5	29.3	33.9	33.7	33.5	31.3	30.6	29.4	27.5	31.7	높음
BARRA		20.7	17.9	18.9	14.8	14.7	22.0	30.3	25.2	19.2	22.0	20.6	
컴퓨터 어소시에이츠	15.9	14.6	16.5	23.3	32.3	37.1	50.7	64.1	48.0	47.7	34.0	34.9	
퍼스트 데이터			20.8	17.8	18.1	20.5	14.5	17.2	18.9	18.6	20.0	18.5	높음
마이크로소프트	30.3	30.4	34.3	32.3	29.4	27.2	27.2	31.5	32.0	28.8	26.8	30.0	높음
오라클	35.5	30.3	NMF	14.1	29.6	38.3	36.4	34.0	35.7	32.3	34.9	32.1	높음
파라메트릭 테크놀로지	29.6	19.5	24.6	26.8	29.2	27.6	26.6	30.9	34.0	60.4	34.4	31.2	
선가드 데이터 시스템스	14.7	14.6	13.2	13.6	11.3	12.0	12.2	14.7	15.5	16.9	17.0	14.2	높음
시만텍	31.3	33.3	24.7	NMF	13.4	25.6	NMF	19.8	26.8	24.7	25.0	25.0	

* no meaningful figure
출처: 〈밸류라인 인베스트먼트 서베이〉

면, 이 회사의 순이익과 자기자본은 연평균 35.4퍼센트 증가할 것이다. 또한 장기간에 걸쳐 주가도 35.4퍼센트 상승하리라 기대할 수 있다. 주가가 자기자본 증가율만큼 상승한다면, 이 주식은 동일한 PBR로 계속 거래될 것이다.

〈표 11-2〉는 1990년대에 가장 실적이 좋았던 23개 기술주들의 연간 ROE를 보여 주고 있다. 이 기업들은 모두 ROE가 높다. 놀라운 일도 아니겠지만, 이 기업들의 주가 상승률은 시장 평균을 크게 앞질렀다. 이 기업들이 이 수준의 ROE를 계속 유지할 수만 있다면, 향후에도 주가가 시장 평균을 능가할 수 있을 것이다. 마이크로소프트의 예에서와 같이 향후 10년간 이 23개 기업의 기초자본과 기말자본 그리고 순이익 성장률을 예측하여 주가 상승 속도를 예상할 수 있다. 이 기업들 중 퍼스트 데이터First Data, 마이크로스 시스템즈Micros Systems, 마이크로소프트와 같은 일부 기업들은 일관되게 높은 ROE를 기록해 왔다. 따라서 이 기업들은 미래 ROE를 예측하기도 쉬울 것이다.

ROE 평가 방법

거의 동등한 두 기업을 평가할 때 ROE가 더 높은 기업이 장기간에 걸쳐 더 높은 투자수익을 가져다 준다. ROE를 평가할 때는 다음과 같은 다섯 가지를 고려해야 한다.

첫째, ROE가 높은 기업 중에서도 부채가 없거나 적은 기업일수록 부채가 있거나 많은 기업보다 훨씬 투자가치가 높다. 대차대조표상에 부채가

> 필립 모리스, 펩시콜라, 코카콜라 등과 같은 기업이 높은 ROE를 달성할 수 있는 것은 오히려 그들의 부채가 자본의 50퍼센트이거나 그것을 초과하는데도 그에 비해 높은 이익을 내고 있기 때문이다.

많은 기업일수록 자기자본을 계산할 때 부채가 자산에서 많이 공제된다. 그러므로 다른 요인들이 일정하다면 이런 기업의 자기자본은 낮을 수밖에 없다. 물론 순이익을 많이 낸다면 상대적으로 자기자본이 적어도 유리하기 때문에, 부채를 지혜롭게 이용하는 기업은 ROE를 크게 향상시킬 수 있다. 그러나 부채가 많을수록 바람직하지 않다는 것은 확실하다. 특히 경기에 민감한 순환형 기업은 더욱 그러하다. 〈표 11-2〉에 나열된 대부분의 기업들은 장기부채가 거의 없었고, 높은 ROE를 보였다. 그들의 대차대조표는 놀라울 정도로 깨끗하고 유형자산이 별로 없다. 그들의 유일한 부채는 지불을 앞두고 있는 단기채권뿐이다.

둘째, 어느 정도의 ROE를 높다고 인정해야 할 것인지에 대한 기준은 업종마다 다르다. 제약회사와 소비재 기업들은 부채비율이 평균보다 높고 ROE도 평균보다 높은 경향이 있다. 이 기업들은 경기에 민감하지 않아 매출에 일관성이 있고 예측 가능하기 때문에 부채가 높아도 견딜 수 있다. 따라서 경기 침체기 동안에도 이자 지급에 대한 걱정 없이 사업 확장을 위해 안심하고 부채를 사용할 수 있다. 필립 모리스, 펩시콜라, 코카콜라 등과 같은 기업들이 높은 ROE를 달성할 수 있는 것은 오히려 그들의 부채가 자본의 50퍼센트이거나 그것을 초과하는데도 그에 비해 높은 이익을 내고 있기 때문이다.

셋째, 주식환매는 ROE를 높일 수 있다. 기업들은 자사주를 환매하고 직원들에게 스톡옵션을 제공함으로써 ROE를 조작할 수 있다. 1990년대에 수십 개의 초일류 기업들이 EPS와 ROE를 증가시키기 위해 자사주를 환매했다. 제약회사인 셰링 플라우Schering-Plough는 1990년대 후반에 1억

5천만 주 이상을 환매하여 50퍼센트가 넘는 ROE를 기록했다. 그렇지 않았더라면 셰링 플라우의 ROE는 20~30퍼센트 선에 머물렀을 것이다.

넷째, ROE는 경기순환을 따르며 기업의 이익 증감에 따라 변한다. 높은 ROE를 보이는 유통업체 JC 페니 J.C. Penney나 자동차 부품업체 모딘 Modine과 같은 순환형 기업의 경우는 특히 주의해야 한다. 그러한 기업이 높은 ROE를 올렸다 하더라도, 그것은 지속적으로 유지되기 어렵다. 또는 일시적인 호황의 부산물일 가능성이 크다. 호경기에 획득한 ROE를 바탕으로 미래의 ROE를 예측하는 실수를 저질러서는 안 된다.

마지막으로 인위적으로 ROE를 부풀린 것은 아닌지 살펴보아야 한다. 기업은 구조조정, 자산매각, 일회적인 이익 증가 등으로 ROE를 조작할 수 있다. 구조조정 비용이 들어가거나 사업부의 매각처럼 기업의 자산이 감소되는 경우 자기자본의 가치가 감소되어 일시적으로 ROE가 높아질 수 있다. 일시적인 조작 없이 높은 ROE를 유지하는 기업만이 진정으로 주주를 생각해 주는 기업이다.

ROE 예측의 전제 조건

ROE의 추세와 미래이익의 추세는 밀접한 관계를 이룬다. 워렌 버핏이 수차에 걸쳐 지적했던 사항이다. 매년 ROE가 증가하면 이익도 증가한다. ROE의 추세가 지속적이면 이익도 그와 같이 지속적이고 훨씬 더 예측 가능해진다. ROE에 초점을 맞춤으로써 투자자는 기업의 미래이익에 대해 확신을 갖고 예측할 수 있다. 기업의 미래 ROE를 추정할 수 있다면 매년

표 11-3 버크셔 해더웨이 보유 주식의 연간 ROE

(단위 : %)

	1989	1990	1991	1992	1993	1994	1995	1996	1997	1998	1999*	평균
코카콜라	34.2	35.9	36.6	48.4	47.7	48.8	55.4	56.7	56.5	42.0	39.0	45.6
아메리칸 익스프레스	20.3	15.3	14.3	8.7	13.4	21.5	19.0	22.3	20.8	22.7	21.5	18.2
질레트	42.5	42.5	36.9	34.3	40.0	34.6	32.8	27.4	29.5	31.4	30.5	34.8
프레디 맥	22.8	19.4	21.6	17.4	17.7	19.0	18.6	18.5	18.5	15.7	16.5	18.7
헬스파고	18.5	17.1	15.4	16.9	18.3	20.8	18.0	19.0	19.2	14.0	16.0	17.6
월트 디즈니	23.1	23.6	16.4	17.4	17.7	20.2	20.2	9.5	10.9	9.6	7.0	16.0
워싱턴 포스트	21.0	19.3	12.8	12.9	12.9	15.1	16.1	16.5	19.8	13.9	13.5	15.8
제너럴 다이내믹스	13.8	NMF	11.8	7.2	17.6	16.9	15.8	15.8	16.5	16.4	14.0	14.6

* 추정치

자기자본이 얼마나 늘어날지도 예측할 수 있다. 또한 자기자본 증가율을 추산할 수 있으면, 매년 일정한 기말자본을 달성하는 데 필요한 이익 수준도 예측이 가능하다. 마이크로소프트의 예에서 사용했듯이, 2010년까지 마이크로소프트가 매년 30퍼센트의 ROE를 올리는 상황을 도출해 볼 수 있다. 그렇게 함으로써 마이크로소프트의 기말자본을 예측할 수 있고, 이러한 수치를 얻기 위해 필요한 당기순이익을 계산할 수 있다. 간단히 계산해서 마이크로소프트가 연평균 35.4퍼센트의 순이익 성장률을 올려야 한다는 것을 알 수 있다.

물론 그러한 가정이 들어맞으려면 역으로 마이크로소프트가 매년 계속해서 30퍼센트의 ROE를 유지해야 한다. 이 회사의 ROE가 하락하면 연평균 35.4퍼센트의 순이익 성장률을 기대할 수 없다. 그러나 마이크로소프트와 같은 규모의 기업이라 해도 영원히 30퍼센트의 ROE를 유지하기는 힘들 것이다. 1990년대에 지속적으로 높은 ROE를 달성한 〈표 11-2〉의 기업들과는 달리 다수의 IT기업들은 아직까지 산업 성숙도가 낮아 이러한 일관성을 보여 주지 못하고 있다. 〈표 11-2〉의 기업들 중에서도 오라클, 시만텍Symantec, 알테라Altera와 같은 기업들은 경기가 일시적으로 불황이던 1~2년간 ROE가 급격하게 하락한 적이 있다.

소비재 생산기업과 일부 순환형 기업의 주식들로 구성된 워렌 버핏의 포트폴리오를 검토하면, 그가 ROE가 높고 일관성을 유지하는 기업의 주식을 얼마나 선호하는지 알 수 있다. 예를 들어 코카콜라, 질레트 등은 꾸준하게 연평균 30~50퍼센트의 ROE를 올려 왔다. 수십 년간 존속해 온 기업으로서 놀라운 기록이다. 버핏이 다량의 주식을 보유하고 있는 다른 기업들도 거의가 연평균 15퍼센트 이상의 ROE를 보였다. 이 기업들은 내부 수익률internal rate of return(당초 투자액의 현재가치를 그 투자로부터 기대되는 현금 수입액의 현재가치와 동일하게 하는 할인율-역자주)이 높고 추가 자본이 그리 많이 필요하지 않기 때문에, 매년 높은 ROE와 10~20퍼센트의 순이익 성장률을 기록할 수 있었다. 〈표 11-3〉은 1990년대 버크셔 해더웨이에서 다량으로 보유한 종목들의 ROE를 보여 주고 있다.

제12장

투자 수익률 15퍼센트의 마법

휴렛패커드의 투자 수익률
인텔의 투자 수익률
코카콜라의 투자 수익률
애벗 연구소의 투자 수익률

> 매수하려는 주식의 투자 수익률이 15퍼센트가 될 수 있을지 확인하려면, 기업의 이익 성장률과 평균 PER를 바탕으로 향후 10년 후의 주가를 추산해서 현재의 주가와 비교해야 한다. 워렌 버핏은 예상 배당금을 포함한 미래의 주가로 연간 15퍼센트의 투자 수익률을 올리지 못할 것으로 판단되면 아예 쳐다보지도 않았다.

워렌 버핏은 기업의 이익이 매년 일정하다면, 예를 들어 해마다 이익이 10퍼센트씩 성장할 수 있다면, 지속적인 주가 상승을 기대할 수 있음을 밝혀 냈다. 실제로 기업의 장기적인 이익 성장률과 주가 상승률 사이에는 밀접한 관계가 있다. 버핏이 연구한 바에 따르면, 장기간에 걸쳐 연평균 12퍼센트의 이익 성장률을 보인 기업들은 주가 상승률도 12퍼센트에 가까웠던 것이다. 1996년 버핏은 이렇게 말했다. "총이익이 매년 지속적으로 증가하는 기업에 투자를 집중하는 것이 좋다. 그러면 포트폴리오 전체의 시장가치market value도 올라갈 것이다."

그렇다면 이때 투자 수익률도 정확히 12퍼센트를 달성할 수 있을까? 이것은 다음 두 가지 요인에 달려 있다. 기업이 12퍼센트의 이익 성장률을 일관적으로 유지할 능력을 갖추고 있는가와 투자자가 그러한 종목에 기꺼이 지불하고자 하는 주가가 얼마인가가 바로 그것이다. 시장에서 투자자들이 전반적으로 기업의 이익흐름에 비해 지나치게 많은 돈을 지불하고 있을 때 주식을 매입하면 투자 수익률이 이익 성장률을 넘어서지 못할 것이다.

1970년대 P&G에 어떠한 일이 일어났는지 알아보자. 1972년 말에 고점을 찍기 전까지 이 기업의 주식은 순이익의 50배를 초과한 가격에 거래되었다. 그러나 당시 P&G의 이익 성장률은 매년 겨우 12퍼센트를 기록하고 있었다. 그 후 수년 동안 이 기업의 이익은 3배로 증가했지만, 주가는 계속해서 하락했다. 본질상으로는 P&G의 PER가 줄어든 것이었다. 1980년대 초반까지 월스트리트에서는 P&G의 이익에 비해 낮은 가격에 이 종목을 매입함으로써 잠재 수익률을 크게 높였다. P&G는 1970~1980년대를 통틀어 강세장일 때나 약세장일 때나 계속해서 높은 이익을 기록했다. 이처럼 기업의 이익률이 높든 낮든 투자 수익률은 투자자들이 기업의 이익에 비해 얼마의 가격을 지불하고서 주식을 매입하느냐에 달려 있다.

버핏은 주식을 매입하기 전에 그 종목이 장기간에 걸쳐 적어도 연 15퍼센트의 투자 수익률을 보장해 줄 수 있는지를 반드시 확인했다. 15퍼센트는 인플레이션, 주식매매로 발생하는 세금 및 수수료, 투자 위험 등을 고려했을 때 이익을 남기는 데 필요한 최소한의 투자 수익률이다. 예를 들어 투자자가 매수한 주식의 투자 수익률이 연간 10퍼센트라고 치자. 이때 매년 인플레이션률이 2~4퍼센트일 것임을 감안하고, 수수료와 세금으로 빠져나갈 돈도 생각해야 한다. 이처럼 보다 안정적인 채권이 아니라 주식에 투자했기 때문에 발생할 수도 있는 위험을 보상받으려면 장기국채 이상의 투자 수익률을 달성해야 하는 것이다.

좋은 종목을 적절한 주가에 매수한다면, 매년 15퍼센트의 투자 수익률을 올리는 것은 그리 어려운 일이 아니다. 이와는 달리 아무리 우량기업에 투자하더라도 고가일 때 매입한다면, 나중에 얻게 되는 투자 수익률이 낮을 수도 있다. 우량기업이든 불량기업이든 적정가에 매수해야만 높은 수익을 기대할 수 있다. 그런데도 주가와 투자 수익률 간의 연관성을 따지지 않고서 투자하는 사람들이 많다. 높은 가격을 지불하고 주식을 매입할수록 투자 수익률은 낮아진다. 아주 단순한 논리다. 1999년 후반에 주가가 급등할 때, 많은 우량주에 투자한 사람들의 장기적인 투자 수익률이 크게 떨어졌다.

> 아무리 우량기업에 투자하더라도 고가일 때 매입한다면, 나중에 얻게 되는 투자 수익률이 낮을 수도 있다. 우량기업이든 불량기업이든 적정가에 매수해야만 높은 수익을 기대할 수 있다.

매수하려는 주식의 투자 수익률이 15퍼센트가 될 수 있을지 확인하려면, 기업의 이익 성장률과 평균 PER를 바탕으로 향후 10년 후의 주가를 추산해서 현재의 주가와 비교해야 한다. 워렌 버핏은 예상 배당금을 포함한 미래의 주가로 연간 15퍼센트의 투자 수익률을 올리지 못할 것으로 판단되면 아예 쳐다보지도 않았다.

2000년 4월에 휴렛패커드Hewlett-Packard의 주식을 주당 120달러에 매수할 기회가 주어졌다고 가정하자. 투자자로서 10년간 최소한 15퍼센트의 투자 수익률을 거두길 원한다면, 10년 후에 주당 494달러에 매도해야 할 것이다. 과연 120달러인 휴렛패커드의 주식이 투자가치가 있는지 계산하기 위해서는 다음과 같은 변수를 고려해야 한다.

- 휴렛패커드의 현재 순이익, 즉 EPS가 어느 정도인지 알아봐야 한다. 지난 12개월간 이 회사의 EPS는 3.33달러였다.
- 휴렛패커드의 연간 이익 성장률을 파악해야 한다. 회사의 연례보고

서 등을 통해 과거의 이익 성장률을 살펴보고서 미래의 이익 성장률을 추산해야 한다. 또는 애널리스트들이 내놓는 몇 가지 추정 성장률을 종합해도 될 것이다.

- 현재까지 휴렛패커드의 평균 PER를 살펴봐야 한다. 현재의 PER가 장기간에 걸쳐 그대로 지속되리라고 가정해서는 안 된다. 호황기와 불황기 그리고 강세장과 약세장에 따라 PER가 오르내리기 때문이다. 10년 후 증시 상황을 100퍼센트 정확히 예측하는 것은 불가능하기 때문에 장기간에 걸친 평균 PER를 살펴보는 것이 가장 좋다. 워렌 버핏은 보통 〈밸류라인 인베스트먼트 서베이〉지 등을 통해 기업들의 평균 PER를 알아본다.

- 기업의 배당률을 확인한 후 모든 배당금을 10년간에 걸친 투자수익에 합산해야 한다. 즉 휴렛패커드가 미래에 배당금으로 얼마를 할당할지 추산해야 한다. 여태껏 휴렛패커드가 연이익의 25퍼센트를 배당금으로 지급해 왔다면, 향후 10년 동안에도 그와 비슷하리라고 가정해도 될 것이다.

휴렛패커드의 투자 수익률

다음과 같이 아주 간단한 방법으로 대다수 종목의 투자 수익률을 손쉽게 계산할 수 있다. 첫 번째 사례로 2000년 4월 현재 120달러에 거래되고 있는 휴렛패커드의 10년 후 투자 수익률을 추산해 보자(〈표 12-1〉 참조). 이 주식의 EPS는 3.33달러이고, 애널리스트들은 이익 성장률이 매년 15.2퍼

표 12-1 휴렛패커드의 예상 투자 수익률

현재 주가	$120	이익 성장률	15.2%
EPS	$3.33	평균 PER	17.7
PER	36	배당률	25%

연 도	EPS($)
2000	3.84
2001	4.42
2002	5.09
2003	5.86
2004	6.76
2005	7.78
2006	8.97
2007	10.33
2008	11.90
2009	13.71
총 이익	**81.98**

10년 후 15%의 투자 수익률을 올릴 수 있는 주가	$485.47
2010년의 예상 주가	$13.71 × 17.7 = $242.67
+예상 배당금	$19.66
총투자수익	$262.33
10년 후 예상 투자 수익률	**8.2%**
15%의 투자 수익률을 올릴 수 있는 최고가	$64.83

센트 상승할 것이라고 내다보고 있다. 배당률은 25퍼센트라고 가정했다. 휴렛패커드가 매년 15.2퍼센트의 이익 성장률을 달성할 수 있으면, 2009년의 EPS는 13.71달러가 될 것이다. 13.71달러를 휴렛패커드의 평균 PER(17.7)로 곱하면, 이 종목은 10년 후에 주당 242.67달러에 거래될 것이다. 배당금은 19.66달러가 될 것이고, 총투자수익은 262.33달러가 된다.

언뜻 보기에는 120달러에 사들인 주식이 10년 후에는 262.33달러가 될 것이라는 생각에 기뻐할지 모르지만, 120달러를 투자하여 매년 고작 8.2퍼센트의 투자 수익률을 올린 것이다. 따라서 목표로 하는 투자 수익률이 연간 15퍼센트인 투자자라면, 휴렛패커드의 주식을 매수해선 안 된다. 휴렛패커드가 15퍼센트의 투자 수익률을 창출하기 위해서는 배당금을 포함하여 주가가 10년 후 총 485.47달러가 되어야 한다. 물론 다른 방법이 있긴 하다. 이 회사의 주가가 더 하락할 때까지 기다렸다가 투자하는 것이다. 2009년의 주가가 262.33달러에 불과할 것으로 추산된다면, 현재 주가가 120달러가 아닌 64.83달러로 하락할 때까지 기다렸다가 매수하면 15퍼센트의 투자 수익률을 달성할 수 있을 것이다. 그러려면 현재 주가에서 46퍼센트 가까이 하락해야 한다.

인텔의 투자 수익률

2000년 봄 인텔의 주가는 반도체 산업의 성장과 맞물려 135달러에 달했다. EPS인 2.11달러의 64배에 달하는 액수다. 애널리스트들은 인텔의 이익이 매년 19.3퍼센트 증가할 것이라고 예측했다. 지금 당장은 이러한 예측에 대해 눈이 휘둥그레질 수도 있다(〈표 12-2〉 참조). 이 기업의 주식은 현재 PER가 예상 이익 성장률의 세 배 이상 되는 상태에서 거래되고 있다. 또한 이때 PER는 과거 인텔의 평균 PER의 세 배에 달한다. 인텔의 실적을 추산해 보면 2009년 EPS가 12.32달러에 달한다. 12.32달러를 평균 PER인 19로 곱하면 10년 후 주가가 대략적으로 234달러가 되고, 배당금

표 12-2 인텔의 예상 투자 수익률

현재 주가	$135	이익 성장률	19.3%
EPS	$2.11	평균 PER	19
PER	64	배당률	6%

연 도	EPS($)
2000	2.52
2001	3.00
2002	3.58
2003	4.27
2004	5.10
2005	6.08
2006	7.26
2007	8.66
2008	10.33
2009	12.32
총이익	63.12

10년 후 15%의 투자 수익률을 올릴 수 있는 주가	$546.15
2010년의 예상 주가	$12.32 × 19 = $234.12
+예상 배당금	$3.79
총투자수익	$237.91
10년 후 예상 투자 수익률	**5.8%**
15%의 투자 수익률을 올릴 수 있는 최고가	$58.81

3.79달러를 더하면 총투자수익은 대략 238달러가 된다.

현재 135달러인 인텔의 주식을 사면, 2009년에는 증시 상황이 정상적일 것이라는 가정하에 목표로 잡은 15퍼센트보다 훨씬 적은 5.8퍼센트의 투자 수익률을 얻게 된다. 따라서 지금 인텔의 주식을 사는 것은 잘못된 투자라는 것을 쉽게 알 수 있다. 이 회사의 이익과 그 성장률을 훨씬 초과하는 가격을 지불하는 셈이다. 135달러 투자로 15퍼센트의 투자 수익률을 달성하려면, 10년 후 주식이 546달러에 거래되어야 한다. 시장에서 인텔의 주가를 계속해서 과대평가를 하는 경우에만 그러한 수익률을 올릴 수 있다. 이에 대한 대안은 주가가 더 하락하기를 기다렸다가 매수하는 것이다. 2009년의 예상 총투자수익인 238달러에 매도해서 15퍼센트의 투자 수익률을 기대하려면, 현재의 주가가 58.81달러로 떨어졌을 때 매입해야 한다.

코카콜라의 투자 수익률

코카콜라의 주가는 2000년 전후쯤에 거의 3년 동안 계속해서 상승했다. 한마디로 이 회사의 주가가 기대이익에 비해 지나치게 과대평가되어 있었기 때문에, 1998년 고점을 찍을 무렵에 매수했다면 투자 수익률이 거의 '0'에 가까웠을 것이다. 〈표 12-3〉은 버핏의 방식을 사용하여 코카콜라의 잠재적 투자 수익률을 추산한 것이다. 코카콜라의 주식이 1998년 주당 89달러로 고점을 찍었을 때, PER는 EPS인 1.30달러의 68배에 이르렀다. 그때 애널리스트들은 코카콜라의 이익이 매년 14.5퍼센트 증가할 것이라고 예측했다. 그리고 〈밸류라인 인베스트먼트 서베이〉지에 의하면 코카콜라의 평균 PER는 22로 나타났다. 배당률은 40퍼센트로 가정했다.

계산 결과를 보면 89달러를 들여서 코카콜라의 주식을 매수하는 것은 효율적인 투자가 아니라는 것을 알 수 있다. 연간 15퍼센트의 투자 수익률을 올리기 위해서는 10년 후 이 주식이 360달러(배당금 포함)에 거래되

표 12-3 코카콜라의 예상 투자 수익률

현재 주가	$89	이익 성장률	14.5%
EPS	$1.30	평균 PER	22
PER	68	배당률	40%

연 도	EPS($)
2000	1.49
2001	1.70
2002	1.95
2003	2.23
2004	2.56
2005	2.93
2006	3.35
2007	3.84
2008	4.40
2009	5.03
총이익	30.79

10년 후 15%의 투자 수익률을 올릴 수 있는 주가	$360.05
2010년의 예상 주가	$5.03 × 22 = $110.77
+예상 배당금	$11.80
총투자수익	$122.57
10년 후 예상 투자 수익률	**3.3%**
15%의 투자 수익률을 올릴 수 있는 최고가	$30.30

어야 한다. 그러나 여러 자료를 통해 10년 후의 주가가 110.77달러밖에 되지 않을 것으로 예상할 수 있다. 예상 배당금 11.80달러를 더하면 총투자수익은 122.57달러에 불과할 것이다. 10년 후의 투자 수익률은 겨우 3.3퍼센트다. 코카콜라 주식이 목표 투자 수익률 15퍼센트를 달성하려면 1998년처럼 89달러가 아닌 30달러에 거래되어야 한다. 1999년과 2000년

초 이 주식이 과거에 비해 약간 하락했을 때, 버핏이 코카콜라에 투자하지 않았던 것은 전혀 놀라울 일이 아니다. 자신이 정한 기준에 따르면 아직 적절한 수익을 올릴 만큼 코카콜라의 주가가 떨어지지 않았다고 생각했던 것이다. 29달러 정도로 떨어지기를 기다렸던 것이다.

애벗 연구소의 투자 수익률

1999년과 2000년 초에는 위에서 예를 든 휴렛패커드와 인텔, 코카콜라 등이 당시 주식시장의 가치평가를 대변하는 종목일 정도로 시장에는 버핏이 목표로 하는 15퍼센트의 투자 수익률을 달성할 수 있는 종목이 거의 없었다. 그 당시 가장 인기 있는 종목은 인텔, 델 컴퓨터, EMC, 글로벌 크로싱Global Crossing, 시스코 시스템스, 오라클 등이었다. 이 종목들은 잠재적으로 위험이 낮은 만큼 수익도 낮았기 때문에 주식을 새로 매수하려는 투자자들로서는 얻을 게 별로 없었다. 그리하여 주로 이 투자자들은 단기매매에 의존함으로써 선호 종목의 주가를 계속해서 올리고 있었다.

한편 대다수 대형주들의 주가가 급등하는 와중에도 일부는 3~4년 만에 처음으로 매력적인 수준으로 떨어졌다. 애벗 연구소도 그중의 하나였다. 이 제약회사의 주가가 2000년 초 29달러로 하락했을 때는 큰 잠재성이 있어 보였다. 우선 PER가 그동안의 평균보다 낮은 17로 떨어졌다. 이익 성장률의 1.4배에 불과했다. 1950년대 후반 이후 애벗 연구소는 미국 대기업 중에서 가장 안정적이고 일관된 실적을 보이는 기업들 중 하나였다. 매년 12~15퍼센트의 이익 성장률을 기록해 왔다. 애널리스트들은 애

표 12-4 애벗 연구소의 예상 투자 수익률

현재 주가	$29	이익 성장률	12.3%
EPS	$1.67	평균 PER	18.2
PER	17	배당률	40%

연 도	EPS($)
2000	1.88
2001	2.11
2002	2.37
2003	2.66
2004	2.98
2005	3.35
2006	3.76
2007	4.22
2008	4.74
2009	5.33
총이익	**33.39**

10년 후 15%의 투자 수익률을 올릴 수 있는 주가	$117.32
2010년의 예상 주가	$5.33 × 18.2 = $96.96
+ 예상 배당금	$13.36
총투자수익	$110.32
10년 후 예상 투자 수익률	**14.3%**
15%의 투자 수익률을 올릴 수 있는 최고가	$27.27

벗 연구소가 향후에도 12.3퍼센트의 이익 성장률을 보일 것이라고 예측했다. 배당금은 총이익의 40퍼센트 또는 그 이상으로 잡아서 10년 후의 투자 수익률을 예측해 보았다.

〈표 12-4〉를 보면 예상 투자 수익률이 계산되어 있다. 이 회사의 주식을 29달러에 매수해서 15퍼센트의 투자 수익률을 얻으려면, 10년 후 주가

> 연간 15퍼센트의 투자 수익률을 올리고 싶다면 현재 인기리에 거래되고 있는 주식을 당장 매수하지 말고 주가가 더 떨어질 때까지 기다리면 된다.

가 117달러가 되어야 한다. 배당금을 포함하여 총투자수익이 110달러에 달한다. 애벗 연구소의 현재 PER도 과거 평균과 큰 차이가 없기 때문에 15퍼센트에 가까운 투자 수익률을 올리기 위해서는 현재의 이익 성장률을 유지하기만 하면 된다. 결과적으로 애벗 연구소는 15퍼센트에 약간 미달되는 투자 수익률을 올릴 것으로 추산된다. 투자하기에 괜찮은 수익률이다.

워렌 버핏의 단순한 계산법을 적용해 보면 결론은 아주 단순하다. 연간 15퍼센트의 투자 수익률을 올리고 싶다면 현재 인기리에 거래되고 있는 주식을 당장 매수하지 말고 주가가 더 떨어질 때까지 기다리면 된다. 버핏이 지난 1999년을 전후하여 18개월간 주식을 성급하게 매수하지 않은 것도 이 때문이다. 앞서 언급한 바와 같이 그는 코카콜라, 질레트, 월트 디즈니 등의 종목이 급락했을 때도 사들이려고 하지 않았다. 디즈니의 주가가 떨어졌을 때도 더 이상 사지 않고, 오히려 1999년 말까지 보유 주식을 모두 처분했다.

이처럼 투자 수익률을 계산해 보면 투자자가 지불하는 현재의 주가가 투자자가 얻을 수 있는 잠재적 투자 수익률을 결정한다는 것을 알 수 있다. GE의 주식을 사려는 투자자라면, 120달러일 때보다는 80달러일 때 매수해야 더 높은 투자 수익률을 달성할 수 있다. 1998년 중반 코카콜라 주식이 89달러로 고점에 달했을 때, 이 주가는 EPS의 60배가 넘는 액수였다. 그때 코카콜라는 놓칠 수 없는 성장주로서 증권중개인과 대형 펀드들이 선호하는 종목이었다. 그러나 어느 누구도 코카콜라의 현재 주가를 미래의 투자 수익률과 견주어 보지 않았다는 데 있었다. 코카콜라의 매출이 꾸준히 상승하더라도 89달러라는 주가는 새로운 투자자에게 높은 투자 수익률을 보장해 줄 수 없었다.

1999년 월트 디즈니의 주가가 43달러로 고점에 도달했을 때 매입했더라면 위의 방식으로 추산한 10년 후의 투자 수익률은 0.5퍼센트에 불과했다. 10년 후 15퍼센트의 투자 수익률을 기록하려면 주가가 11달러로 하락할 때 매입해야 했다. 약국 체인인 월그린의 주식은 1999년 EPS의 48배인 45달러로 거래되며 고점을 찍었다. 이 종목 역시 10년 후 15퍼센트의 투자 수익률을 보장받기 위해서는 주가가 12달러로 하락해야 한다. 45달러에 이 종목을 매수하면, 향후 10년 동안 거의 수익을 올리지 못할 가능성이 높다. 질레트의 경우 15퍼센트의 투자 수익률을 얻기 위해서는 주가가 현재가에서 16달러 하락하여 22달러 정도여야 하고, 아메리칸 익스프레스는 주가가 지금의 절반으로 떨어져야 한다.

인기 있는 대형주들 중에 가장 예측 가능한 무수익 종목은 찰스 슈왑이었다. 이 주식이 1대 3으로 주식분할을 한 후 52달러로 고점을 찍었을 때 새로이 뛰어든 투자자들은 전혀 수익을 얻지 못했다. 이 종목의 주가가 거의 80퍼센트 정도, 즉 11달러까지 하락하지 않으면 장기적으로 15퍼센트의 투자 수익률을 달성할 가능성이 전혀 없었다.

이러한 수치들에 대해서 모두 통달하기는 쉬운 일이 아니지만, 고수익을 올리고 싶은 투자자라면 반드시 알고 있어야 한다. 최근에 이미 수백 퍼센트 주가가 상승한 주식을 매수한다면 잠재적 투자 수익률은 매우 낮을 수밖에 없다. 그럼에도 불구하고 많은 투자자들은 과거의 결과가 반복될 수 있다고 가정한다. 그들은 주가가 향후 5년간 다시 60배로 오를 것이라고 생각하면서 델 컴퓨터나 퀄컴과 같은 종목을 매수한다. 아무리 우량 기업의 주식이라 해도 과도한 주가를 지불하면 높은 투자 수익률을 기대할 수 없다. 피터 린치는 언젠가 이렇게 말했다. "지나치게 주가가 높은 주식을 사는 것은 정말 비극이다. 기업이 큰 성공을 거두더라도 투자자는 돈을 벌지 못한다."

제13장

현재의 주가가 합당한지 알아보는 방법

2020년 야후의 매출은 미국 GDP의 64퍼센트?
장밋빛 미래의 오류

> 약간의 상식만 있어도 현재의 주가가 매수하기에 충분히 매력적인지, 아니면 오히려 주가가 너무 높아서 미래에 얻게 되는 투자 수익률이 아주 낮을지를 바로 알 수 있다. 이 장에서는 주가에 대한 시장 전반의 예측을 분석함으로써 버핏의 투자 수익률을 따라잡는 방법에 대해 알아볼 것이다.

워렌 버핏은 자기 자신을 포함하여 어느 누구도 기업의 가치를 100퍼센트 정확하게 판단할 수는 없음을 인정했다. 한 기업에 대해 50명의 애널리스트들이 같은 자료를 가지고 연구를 하더라도 각기 다른 50가지 결론이 나올 수 있다. 심지어 월그린이나 머크처럼 비교적 예측이 쉬운 기업에 대해 평가를 하더라도 마찬가지다. 이론적으로 따져서 그들이 합리적으로 추산해서 내놓은 결과라면 거의 비슷해야 하는 게 당연하지만, 실제로는 그렇지 못하다. 예를 들어 투자자가 한 기업에 대해 깊이 있게 분석하기 위해 100가지 이상의 자료와 변수를 참조했다고 치자. 문제는 그런 자료 중에서도 애널리스트의 직감이나 추정에 따라 나온 자료가 많다는 것이다. 기업의 이익 성장률과 시장 점유율, 금리와 같은 요인들 중 한두 가지만 달라지더라도 기업에 대한 가치평가 결과는 크게 바뀔 수 있다.

버핏은 이와 같은 가치평가의 취약성을 인식하고 '가치를 보면 가치를 알 것'이라는 평범한 진리를 도입했다. 1996년 주주총회에서 그는 주식에 대해 평가할 때 전문가들 사이에서 흔히 통용되는 가치평가 기법을 거의 적용하지 않는다고 밝혔다.

사실상 대부분의 투자자들은 투자 대상의 가치에 대해 직관적으로 판단한다. 예를 들어 주택을 매입하려는 사람으로서는 비벌리 힐스에 있는 370평방미터짜리 주택의 가치를 정확히 판단할 수는 없을 것이지만, 누군가가 그 집의 시가가 75만 달러 정도라고 말하면 매우 저렴하다고 생각하게 된다. 이와 비슷하게 아메리칸 항공American Airlines이 뉴욕-파리간 왕복 항공료를 199달러로 낮추면 그 가치를 바로 알 수 있을 것이다. 또한 주당 50달러인 나이키 주식에 별 관심을 보이지 않다가도 25달러로 떨어졌다고 하면 상당히 낮은 가격이라는 것을 직감적으로 알 수 있다.

1999년 말 버핏은 매력적인 매수 종목을 찾지 못했다. 그는 주가도 비벌리 힐스의 주택처럼 오를 만큼 올랐고, 잠재적 투자 수익률이 아주 낮아졌다고 생각했다.

약간의 상식만 있어도 현재의 주가가 매수하기에 충분히 매력적인지, 아니면 오히려 주가가 너무 높아서 미래에 얻게 되는 투자 수익률이 아주 낮을지를 바로 알 수 있다. 제11장과 제12장에서 소개한 기업의 가치를 분석하는 두 가지 방법은 모두 합리적으로 기업의 이익 성장률을 추산하여 미래의 투자 수익률을 예측할 수 있도록 도와준다. 이 장에서는 주가에 대한 시장 전반의 예측을 분석함으로써 버핏의 투자 수익률을 따라잡는 방법에 대해 알아볼 것이다.

기업은 투자자가 기업의 총수익으로부터 얻을 수 있는 것 이상의 가치

> 한 기업이 현재부터 앞으로 인플레이션과 위험을 고려한 후 총 100억 달러의 이익을 창출할 수 있다면, 주주들은 그 회사의 모든 주식을 보유하기 위해 현재 100억 달러를 지불해야 한다.

를 내재할 수 없다는 것이 진리다. 다시 말하면 한 기업이 현재부터 앞으로 인플레이션과 위험을 고려한 후 총 100억 달러의 이익을 창출할 수 있다면, 주주들은 그 회사의 모든 주식을 보유하기 위해 현재 100억 달러를 지불해야 한다. 따라서 2000년 초에 그랬듯이 아마존Amazon의 모든 주식이 시장에서 250억 달러에 거래된다면, 투자자들은 아마존의 미래이익에 대한 현재가치가 250억 달러 정도라는 것을 인정해야 한다는 것이다. 아마존의 이익흐름이 250억 달러보다 훨씬 더 클 것이라는 것이 입증되면, 아마존의 주식은 가치가 올라갈 것이다. 반대로 아마존이 250억 달러를 벌 수 없다면, 주가가 지나치게 과대평가되어 있는 것이다.

결국 투자자는 이 250억 달러가 적정가인지, 그 기업의 실질적인 잠재성이 과대평가된 것은 아닌지 확인해야 한다. 미국의 유명한 증권 사이트 퀴큰(www.quicken.com)은 '스톡 이밸류에이터Stock Evaluator'라는, 주식의 내재가치를 평가하는 프로그램을 제공하고 있다. 투자자들은 이런 프로그램을 이용해서 시장에서 현재 해당 주식을 제대로 평가하고 있는지, 그렇지 않은지를 쉽게 판단할 수 있다. 이 프로그램은 투자자들이 사이트를 방문해서 기업의 예상 이익 성장률을 입력하면 이를 토대로 기업의 가상가치를 측정해 준다. 이 도구는 현재의 금리, 기업의 과거와 미래의 이익 성장률, 투자자가 원하는 투자 수익률 기준 등을 고려할 때 투자자가 주식에 지불해야 할 최고가를 분석해 준다.

투자자는 이와 같은 내재가치 평가 프로그램을 통해 두 가지 목적을 달성할 수 있다.

첫째, 해당 기업의 주가가 얼마일 때 매수해야 합리적인지 알 수 있다.

그 기업의 주식 가치가 주당 50달러라는 결과가 나왔는데 현재 주가가 100달러라면 이 주식을 매수해서는 안 될 것이다. 이와는 달리 주당 25달러에 거래되고 있다면 충분히 매수를 검토해도 될 것이다.

둘째, 이 프로그램을 가지고 증시에서 거래되는 종목들을 무작위로 추출해서, 특히 인기 있는 기술주들이 시장에서 올바르게 가치평가를 받고 있는지 파악해 볼 수 있다. 기업의 미래이익 성장률을 직접적으로 측정하기는 어렵기 때문에 이와 같은 방법을 통해 간접적으로 측정할 수 있다. 예를 들어 현재의 주가가 100달러라면 그만큼의 가치가 합당한지를 확인하고, 그 주식이 100달러의 가치를 내재하려면 실제로 어느 정도의 이익 성장률을 올려야 하는지를 알아보는 것이다.

2020년 야후의 매출은 미국 GDP의 64퍼센트?

2000년 2월 필자는 주식시장에서 미국의 200대 기업들의 미래 전망을 정확하게 평가하고 있는지를 확인해 보았다. 15퍼센트의 할인율을 적용한 후, 이 기업들의 현재 주가가 합당해지려면 2020년까지의 이익 성장률이 얼마여야 하는지를 스톡 이밸류에이터를 통해 계산해 본 것이다. 이 수치들을 〈표 13-1〉에 담았다.

현재의 주가로 투자를 해도 괜찮은 기업은 소수뿐이었다. 예를 들어 담배회사인 필립 모리스는 현재 주가인 21달러를 지불하고서 수익을 보려면, 2020년까지 이익 성장률을 연평균 3퍼센트로만 유지하면 되는 것으로 나왔다. 그런데 필립 모리스의 이익은 1950년대 후반 이래로 매년 평

표 13-1 2000년 2월의 주가에 합당한 미래의 이익 성장률

	2000년 2월 주가($)	주가에 합당한 성장률(%)	연매출 (100만 달러)	2020년 매출 (100만 달러)	GDP 대비 2020년 매출 비율(%)
미국 GDP		3	8,900,000	16,075,000	
야후	360	63.0	589	10,324,461	64
시스코 시스템스	124	39.0	12,154	8,810,798	55
퀄컴	140	46.5	3,937	8,164,280	51
월마트	55	20.0	137,634	5,276,557	33
모토롤라	155	29.0	30,931	5,037,188	31
JDS 유니페이스	202	63.0	283	4,960,649	31
아마존	75	48.5	1,639	4,457,671	28
GE	136	18.0	111,630	3,057,884	19
선 마이크로시스템스	83	29.5	11,726	2,063,219	13
오라클	60	30.0	8,827	1,677,568	10
AOL	56	34.0	4,777	1,664,375	10
월트 디즈니	38	22.0	23,402	1,248,675	8
루슨트 테크놀로지	56	18.5	38,303	1,141,826	7
마이크로소프트	106	22.0	19,747	1,053,653	7
델 컴퓨터	38	21.5	18,243	896,648	6
글로벌 크로싱	50	45.5	424	766,700	5
인텔	105	17.5	29,389	739,507	5
찰스 슈왑	38	19.0	3,945	127,934	1
Q로직	190	39.0	117	84,817	1
폴리컴	65	22.5	200	11,581	0
CMGI	120	20.5	176	7,333	0
휴렛패커드	128	14.5	42,370	635,577	4
P&G	94	14.0	38,125	523,971	3
알코아	38	10.5	16,323	120,239	1
시어스 로벅	30	9.0	41,071	230,179	1
애벗 연구소	33	7.0	13,178	50,995	0
JC 페니	18	6.0	30,678	98,389	1
마텔	11	5.0	4,782	12,688	0
필립 모리스	20	3.0	78,596	141,953	1

균 16퍼센트 성장했다. 따라서 증시에서는 필립 모리스에서 취득한 과거의 이익 성장률이 80퍼센트 이상 하락할 것이라고 가정하고 있었던 것이다. 1998년 말 이 종목은 57달러에서 고점을 찍었다. 주가가 21달러로 내려가고 있는 동안 시장에서 필립 모리스의 미래에 대해 올바른 평가를 내리거나 패닉 상태에서 주식을 처분하고 있었던 셈이다.

> 야후는 2000년 2월 현재 360달러에 거래되고 있었다. 당시 야후의 매출은 6억 달러가량이었고, 회사에서는 분기별 수익을 발표하기 시작했다. 그러나 증시에서는 이 기업의 가치를 900억 달러로 평가하고 있었던 것이나 다름없다.

제약회사인 애벗 연구소는 2000년 2월 주가인 33달러에 합당한 연평균 성장률은 7퍼센트인 것으로 나타났다. 1999년 말 신약 개발 지연에 대한 우려로 주가가 20달러 이상 하락한 결과 33달러를 기록하고 있었다. 필립 모리스와 마찬가지로 애벗 연구소도 2000년이 오기까지 35년간 연평균 16퍼센트의 성장률을 보였다. 주가가 33달러로 올랐을 때 합당하다고 추산된 성장률의 두 배 이상이었다. JC 페니 백화점도 2000년대를 시작하면서 이와 비슷한 주가 하락을 경험했다. 이 기업은 현재 주가 18달러에 합당한 수익을 올리기 위해 매년 6퍼센트의 이익 성장률을 기록해야 하는 것으로 나타났다. 1960년 이후 JC 페니의 이익은 9퍼센트의 성장률을 기록해 왔다.

그러나 이 몇 종목들은 필자가 조사한 다른 종목에 비해 특별히 예외적인 것으로 나타났다. 당시 월스트리트의 투자자들이 선호하는 종목들 대부분의 주가는 믿기 어려운 이익 성장률을 전제로 책정된 것이나 다름없었다. 가장 지나치게 과대평가된 종목은 야후였다. 야후는 2000년 2월 현재 360달러에 거래되고 있었다. 당시 야후의 매출은 6억 달러가량이었고, 회사에서는 분기별 수익을 발표하기 시작했다. 그러나 증시에서는 이 기업의 가치를 900억 달러로 평가하고 있었던 것이나 다름없다. 필립 모리스에 대한 증시 평가액의 거의 두 배에 해당하는 금액이었다. 15퍼센트의 할인율을 적용한 미래 이익의 현재가치가 주당 360달러가 되게 하려면, 야후로서는 매년 63퍼센트의 이익 성장률을 보여야 하는 것으로 나타났다. 이 수치는 야후가 현재의 발행주식 수를 유지하는 것을 전제로 한다.

그렇다면 좀더 심도 있는 분석을 위해 이제 야후의 매출이 매년 63퍼센트씩 증가한다고 가정해 보자. 기업의 이익 성장률은 장기간에 걸쳐 매출 성장률과 비슷해지는 경향이 있다. 2020년까지 야후의 매출은 10조 3천억 달러 이상이 될 것이라는 가정이 나온다. 인플레이션율을 제외한 미국 경제의 성장률이 3퍼센트일 것이라고 가정하면, 2020년 야후의 매출은 미국 GDP의 64퍼센트를 차지하게 될 것이다. 과거 우리는 생물시간에 짚신벌레조차도 그렇게 일관된 비율로 증식한다고 배운 적이 없다.

무척 억지스럽게 들릴 것이다. 그러나 주당 360달러를 지불하며 야후의 주식을 산다면, 이 기업의 매출액이 언젠가 10조 달러를 능가할 것이라고 굳게 믿고 있는 격이 된다. 야후가 매출액 10조 달러를 달성하지 못하면, 이 기업의 주식을 360달러에 사서 장기간 보유하는 투자자는 돈을 잃을 수밖에 없다. 결국 버핏이 지적한 바와 같이 주식은 기업이 창출하는 이익 이상의 가치를 지닐 수 없다.

장밋빛 미래의 오류

그렇다면 투자자들은 왜 이런 잘못된 결정을 내리는가? 버크셔 해더웨이의 부회장인 찰리 멍거는 언젠가 사람들은 어떤 사항이 사실인 것처럼 정당화하기 위해 자신의 믿음 체계를 왜곡해 버린다고 말했다. 과대평가된 종목임이 분명한데도 고가에 주식을 사는 투자자들 역시 마찬가지라는 것이다. 1998년 멍거는 전문투자자들이 모인 자리에서 이렇게 말했다. "자신에 대한 미래의 전망과 능력을 자체적으로 평가할 때 사람들은 너무 낙관적이다. 예를 들어 스웨덴의 한 연구 결과에 의하면 자동차 운전자의 90퍼센트가 자신의 운전 실력이 평균 이상이라고 생각했다는 사례도 있다. 실제로 모든 전문투자자들의 공공연한 자체 평가 자료를 보면, 이들이 어떠한 부정적인 증거가 발견되더라도 자신의 분석 능력이 평균 이상이라고 주장한다는 것을 알 수 있다."

필자가 스톡 이밸류에이터로 평가한 자료에 의하면 시스코 시스템스는 두 번째로 과대평가된 종목으로 나타났다. 현재 주가 124달러에 합당한 수익을 올리려면 시스코 시스템스가 매년 39퍼센트의 이익 성장률을 기록해야 한다. 지금까지 어떠한 기업도 이와 같은 실적을 올린 적이 없는데도, 많은 투자자들이 그것이 가능하다고 믿었던 셈이다. 수학적 계산에 의하면 시스코 시스템스에 그러한 이익 성장률을 기대해서는 안 된다. 예를 들어 이 회사의 매출이 매년 39퍼센트씩 성장한다면 2020년의 매출은 8조 8천억 달러가 될 것이다. 이것은 이 기업의 매출이 20년 후 미국 GDP의 55퍼센트를 차지하게 된다는 걸 의미한다. 시스코 시스템스와 야후의 매출을 합하면 미국 GDP보다 3조 달러가 더 많아진다. 한 국가의 경제 규모가 단지 두 기업의 매출로만 구성된다는 게 가능한 일인가?

〈표 13-1〉은 1999년과 2000년에 인기를 끈 많은 종목들이 현재의 펀더멘털로는 결코 정당화될 수 없는 가격에 거래되었음을 보여 주고 있다. 또

한 투자자들이 주가나 내재가치를 고려하지 않고 정당한 이유 없이 주가 상승을 부추겼다는 것을 알 수 있다. 확실히 2000년 초 시스코 시스템스의 가치를 정확히 파악한 투자자가 거의 없었던 것이다. 이 기업들이 아무리 빠르게 성장하더라도 그렇게 높은 주가는 타당성이 없다.

통신장비회사인 퀄컴을 살펴보자. 이 종목이 2000년 초 140달러에 거래될 때(주식이 4분의 1로 액면분할된 후), 투자자들은 이 회사가 46.5퍼센트의 이익 성장률을 기록할 것이라고 가정했던 셈이다. 이후 얼마 지나지 않아 퀄컴의 주가는 30퍼센트 정도 하락했다. 주가가 떨어졌을 뿐이지, 여전히 주가가 싸다고 볼 수 없었다. 야후와 시스코 시스템스에 적용된 계산법을 사용하면 퀄컴의 현재 주가가 140달러일 경우, 2020년 매출이 8조 1천억 달러가 되어야 한다. GDP의 51퍼센트를 차지하는 셈이다.

월마트의 현재 주가는 2020년까지 이 회사가 33퍼센트의 성장률을 보여야 한다는 것을 의미하고 있다. 모토롤라의 주가 155달러는 2020년 매출이 5조 달러가 되어야 합당한 투자수익을 올릴 수 있음을 말해 준다. GE의 주가 136달러에 합당한 수익을 올리려면 2020년까지 매출 3조 1천억 달러를 달성해야 하는 것으로 나타났다. 현재 주가로 수익을 올리려면 AOL과 오라클의 2020년 매출은 미국 GDP의 10분의 1에 달해야 할 것이고, 월트 디즈니는 22퍼센트의 이익 성장률을 보여 미국 경제 규모의 8퍼센트를 차지할 것이다. 아마존의 2000년 초 75달러의 주가가 합당하다면, 2020년에 4조 5천억 달러의 매출을 올려야 한다.

이처럼 상승장이 지속되면 주식투자에 있어 논리가 통하지 않는 상황이 생긴다. 주가와 가치 사이의 관계에 의미가 없어지고 투자자들은 주가가 합리성을 벗어나 지속적으로 상승할 것이라고 생각하면서 '모멘텀'을 쫓아다닌다. 따라서 주식투자를 하려면 이러한 수치들을 전체적인 시각에서 바라보아야 한다. 필자가 스톡 이밸류에이터로 계산한 이익 성장률이 그대로 적용된다면, 미국 경제는 어느 날 GDP의 대부분을 차지하는 시스코 시스템스, 야후, 퀄컴 등과 같은 소수의 기업들(이들 매출의 대부분이 해외에서 이루어진다는 것을 기억하라)로만 구성될 것이다. 이외에 마이크로소프트, 모토롤라, 오라클, 인텔 정도는 포함시켜도 될 것이다. 그외 다른 기업들의 존재에 대해서는 생각할 필요가 없다. 사람들은 이 기업들 중 한 곳에서 일을 해야 할 것이다.

> 필자가 스톡 이밸류에이터로 계산한 이익 성장률이 그대로 적용된다면, 미국 경제는 어느 날 GDP의 대부분을 차지하는 시스코 시스템스, 야후, 퀄컴 등과 같은 소수의 기업들로만 구성될 것이다.

마치 이와 같은 장밋빛 미래를 그대로 믿기라도 했던 것처럼 2000년 초 많은 투자자들이 이 종목들에 투자했다. 다행히도 버핏은 이를 믿지 않고 투자를 유보했다. 이러한 문제에 관해 오래전에 벤저민 그레이엄은 다음과 같이 명백하게 자신의 의견을 피력했다.

주식시장에서 무조건 장밋빛 미래를 기대하는 것은 위험한 발상이다. 비록 그것이 사실일지라도 그렇다. 투자자는 자신이 선호하는 종목의 가치는 당연히 높을 것이라는 선입견을 갖고 있기 때문에 그 안전성을 쉽게 과대평가한다. 어느 누구의 생각이든 실제로 미래가 다가오면 잘못된 것으로 판명되는 경우가 종종 있기 때문에 이러한 과대평가는 특히 위험하다. 존재하지 않는 미래를 위해 많은 돈을 투자하는 것은 엄청난 실수다.

제14장

하이테크보다 로테크에 투자하라

워렌 버핏이 기술주를 피한 진짜 이유

늘 한결같은 기업에 투자하라

> 투자자들은 주가가 상승하면 기업의 실적이 좋아지고 있다는 것으로 받아들인다. 주가가 하락하면 그 반대의 경우라고 보는 것이다. 이들은 주가가 하락하거나 너무 변덕을 부리면 그 즉시 주식을 팔고 싶은 유혹에 빠진다. 따라서 애초부터 주가 등락이 심하지 않은 종목을 선택하면 불필요한 매매 충동으로부터 자유로울 수 있다.

오래전 필자는 집 주변의 맥도널드에 들를 때마다 종업원들이 참고하도록 벽에 붙여 놓은 1일 판매량 집계표를 꼭 들여다보곤 했다. 이 집계표에는 그날의 총 판매량과 메뉴별 판매 수량이 기재되어 있었다.

1년여 동안 이 집계표를 지켜보면서 필자는 그 수치가 놀랍게도 일관적이라는 것을 알게 되었다. 공휴일과 일요일을 제외하고는 거의 매일 동일한 수의 고객들이 이 맥도널드를 다녀갔다. 그 정도면 앞으로의 고객 수도 충분히 예측할 수 있을 정도였다. 그리고 그들 중 68~70퍼센트는 드라이브인 코너에서 음식을 주문해 갔다. 주식투자로 고수익을 올리고자 한다면 투자 대상 기업이 이처럼 일관적으로 이익을 내고 있는지를 살펴보아야 한다.

1998년 들어 외식업에 대한 인기가 시들어 가기 이전까지, 크래커 배럴 Cracker Barrell은 레스토랑 역사상 가장 높은 이익 성장률을 기록한 업체 중

하나였다. 10년 이상 매출과 이익이 매년 15~20퍼센트 가까이 성장했다. 이익이 늘어남에 따라 이 회사의 주가도 더불어 상승했다. 일관적인 이익 성장률은 크래커 배럴의 중대한 성공 요인 중 하나였다. 크래커 배럴의 1일 평균 테이블 회전율은 8회였다. 이 레스토랑은 평균 좌석 수가 175~200개나 되는데도 이렇게 놀라운 회전율을 보였던 것이다. 그 결과 크래커 배럴의 체인점들은 보통 1년에 300~400만 달러의 매출을 올렸다. 맥도널드보다 높은 매출이다.

당시 투자자들에게 크래커 배럴은 '황금 광맥'이었다. 이 프랜차이즈 레스토랑은 어디에 위치하든 1일 평균 8회의 테이블 회전율을 보이고 있었고, 1년에 30퍼센트 이상의 투자 수익률을 올릴 수 있었다. 즉 크래커 배럴이 새로 개업하는 레스토랑에 100만 달러를 투자하면 매년 적어도 30만 달러의 수익이 돌아왔다.

워렌 버핏은 이런 일관성을 매우 중시했다. 그의 연구에 의하면 일관성 있는 실적을 올리는 기업은 주가 역시 일관성 있게 상승하는 경향을 보였다. 또한 실적이 들쑥날쑥하는 기업보다 주가 상승률이 훨씬 더 안정적이었다. 따라서 일관성이 떨어지는 기업은 모든 투자자들에게 '독'이나 다름없다. GM, 알코아, 슐럼버저Schlumberger, 시어스 로벅과 같이 장기간에 걸쳐 이익 성장률이 들쑥날쑥하는 기업은 주가의 움직임 역시 롤러코스터와 비슷한 양상을 보였다. 이익 성장률이 빠르게 올라가는 동안에는 이 기업들의 주가도 급등하지만, 머지않아 그와 같은 성장률을 유지하지 못하면 투자자들이 떼를 지어 빠져나간다. 그 결과 주가가 급격히 하락한다. 보통 이런 기업들의 주가는 한두 해 상승하다가 장기적인 하락세로 들어설 때가 많다.

이처럼 이익 및 주가의 변동이 들쑥날쑥하는 종목에 투자하면 장기간에 걸쳐 투자 수익률이 크게 줄어든다. 1999년 말, 시어스 로벅의 주가는 1972년과 비슷한 30달러 수준으로 하락했다. 그리고 GM의 주가도 1972년 수준보다 겨우 15달러 정도 높은 가격에 거래되고 있었다. 1999년 초 슐럼버거의 주가도 1980년 수준으로 하락했다. 이 기업들의 주가가 20년 이상 큰 폭으로 상승과 하락을 반복한 것은 이익률이 일관성 있게 증가하지 않았기 때문이다. 그럼에도 불구하고 가까운 장래에 이 기업들의 이익이 일관성 있게 성장할 것이라고 확신하는 투자자들은 사라지지 않았다.

> 버핏은 일관성 있게 실적을 올리는 기업만 골라서 투자해 왔기에 주가 변동에 따른 위험을 피할 수 있었다. 그는 매년 꾸준히 15퍼센트의 이익 성장률을 기록하는 기업의 주가는 대부분의 다른 종목들과는 다른 행보를 보인다는 것을 알게 되었다.

버핏은 일관성 있게 실적을 올리는 기업만 골라서 투자해 왔기에 주가 변동에 따른 위험을 피할 수 있었다. 그는 매년 꾸준히 15퍼센트의 이익 성장률을 기록하는 기업의 주가는 대부분의 다른 종목들과는 다른 행보를 보인다는 것을 알게 되었다. 버핏이 이런 종목을 계속 보유하고 있으면, 때때로 주가가 기업의 내재가치 이상으로 상승할 때도 있었다. 간혹 이런 종목의 주가가 급격히 하락하는 경우에 그는 이 주식을 더 매수해서 주가가 더 이상 오를 여력이 없을 때까지 계속 보유한다.

다음은 버핏이 1992년의 연례보고서에 쓴 내용이다.

1919년에 주식 공개를 시작한 코카콜라는 주식시장에서 아주 전통적인 사례로 남아 있다. 주식 공개 후 코카콜라는 불경기를 경험했다. 전쟁도 경험했다. 설탕 가격은 오르내림을 계속했다. 그사이에 수많은 일들이 발생했다. 그런데도 코카콜라는 변화로부터 타격을 입지 않았다. 그 회사의 제품이 꾸준히 인기를 끌거나 경제성을 유지할 수 있을지를 살피는 것이 주가의 등락에 신경 쓰는 것보다 더 중요하다.

버핏은 주가의 변동폭이 아주 좁은 종목들로 포트폴리오를 구성하려고 노력했다. 투자하려는 종목의 주가가 변동이 심하다면 투자자들은 자신의 전략에 대해 다시 생각해 보아야 한다. 대부분의 투자자들은 손익계산서나 대차대조표가 아닌 주가를 기업 성공의 척도로 간주하는 경향이 있다. 이 투자자들은 주가가 상승하면 기업의 실적이 좋아지고 있다는 것으로 받아들인다. 주가가 하락하면 그 반대의 경우라고 보는 것이다. 이들은 주가가 하락하거나 너무 변덕을 부리면 그 즉시 주식을 팔고 싶은 유혹에 빠진다. 따라서 애초부터 주가 등락이 심하지 않은 종목을 선택하면 불필요한 매매 충동으로부터 자유로울 수 있다.

기업의 일관성을 확인하는 가장 좋은 방법은 과거부터의 실적을 살펴보는 것이다. 버핏은 장기간에 걸쳐 장부가치와 내재가치가 꾸준히 증가하는 종목에 집중투자함으로써, 포트폴리오의 가치가 크게 변동하는 것을 사전에 예방할 수 있었다. 최근 몇 년 사이의 투자자들이 버핏이 보유한 종목을 전례 없이 과대평가했을 때도 버핏은 비정상적인 주가 등락으로 인한 피해를 거의 입지 않았다. 코카콜라는 1998년 고점에서 EPS의 60배 이상의 가격에 거래되었고, 월트 디즈니와 질레트는 1998년과 1999년에 EPS의 40배에 거래되었다. 그러나 이 세 기업의 과거 실적을 살펴보면, 이 시점에 매수하면 모두 과거 이익의 상당량을 까먹게 될 뿐만 아니라 앞으로의 수익도 그다지 좋지 않으리란 것을 알 수 있었다. 결국 버핏은 자기 자신 또는 시장의 기대를 만족시켜 주지 않는 종목에 투자하는 실수를 좀처럼 저지르지 않았다.

　기업의 과거 실적은 일단 현재까지의 일관성을 살펴보는 데 도움이 된다. 주가에 내재된 위험을 제거하고 비정상적인 주가 등락을 피하는 또 다른 방법은 그 기업의 미래이익을 추산하고 예측하는 것이다. 주가란 결국 기업의 과거보다는 미래이익을 반영하기 때문에 향후 10년 이상 일관성을 유지할 수 있는 기업을 선택해야 한다.

　투자자들에게는 미래를 예측하는 일이 수수께끼를 푸는 것과 같다. 미래에 대해서 확실하게 얘기할 수 있는 사람은 없다. 단 대다수의 기업과 산업이 향후 10~15년에 걸쳐 큰 변화를 경험할 것만은 분명하다. 예를 들어 경기는 어떻게든 변해 갈 것이고, 금리가 오르거나 내릴 것이다. 달러화는 강세를 보이거나 가치가 하락할 것이다. 게다가 기술과 생산성의 변화는 사업 환경을 어떻게든 바꿀 것이다. 오늘날 인기 있는 산업이 5년 내에 사양산업으로 바뀔 수도 있다. 월스트리트에서 얼마 전까지 찬사를 아끼지 않았던 바로 그 IT기업들도 미지의 새로운 경쟁자들을 맞이하여 경쟁력을 상실할 수 있다. 이런 기업들은 투자자들이 정확히 분석하기는 어려울 정도로 기술 변화와 생산성 향상의 속도가 빠르다. 이러한 사실을 염두에 두지 않는다면, 종목을 선정할 때 실수를 저지를 가능성이 높다. 워렌 버핏은 1999년의 연례보고서에 다음과 같이 썼다.

　사회적 관점에서 볼 때 신기술 또는 첨단 기술high technology은 매우 유익한 것이다. 그런데 우리는 기업들이 10년, 20년 또는 30년 후 어디까지 어떻게 발전해 나갈 것인지 일반적인 방법으로 예측 가능한 기업을 찾기 위해 노력하고 있다. 즉 변화로부터 별로 영향을 받지 않는 기업을 찾고 있다. 투자자

> 우리는 보통 변화를 거듭하는 기업이 큰돈을 벌 수 있다고 생각하지는 않는다. 우리는 현재 우리에게 고수익을 안겨다 주는 기업들의 돈 버는 방법을 그대로 이어지고 우리가 미래에 더 많은 돈을 벌 수 있도록 변화가 나타나지 않기를 희망한다.

의 입장에서 볼 때 변화는 기회에 비해 위험 요소를 더 많이 내포하고 있다. 이는 오늘날 대부분의 사람들이 기업을 바라보는 관점과는 많이 다를 것이다. 몇 가지 예외는 있겠지만, 우리는 보통 변화를 거듭하는 기업이 큰돈을 벌 수 있다고 생각하지는 않는다. 우리는 현재 우리에게 고수익을 안겨다 주는 기업들의 돈 버는 방법을 그대로 이어지고 우리가 미래에 더 많은 돈을 벌 수 있도록 변화가 나타나지 않기를 희망한다.

콜레코Coleco, 카이프로Kaypro, 코로나 컴퓨터스Corona Computers, 그리드 시스템스GRiD Systems, 모호크 데이터 사이언시스Mohawk Data Sciences, 코모도어Commodore와 같은 하드웨어 및 소프트웨어 기업들의 주식은 1980년대 중반에 가장 인기를 끌었다. 모두 PC 시대가 도래하면서 시장에서 강력하게 추천받던 종목이었다. 그들의 주가가 최고점에 다다랐을 때는 PER가 무려 100을 넘어섰다. 그러나 이 종목들은 모두 주식시장에서 빠르게 사라져 갔다.

1999년 중반 워렌 버핏은 언론으로부터 집중적인 비난을 받았다. 언론은 그가 첨단기술 시대에 어울리지 않는 진부한 사고방식을 가지고 있으며, 지난 2년간 투자자에게 많은 수익을 가져다 준 고성장 나스닥 종목을 피한 것은 큰 실수라고 했다. 특히 버핏이 일부러 기술주를 피했다는 게 알려지자, 많은 투자자들이 금융 잡지나 채팅 룸에서 그를 조롱했다. 대부분이 워렌 버핏의 시대는 끝났고, 그는 이미 구시대인이라는 내용이었다.

버핏은 기술기업들이 미국 경제 규모의 큰 부분을 차지할지라도, 기술주 자체는 신중한 투자자들에게조차도 예측을 불허한다는 점을 지적하면서 자신의 입장을 고수했다. 기업의 미래를 예측할 수 없다면 그 가치를 평가할 수 없다. 그리고 기업의 가치를 평가할 수 없다면 투자수익을 확신할 길도 없다. 미래를 전혀 예측하기 힘든 이런 종목의 가치는 주당 200달러일 수도 있고, 주당 2달러일 수도 있다. 그 기업의 주가가 합리적인 가격인지 그렇지 않은지는 사실이 밝혀질 때까지 아무도 알 수 없다. 1998년 버핏은 주주들에게 이렇게 말했다. "내가 교수라면 인터넷 기업의 주식 가치가 얼마인지 학생들에게 물은 후 그 질문에 답을 내놓는 학생에게는 무조건 F학점을 줄 것이다."

워렌 버핏이 기술주를 피한 진짜 이유

2000년에 들어서자 수많은 투자자들이 조만간 기술주의 투자 수익률이 두 배로 증가할 것이라는 막연한 기대를 안고 기술주에 대폭 투자했다. 그리하여 이런 종목들의 주가를 엄청난 수준으로 끌어올리는 데 일조하게 되었다. 그러나 이 투자자들은 당시 다음과 같이 곰곰이 생각해 보는 시간을 가졌어야 했다.

- 가장 인기를 끌고 있는 인터넷주인 야후와 아마존은 왜 큰 이익을 발생시키지 못하는가? 결국 그들은 상품의 공급업체에 불과하다. 그리고 현재 공급업체들의 이익률은 그리 높지 않다. 야후와 아마존은 2000년이 되기까지 이렇다 할 이익을 발생시키지 못했다. 따라서 신중한 투자자라면 이 기업들이 결코 많은 이익을 창출할 수 없다고 결

론을 내릴 것이다. 이 종목을 사면 후에 손해를 볼지도 모른다.

- 인터넷용 하드웨어 기술이 시스코 시스템스가 제공하는 기술 체계를 바꾸고 대체할 가능성은 없는가? 시스코 시스템스의 주가가 정말 EPS의 140배만큼의 가치가 있는가? 2000년 초에 이 가격에 이 종목을 구입하면 나중에 그만큼의 보상을 받을 수 있을까?

- 인텔을 세계 시장 점유율 1위로 만든 펜티엄 마이크로칩을 완전히 대체할 새로운 형태의 마이크로프로세서가 개발될 가능성은 없는가? 인텔이 반도체 회사로서 빠르게 시장을 장악한 것처럼 또 다른 경쟁적 기술이 출현하여 펜티엄을 몰아낼 가능성은 없을까?

- 다시 경기 침체기로 빠져서, 주가가 상승 중인 월마트 및 홈데포와 같은 유통업체의 수익이 폭락할 가능성은 없는가? 1999년 말, 이 업체들은 불경기에도 전혀 영향을 받지 않는 것처럼 EPS의 40배가 훨씬 넘어선 가격에 거래되었다. 이 기업들이 과거와 마찬가지로 경기에 민감하다는 사실에도 불구하고 다수의 투자자들은 최고점에서의 이익 성장률이 계속 지속될 거라고 믿고 있었던 게 아닐까?

- 케이블과 무선사업을 쇠퇴시킬 만한 신기술이 개발될 수 있는가? 그렇다면 퀄컴, JDS 유니페이스, 사이언티픽 애틀랜타 Scietific Atlanta 등의 주가는 어떻게 될 것인가?

- PC가 일용품이 되고, 전화회사에서 무상으로 제공하며, 더 이상 가정에서 운영체제가 필요없게 된다면 델 컴퓨터, 컴팩, 마이크로소프트의 운명은 어떻게 될 것인가? 이 기업들의 주가가 1999년과 같이 EPS의 70배를 유지할 수 있을까?

이러한 경우가 가능할까? 불가능할지도 모른다. 그러나 그런 일이 일어나지 않으리라 확신하는 것 또한 어리석은 짓이다. 우리는 현실에 안주하다가 시장을 뒤흔든 기술혁신에 자리를 빼앗긴 사양산업들을 역사 속에서 얼마든지 찾아볼 수 있다. 마이크로소프트의 설립자이며 회장인 빌 게이츠조차도 기술의 세계는 매우 빠르게 변하기 때문에 실제적으로 확실한 것은 아무것도 없음을 인정했다.

기술주의 주가가 수직에 가까울 만큼 상승하리라 예상하고 투자한 사람들은 언제라도 실패를 맛볼 수 있다. 빌 게이츠는 1998년 워싱턴 대학 경영대학원에서의 강연에서 다음과 같이 말했다. "나는 기술주들이 코카콜라나 질레트와 같은 종목보다 훨씬 낮은 가격에 거래되어야 한다고 생각한다. 왜냐하면 이 분야의 기술 표준은 언제라도 완전히 뒤바뀔 수 있기 때문이다."

많은 투자자들이 마이크로소프트, 시스코 시스템스, 오라클, 노던 텔레콤Nothern Telecom, 루슨트 테크놀로지Lucent Techonlogies 등이 향후 수년 동안 높은 이익을 올릴 수 있다고 믿고 있다. 그러나 그만큼 기술혁신의 속도가 빠르기 때문에 이익이 줄어들 위험도 상존하고 있다. 버핏이 자주 지적해 왔듯이 기술주의 미래는 거의 예측이 불가능하다. 오라클은 주가가 EPS의 110배인 상태에서 2000년을 시작했다. 이 주가에 구매한 투자자가 수익을 창출하려면 오라클은 현재의 이익 성장률을 향후 10년 이상 계속 유지해야 한다. 또한 야후의 높은 주가 역시 합당하지 않다.

늘 한결같은 기업에 투자하라

그렇다면 오늘날 주가를 바라보는 이 패러다임이 틀렸다면, 투자자들이 따라야 할 올바른 방법은 무엇일까? 버핏은 그런 방법은 분명 존재한다고 말한다. 왜냐하면 핵심 사업을 수십 년 동안 중단 없이 성장시켜 온 다수의 기업들이 존재하기 때문이다. 그동안 일관된 실적을 보여 온 기업들이 있고, 이러한 기업들이 향후 수십 년 동안에도 유사한 실적을 보일 것이 확실하다면, 안정적인 투자수익을 올리는 것도 가능하다. 코카콜라는 콜라를 만들어 팔면서 100년 이상 동일한 사업을 영위해 왔다. 이 기업의 핵심 전략은 결코 바뀌지 않을 것이다. 10년 동안 눈을 감고 있다가 떠도 코카콜라는 지금의 사업을 그대로 지속하고 있을 것이다. 변할 것이 있다면 매출과 이익의 확대 정도일 것이다. 버핏은 코카콜라에 대해 자신의 생각을 밝혔다.

> 주식투자를 한 후 10년 동안 어디론가 떠나 있다가 다시 돌아온다고 가정해 보자. 투자한 기업에 대해 과거에 알고 있던 것을 그대로 다 알고 있고, 떠나 있는 동안 바뀐 것이 아무것도 없다면 얼마나 기분이 좋겠는가? 나는 확실한 것이 좋다. 시장이 지속적으로 변하며 성장하고 있는데도, 10년 전에 시장을 이끌던 기업이 여전히 시장을 이끌어 가고 있다면 얼마나 안심인가. 그래서 나는 코카콜라와 같은 기업이 또 존재할 것이라고 생각하지 않는다.
>
> 질레트, 앤호이저 부시Anheuser Busch, 존슨 앤드 존슨Johnson & Johnson, 할리 데이비슨, 투시 롤 인더스트리스Tootsie Roll Industries, 웬디즈 인터네

셔널Wendy's International, 오토매틱 데이터 프로세싱 Automatic Data Processing, 제뉴인 파츠, 패니 매이, 윌리엄 리글리William Wrigley, 허시Hershey 등과 같은 기업에도 같은 논리가 적용될 수 있다. 그렇지만 이 기업들은 1999년 가장 인기 있던 업체들의 일부였던 퀄컴과 글로벌 크로싱, JDS 유니페이스 등이 지닌 매력이 결여되어

> 나는 확실한 것이 좋다. 시장이 지속적으로 변하며 성장하고 있는데도, 10년 전에 시장을 이끌던 기업이 여전히 시장을 이끌어 가고 있다면 얼마나 안심인가. 그래서 나는 코카콜라와 같은 기업이 또 존재할 것이라고 생각하지 않는다.

있다. 그럼에도 이 기업들은 매년 주주들에게 계속해서 수익을 안겨 주고 있다. 패니 매이는 금리와 관계없이 매년 12~17퍼센트의 이익 성장률을 올리는 훌륭한 비즈니스 모델을 개발했다. 그 결과 패니 매이의 투자자들은 일관된 주가 상승을 기대할 수 있다. 실제로 패니 매이는 1990년대에 주가 등락폭이 가장 좁았던 대형주 중의 하나였다.

맥도널드와 같은 기업들의 전략이 변할 일은 거의 없다. 맥도널드의 1일 판매량 집계표를 보고서 투자한 사람은 자신이 일관된 투자 수익률을 올릴 수 있으리란 걸 확신할 수 있다. 지금부터 5년이 지나더라도 매일 같은 수의 고객들이 맥도널드를 찾고, 그중 많은 고객들이 드라이브인 창구를 이용할 것이다. 이와는 달리 인터넷 기업이 맥도널드처럼 일관성 있게 이익을 창출할 잠재력은 어느 정도인가? 그리 높지 않은데도 왜 야후와 같은 인터넷 기업의 주식이 맥도널드의 두 배의 가격에 거래되었던 것일까? 시스코 시스템스나 선 마이크로시스템스가 15년 후에 어떻게 될 것인지 확신할 수 있을까? 그때도 지금과 같은 사업으로 기업을 이끌 것인가? 아니면 그들의 비즈니스 모델이 근본적으로 바뀔 것인가?

이처럼 미래를 예측하기가 불투명한 종목에 과도한 비용을 지불해서는 안 된다. 결국에는 기업이 투자자를 위해 잠재적으로 창출할 수 있는 모든

이익을 반영하게 되는 것이 주식의 운명이다. 미래이익에 대한 확신이 없다면, 그에 합당하지 않은 자금을 지불하면서 위험에 빠질 필요가 없다. EPS의 100배에 거래되는 종목은 매출과 이익이 매년 30~40퍼센트 성장할 수 있어야 투자 가치가 있는 것이다. 이는 수학적으로 거의 불가능한 수치다.

때때로 일부 투자자들은 지나칠 정도로 자기 자신을 신뢰한다. 이들은 최고의 투자 대상을 골랐다고 생각하면서, 그 기업이 늘 변함 없이 높은 이익 성장률을 지속하기를 희망한다. 그러나 실제로는 아주 소수의 기업만이 그러한 행운을 누릴 뿐이다. 한때는 견실했던 일부 기술주들처럼 마이크로소프트와 월마트의 이익 성장률도 요즈음 상당히 둔화되었다. 이익 성장률 둔화를 훨씬 더 빨리 겪게 되는 기업들도 있다.

1990년대에 투자자들은 상승장이 계속될 것이라고 잘못 가정했다가 투자수익이 확실할 것이라고 생각했던 종목들의 주가가 급락하는 것을 지켜보아야 했다. 석유 관련 종목은 원유에 대한 수요가 꾸준할 거라는 데 힘입어 높은 수익을 가져다 줄 것으로 예상되었다. 폐기물 처리회사들은 인구 성장과 매립지 부족으로 실적이 향상될 것으로 기대되었다. 맥주회사와 골프채 제조회사들은 부의 효과wealth-effect(주가 상승으로 개인의 부가 늘어나는 현상-역자주)를 누릴 것이며, 의료기기 업체들은 전 세계적으로 건강에 관한 관심이 고조되면서 주가가 급등할 것으로 예상되었다.

보스턴 치킨Boston Chicken은 최고의 가족 레스토랑으로 성장할 것으로 주목받고 있었다. 그러나 이 기업은 주가가 40달러로 최고점을 찍은 뒤 18개월만인 1999년에 파산을 선언했다. PC부품 제조업체인 아이오메가Iomega와 웨스턴 디지털Western Digital은 컴퓨터 업계에서 경이적인 성장을 할 것으로 예상되었다. 그러나 이 두 회사는 결국 어느 누구도 예상하지 못했던 가격 압력으로 문을 닫아야만 했다. 버핏은 어떠한 역경도 없이 꾸준히 성장하는 기업은 그리 많지 않다고 말한다. 다음은 1999년 연례보고서에서 버핏이 밝힌 내용이다.

여러분이 매일 무엇을 하는지 바라보면서 그것을 더 쉽게 할 수 있도록 도와 주는 방법을 모색하거나 더 저렴한 가격에 더 나은 제품을 만들기 위해 노력하는 기업들은 아주 많다. 그러나 단지 소수의 기업만이 이를 해낼 수 있다. 수십 년간의 경제 발전 과정을 거친 후이지만, 미국에는 실질적으로 시가총액이 30억 달러를 넘는 기업이 400개 정도밖에 되지 않는다. 그러나 주식을 공개하자마자 시가총액이 30억 달러에 다다른 기업들도 있다. 투자자는 이 모든 것들이 타당한지 수학적으로 따져 보아야 한다.

한때 언론은 급등주인 기술주를 놓쳤다며 버핏을 비웃었다. 그러나 그들은 버핏이 보스턴 치킨과 같이 손해를 볼 주식에는 결코 투자를 하지 않는다는 사실을 간과하고 있었다. 그는 마이크로소프트와 인텔이 상승세를 탔을 때 투자 대열에 동참하지 않았지만, 맥주 거품처럼 한순간에 김이 빠져 버린 아이오메가와 웨스턴 디지털과 같이 위험한 다수의 기술주들도 피할 수 있었다.

불행하게도 비즈니스 세계에는 이런 맥주 거품과 같은 기업들이 튼튼한 기업보다 훨씬 많다. 맹목적으로 기술주에 투자하는 것은 기껏 해봐야 그저 그런 수익을 올리게 되는 지름길일 뿐이다. 마이크로소프트와 같이 성공하는 기술기업은 거의 없다. 1980년대 컴퓨터 주에 손을 댄 투자자들에게 물어보라. 1980년대 중반에 거래된 모든 컴퓨터 하드웨어 기업의 주식을 골고루 매수했더라면, 20세기가 끝날 때쯤 아마 본전도 찾기 힘들었을 것이다. 그나마 애플 컴퓨터, 컴팩 등을 포함한 몇 가지 우량 종목에도 투자했더라면 다른 불량기업의 손실을 상쇄할 수 있었을 것이다.

1980년대 중반, 미래를 읽지 못한 투자자들은 많은 종목들 중에서 불확실한 예측만으로 주식을 선정할 수밖에 없었고, 그들 대부분은 손실을 입었다.

제15장

채권보다 수익률이 높은 종목 고르기

주식의 이익 수익률 높이기
주식과 채권을 비교하는 여섯 가지 법칙
버핏 포트폴리오의 이익 수익률
주식이 채권보다 가치가 떨어질 때

> 투자 대상이 인플레이션이나 자산의 자연적인 감가상각률과 보조를 맞추지 못하면, 그 자산의 가치는 줄어들게 되어 있다. 돈을 그냥 집에 쌓아 두지 않고 투자를 하는 가장 근본적인 이유는 인플레이션의 영향으로부터 자산의 가치를 보호하려는 것이다.

머니 매니저인 제럴드 러브Gerald Loeb는 인플레이션에 대한 대비책으로 무작정 자산을 사들이는 것은 어리석은 일이라고 말했다. 인플레이션에 대한 위험이나 구매력의 상실 등으로 인한 가치평가가 제대로 이루어지지 않은 채 투자한 자산은 큰 손실을 안겨 줄 수도 있다. 투자자는 자기 스스로를 위험으로부터 보호하기 위해 노력해야 한다. 어떤 곳에 투자하든 시간이 가면서 발생하는 자산의 자연적인 감가상각을 보상받을 수 있는 대상에 투자해야 한다. 또한 어떤 투자든 적어도 비슷한 위험을 가진 비슷한 자산과 같은 잠재적 투자 수익률을 올려야 한다.

이것은 부를 축적하는 데 매우 중요한 개념이다. 투자 대상이 인플레이션이나 자산의 자연적인 감가상각률과 보조를 맞추지 못하면, 그 자산의 가치는 줄어들게 되어 있다. 따라서 자연적인 감가상각률보다 더 빠른 속도로 가치가 증가하는 자산들로 포트폴리오를 구성해야 한다. 알다시피 돈을 그냥 집에 쌓아 두지 않고 투자를 하는 가장 근본적인 이유는 인플레이션의 영향으로부터 자산의 가치를 보호하려는 것이다.

과거 오랫동안 인플레이션은 주식투자자에게 유리하다는 인식이 지배적이었다. 인플레이션 덕에 기업은 상품의 가격을 인상하기가 용이했다. 또한 매출과 이익, ROE 등의 실적을 공개할 때도 유리하게 작용했다. 그러나 오늘날에는 인플레이션이 그와 반대되는 개념으로 이해되고 있다. 즉 기업 이익의 가치를 깎아내리고, 인플레이션율을 반영해서 가격이 책정된 채권 등의 다른 투자 대상보다 주식의 매력을 떨어뜨릴 수도 있기 때문이다. 1977년 버핏이 〈포춘〉지에 기고한 다음 글을 참조해 보자.

> 산술적 관점에서 얘기하자면 인플레이션은 지금까지 책정된 모든 세금보다도 가장 혹독한 형태로 우리에게 세금을 내라고 강요하고 있다. 이 '인플레이션 세금'은 화폐의 가치를 떨어뜨리는 놀라운 능력을 가지고 있다. 5퍼센트 이자가 붙는 통장에 돈을 넣어 둔 사람에게는 인플레이션율이 0퍼센트인 기간 동안 이자수입에 대해 100퍼센트의 소득세를 내든, 인플레이션율이 5퍼센트인 기간 동안 소득세를 전혀 내지 않든 어느 경우이건 같은 결과가 온다.

인플레이션은 결코 사라질 수 없는 강력한 경제적 힘이다. 1990년대처럼 인플레이션이 오랫동안 고정 상태에 놓여질 수도 있다. 그러나 결코 사라지지는 않는다. 정부가 경기에 유동성을 부여하거나 화폐의 가치를 저하시킬 수 있는 권한을 가지고 있는 한, 투자자들은 언제라도 물가 인상을 야기하는 재정적 조치가 나올 수 있다는 것을 염두에 두어야 한다. 버핏은

> 인플레이션이 장기간에 걸쳐 계속되고 채권 수익률이 오르면, 주식의 PER가 떨어지는 경향이 있다. 인플레이션이 안정세로 돌아서면 채권 수익률은 떨어지고 PER는 오른다.

언젠가 이렇게 말한 적이 있다. "청춘virginity과 물가 안정은 유지 가능한 것처럼 보이지만 절대로 되돌릴 수 없다."

인플레이션은 주가에 중대한 영향을 미친다. 1994년에는 인플레이션으로 인해 주가가 수개월 동안 하락한 적이 있다. 1994년 말까지 11개월 동안 주가가 횡보를 해오자, 손해를 보게 된 많은 투자자들이 주식시장을 떠나 채권에 투자하기 시작했다. 1년 전만 해도 주가가 EPS의 20배였지만, 이때는 8~9배에 거래되고 있었다.

1987년의 블랙 먼데이Black Monday 때도 연방준비제도이사회의 금리 인상 조치를 불러온 물가 인상으로 인해 주식시장이 깊은 나락에 빠졌다. 이때는 주가지수가 508포인트 폭락했다. 주가 하락 수개월 전에 금리가 오르기 시작했고, 애널리스트들은 주식시장을 하향세로 재평가했다. 1970년대 장기간 지속된 하락장세 역시 물가 인상과 관련이 있었고, 순이익의 수십 배로 거래되던 수십 종목의 인기 있는 대형주들의 주가를 끌어내렸다.

인플레이션이 장기간에 걸쳐 계속되고 채권 수익률이 오르면, 주식의 PER가 떨어지는 경향이 있다. 인플레이션이 안정세로 돌아서면 채권 수익률은 떨어지고 PER는 오른다. 이처럼 주식과 인플레이션, 채권 사이의 상관관계는 결코 미미하지 않다. 장기간에 걸쳐 주식과 채권의 가격은 같은 경제적 현상에 비슷하게 반응하는 경향이 있다. 주식과 채권 사이의 관계를 따질 때는 채권의 이표에 대한 개념을 이해해야 한다. 액면가로 채권을 발행하고 표면 이율에 따라 연이자를 일정 기간에 나누어 지급하는 이표채coupon bond의 경우, 이표는 채권투자로부터 기대할 수 있는 연간 수익을 나타낸다. 즉 채권의 이표는 정부나 기업 등의 채권 발행기관이 채권 액면가의 일정 비율을 매년 지급할 것을 약속하는 금액이다. 액면가 1천 달러의 채권을 6.5퍼센트의 이표 이자율로 발행한 기업은 채권 보유자에게 매년 65달러(1천 달러의 6.5퍼센트)를 채권 만기 시까지 지급한 후, 만기 시에는 원금인 1천 달러를 지급해야 한다. 채권 소유자가 아무리 많이 바뀌든, 어떠한 금액에 거래되든 매년 65달러는 고정되어 있다.

매해 채권의 이표 지급액은 결코 변하지 않는다. 따라서 채권의 가치는 다음 세 가지 요인에 의해 결정된다. 첫째는 채권의 만기일까지 남아 있는 기간 동안 예상되는 인플레이션율, 둘째는 같은 시점에 만기가 되는 국채의 일반적인 수익률, 셋째는 발행기관의 재무 안정성과 관계된 리스크 프리미엄risk premium이다. 1년간 인플레이션율이 4퍼센트일 거라고 예상하고 있는데, 채권이 만기에 4퍼센트 이상의 수익률을 보장해 주지 못할 것 같으면 채권을 사지 말아야 한다. 그렇지 않으면 구매력을 잃게 되는 것이다.

주식도 이표에 해당하는 형식으로 투자수익을 제공한다. 주식의 투자수익은 기업이 연간 창출하는 이익률에서 나온다. 매년 기업이 창출하는 이익은 법적으로 주주의 몫이다. 그러나 대부분의 경우 기업은 매년의 이익을 주주들에게 돌려주기보다는 미래에 더 높은 이익을 창출하기 위해 재투자한다. 그래서 채권이 만기에 수익을 가져다 주는 것처럼 주식도 이익을 재투자해서 수익을 발생시킨다. 이것이 바로 이익 수익률earnings yield 이다. 버핏에 의하면 주식의 이익 수익률을 채권의 수익률과 비교해 보아야 한다는 것이다. 이렇게 따지면 주식을 선정하는 투자자의 목표는 채권 투자자의 목표와 크게 다르지 않다. 즉 인플레이션에 대한 보상을 받을 수 있는 수익을 가져다 주는 투자 대상을 물색하는 것이다. 그것을 넘어서서 주식투자자는 비교적 위험이 적고 안정적인 국채의 수익률을 능가하는 이익 수익률을 낼 수 있는 종목을 골라서 투자해야 한다. 그렇게 함으로써 인플레이션을 이겨 내고 수익률에 대한 보장이 확실치 않은 주식을 보유하고 있을 때의 위험을 보상받을 수 있다. 채권이 매년 정해진 비율의 이자를 지급하는 반면 기업의 이익은 매년 크게 오르내릴 수 있다.

만약 30년 만기 국채의 수익률이 6퍼센트라면, 매년 주당 1달러의 고정 순이익을 내는 기업의 주식에 투자해서 동일한 6퍼센트의 이익 수익률을 기대하려면 16.67달러에 매입해야 한다. 이 기업이 투자 위험을 내포하고 있다면, 이론적으로 이 기업의 가치는 주당 16.67달러 이하가 된다. 주가가 12달러일 때 매입해서 1달러의 이익을 얻었다면 이익 수익률은 8.33퍼센트가 된다. 14달러일 때 매입했다면, 이익 수익률은 7.14퍼센트다.

주식의 이익 수익률과 국채 수익률 그리고 주가 사이의 이 직접적인 관계는 기업이 매년 주주 대신에 주당 1달러를 벌 수 있는 한 영속적으로 유지된다. 국채 수익률이 상승하면 주식의 이익 수익률도 그와 같이 높게 잡아서 투자해야 한다. 주식의 이익 수익률이 채권 수익률과 똑같아지려면 주가가 떨어져야 한다. 국채 수익률이 떨어지면, 이와 연관해서 주가가 상승하리란 것을 기대할 수 있다.

주식의 이익 수익률 높이기

주식을 채권의 대체투자 상품으로 생각해 보자. 주식은 매년 투자수익이 전년보다 늘어날 수도 있고, 줄어들 수도 있다. 매우 가변적이며 역동적이다. 채권에 투자할 경우에는 연수익률이 얼마인지 알려져 있고 만기에 정확하게 지급받을 수 있다. 반면 주식의 투자 수익률은 추정에 의존할 수밖에 없다. 따라서 주식투자자는 다음 사항을 확인해야 한다.

> 주식투자자로서는 투자를 함으로써 얻게 되는 수익률을 지속적으로 올리기 위해 노력해야 한다. 장기간에 걸쳐 이익 수익률이 상승하는 기업의 주식을 매수하면 이 목적을 달성할 수 있다.

- 주식의 이익 수익률이 인플레이션율을 앞서는 종목을 골라야 한다.
- 이익 수익률이 인플레이션율을 반영해서 가격이 책정된 국채의 수익률을 앞서는 종목을 골라야 한다.
- 이익 수익률이 장기간에 걸쳐 상승해야 한다.

이 중에서도 세 번째 사항이 가장 중요하다. 주식투자자로서는 투자를 함으로써 얻게 되는 수익률을 지속적으로 올리기 위해 노력해야 한다. 장기간에 걸쳐 이익 수익률이 상승하는 기업의 주식을 매수하면 이 목적을 달성할 수 있다. 기업의 이익이 증가하면 이익 수익률도 증가한다. 궁극적으로 주가는 이익 수익률의 증가를 따라갈 것이다. EPS가 1달러이고, 주가가 20달러이며, 연간 이익 성장률이 25퍼센트인 기업의 주식을 예를 들어 보자. 〈표 15-1〉은 이 기업에 투자할 경우 이익 수익률이 어떻게 올라가는지를 보여 주고 있다.

2010년까지 이 기업의 이익은 투자원금에서 46.6퍼센트 증가할 것이다. 인플레이션과 채권 수익률을 훨씬 초과하는 비율이다. 2000년 5퍼센트의 이표 이자율로 구입한 채권은 2010년에도 여전히 이표 이자율이 5퍼센트다. 그 기간 동안 금리가 변하지 않으면 채권의 가격은 고정되어 있

표 15-1 20달러 투자 시의 이익 수익률

연도	EPS($)	누적 이익 수익률(%)
2000	1.00	5.0
2001	1.25	6.3
2002	1.56	7.8
2003	1.95	9.8
2004	2.44	12.2
2005	3.05	15.3
2006	3.81	19.1
2007	4.77	23.9
2008	5.96	29.8
2009	7.45	37.3
2010	9.31	46.6

을 것이다. 그러나 주식은 가치가 급등할 가능성이 높다. 합리적으로 시장에서 기업의 가치를 계속해서 EPS의 20배로 판단한다면, 2010년에 주가는 186.2달러가 된다. 원래 20달러를 투자해서 831퍼센트의 이익을 내게 되는 셈이다.

    이 이익률은 매우 높은 것으로 보인다. 그런데 투자자들은 다음 두 가지 경우 중 한 가지라도 발생하면 투자 수익률을 높일 수 있다. 첫 번째로 기업의 이익 성장률이 25퍼센트를 넘거나, 두 번째로 현재 주가가 20달러 아래로 하락할 때 주식을 매입하는 경우다. 어느 시나리오든지 장기간에 걸쳐 더 높은 이익 수익률을 달성하게 해준다. 이럴 경우 이 기업의 이익 수익률은 첫해부터 시작해 인플레이션율을 큰 폭으로 앞지를 것이다. 예상하는 바와 같이 그 이후에도 마찬가지일 것이다. 그러한 매력적인 수익률 때문에 버핏과 같은 투자자들은 채권이 아닌 주식을 기꺼이 투자 대상으로 선정하고 있는 것이다. 그러나 이 주식이 모든 가격대에서 안전한 것은 아니다. 실제로 주가가 크게 올랐을 때 매입하면 이익 수익률과 투자 매력이 떨어진다.

주가가 현재 20달러가 아니라 40달러에 거래되고 있다고 하자. 이때 투자하면 이익 수익률이 절반으로 줄어들 것이다. 주식은 처음 몇 년간 채권 수익률을 앞서는 수익률을 보여 주지 못할 것이다. 채권 수익률이 6퍼센트라면, 이 종목의 이익 수익률은 2005년까지는 채권 수익률을 능가하지 못할 것이다. 〈표 15-2〉에서 알 수 있는 바와 같이 투자자는 이 종목 투자로 채권을 앞서는 이익 수익률을 올리려면 5년 이상을 기다려야 한다.

이 수익률 시나리오 역시 매년 25퍼센트의 비율로 이익을 증가시킬 수 있는 능력을 갖춘 기업에 투자할 때만 해당한다. 따라서 그런 이익 성장률을 유지할 능력이 없는 기업이라면, 목표 수익률을 더 줄여야 한다. 게다

표 15-2 40달러 투자 시의 이익 수익률

연도	EPS($)	누적 이익 수익률(%)
2000	1.00	2.5
2001	1.25	3.1
2002	1.56	3.9
2003	1.95	4.9
2004	2.44	6.1
2005	3.05	7.6
2006	3.81	9.5
2007	4.77	11.9
2008	5.96	14.9
2009	7.45	18.6
2010	9.31	23.3

가 갑자기 금리가 7퍼센트로 올라 기업의 이익에 대한 매력이 갑자기 감소할 수도 있다. 이럴 때는 이 기업의 이익률에 비해 과도한 주가를 지불함으로써 수익률이 아주 적거나 손실을 보게 될 수도 있다.

연간 이익 수익률이 채권 수익률을 앞설 가능성을 가진 기업은 많다. 기업의 이익이 매년 계속해서 증가하는 한, 주식은 채권의 고정된 이표 이자율이 제공하는 것보다 더 매력적인 투자 기회를 제공할 것이다. 투자자가 이 주식을 수년 동안 보유하면 분명히 채권을 앞서는 결과를 얻을 수 있다. 그러나 보다 성공을 확신하기 위해서는 기업의 이익 성장률뿐만 아니라, 투자자가 현재 주가로 얼마를 지불할 것인지에도 관심을 기울여야 한다.

주식과 채권을 비교하는 여섯 가지 법칙

필자는 채권과 주식을 비교하는 일련의 법칙을 고안해 내서 앞서 출간된 《월스트리트는 세일 중 Wall Street On Sale》에서 밝힌 바 있다. 이 내용이 워렌 버핏의 투자론을 이해하는 데 유용하기 때문에 아래와 같이 요약하고자 한다.

- 주식투자자는 인플레이션율을 능가하는 투자 수익률을 올릴 수 있는 기업을 찾는 것을 최우선 목표로 삼아야 한다. 증시 개장 이래 200년 간의 경험을 통해 주식투자로 충분히 인플레이션율을 앞서는 투자 수익률을 올릴 수 있다는 것이 밝혀졌다.
- 주식투자자는 이미 인플레이션을 예상하여 가격이 책정되어 위험이

적은 국채의 수익률을 앞서는 종목에 투자하는 것을 두 번째 목표로 삼아야 한다. 투자자가 선정한 종목이 채권 수익률을 앞서지 못한다면, 오히려 채권에 투자하는 것이 더 낫다.

> 채권 수익률보다 이익 수익률이 낮아 보이는 주식에 투자해도 되는 경우는 오직 기업이 성장하고 있고 곧 채권 수익률을 넘는 이익 수익률을 올릴 것으로 기대될 때뿐이다.

- 주식과 채권의 잠재적 투자 수익률을 비교하는 적절한 방법은 각각의 매년 지급액을 비교해 보는 것이다. 즉 투자자에게 매년 얼마가 돌아갈지를 비교한다. 채권을 평가할 때는 연간 지급액을 통해 관련 수익률을 파악할 수 있다. 주식을 평가할 때는 기업이 매년 벌어들일 것으로 예상되는 순이익이 얼마나 늘어날 것인지 알아본다.

- 가능하면 투자자는 현재의 이익 수익률, 즉 현재의 EPS를 주가로 나눈 수익률이 장기채권의 수익률과 비슷하거나 그보다 높은 주식을 매수하기 위해 노력해야 한다. 금리가 6퍼센트라면 주식투자 시에도 적어도 6퍼센트에 가까운 이익 수익률을 올려야 한다. 즉 주식의 PER가 17이거나 그 이하인 종목을 골라야 한다. 금리가 8퍼센트면 PER가 12.5나 그 이하인 기업을 찾아야 한다.

- 채권 수익률보다 이익 수익률이 낮아 보이는 주식에 투자해도 되는 경우는 오직 기업이 성장하고 있고 곧 채권 수익률을 넘는 이익 수익률을 올릴 것으로 기대될 때뿐이다. 추후 지속적으로 높은 이익 성장률을 올릴 수 있는 종목이라면 지금 당장은 이익 수익률이 낮아도 되지만, 이때는 비교 기간을 몇 년 안으로 잡아야 한다. 채권 수익률을 따라잡기 위해 5년 이상을 기다려야 한다면, 현재 주가가 너무 높은 것이다.

- 가능한 최저가에 성장주를 사는 것이 채권 수익률을 큰 폭으로 앞설 수 있는 최선의 방법이다. 투자자는 이익 성장률에 따른 복리 효과를 최대한 이용해야 한다. 그래야만 초기 투자금에 대해 더 높은 투자 수익률을 얻을 수 있다. 기업의 이익이 계속 증가하면 원래 투자금에 대한 이익도 계속 증가한다. 이것은 장기간에 걸쳐 주가를 더 높은 수준으로 끌어올린다.

버핏 포트폴리오의 이익 수익률

버핏에 대해 글을 쓴 작가들과 많은 애널리스트들은 버핏이 기업의 재무제표를 철저히 분석해서 우량주를 발견했기 때문에 투자에 성공할 수 있었다고 말한다. 그러나 버핏이 가장 중시해 온 것은 채권의 수익률을 앞서서 꾸준히 성장하는 이익 수익률을 올리는 기업을 찾아내서 그 회사의 주식을 매수하는 것이었다.

〈표 15-3〉은 버핏이 1980~1990년대 주식에 투자한 결과 달성한 이익 수익률을 보여 준다. 이를 보면 버핏이 코카콜라, 질레트, 아메리칸 익스프레스와 같은 소비재 관련 기업의 주식을 지속적으로 보유해 왔던 이유를 알 수 있다. 그가 보유해 온 주요 종목들은 채권 수익률을 훨씬 상회하는 이익 수익률을 가져다 주었다. 한때 보유 주식들 중 일부의 실적이 부진해져서 지금으로서는 초기 투자금에서 상당한 이익을 안겨 주는 종목들을 당시에 매도할 뻔한 적도 있다. 그러나 그는 이 주식들을 계속 보유했고, 현재는 그로부터 많은 수익을 올리고 있다. 만약 그가 그 종목들을

표 15-3 버크셔 해더웨이가 보유한 주식의 이익 수익률

	매입가($)	1990	1991	1992	1993	1994	1995	1996	1997	1998	1999
						기업의 순이익(100만 달러)					
아메리칸 익스프레스	5,070	338	789	436	1,478	1,413	1,564	1,901	1,991	2,141	2,475
코카콜라	20,730	1,382	1,618	1,884	2,188	2,554	2,986	3,492	4,129	3,533	2,431
연방 주택 융자 모기지	6,210	414	555	622	786	1,027	1,091	1,258	1,395	1,700	2,218
연방국가 모기지	12,105	807	1,173	1,455	1,649	2,042	2,141	2,156	2,754	3,069	3,444
개닛	5,655	377	302	346	398	465	477	943	713	783	958
질레트	5,520	368	427	513	427	698	824	949	1,427	1,428	1,260
워싱턴 포스트	2,625	175	119	128	254	170	190	221	282	223	226
웰스파고 은행*	4,215	281	399	518	654	800	956	1,154	1,351	1,950	3,747
					1990년에 순이익의 15배에 매입 시의 이익 수익률(%)							
아메리칸 익스프레스	5,070	6.7	15.6	8.6	29.2	27.9	30.8	37.5	39.3	42.2	48.8
코카콜라	20,730	6.7	7.8	9.1	10.6	12.3	14.4	16.8	19.9	17.0	11.7
연방 주택 융자 모기지	6,210	6.7	8.9	10.0	12.7	16.5	17.6	20.3	22.5	27.4	35.7
연방국가 모기지	12,105	6.7	9.7	12.0	13.6	16.9	17.7	17.8	22.8	25.4	28.5
개닛	5,655	6.7	5.3	6.1	7.0	8.2	8.4	16.7	12.6	13.8	16.9
질레트	5,520	6.7	7.7	9.3	7.7	12.6	14.9	17.2	25.9	25.9	22.8
워싱턴 포스트	2,625	6.7	4.5	4.9	5.9	6.5	7.2	8.4	10.7	8.5	8.6
웰스파고 은행	4,215	6.7	9.5	12.3	15.5	19.0	22.7	27.4	32.1	46.3	88.9
					1990년 순이익의 20배에 매입 시의 이익 수익률(%)							
아메리칸 익스프레스	6,670	5.0	11.7	6.4	21.9	20.9	23.1	28.1	29.5	31.7	36.6
코카콜라	27,640	5.0	5.9	6.8	7.9	9.2	10.8	12.6	14.9	12.8	8.8
연방 주택 융자 모기지	8,280	5.0	6.7	7.5	9.5	12.4	13.2	15.2	16.8	20.5	26.8
연방국가 모기지	16,140	5.0	7.3	9.0	10.2	12.7	13.3	13.4	17.1	19.0	21.3
개닛	7,540	5.0	4.0	4.6	5.3	6.2	6.3	12.5	9.5	10.4	12.7
질레트	7,360	5.0	5.8	7.0	5.8	9.5	11.2	12.9	19.4	19.4	17.1
워싱턴 포스트	3,500	5.0	3.4	3.7	4.4	4.9	5.4	6.3	8.1	6.4	6.5
웰스파고 은행	5,620	5.0	7.1	9.2	11.6	14.2	17.0	20.5	24.0	34.7	66.7

* 웰스파고 은행이 1999년 순이익에는 벤처캐피털 수익 10억 달러가 포함됨.

매도했더라면, 이익 수익률이 더 낮아질 수도 있는 다른 종목에 다시 투자를 해야만 했을 것이다.

〈표 15-3〉은 1990대 버크셔 해더웨이가 대량으로 보유한 주식 중 일부의 이익 수익률을 비교하고 있다. 각각의 주식 모두를 1990년 1월 1일에 매수하여 1999년 말까지 보유한 것으로 가정했다. 만약 투자자 한 사람이 그 회사의 모든 주식을 소유하고 있다면, 매년 기업이 창출하는 모든 순이익을 독차지할 수 있을 것이다. 또한 〈표 15-3〉은 매입 시의 주가가 이익 수익률에 어떤 영향을 미치는지를 보여 준다. 투자자가 1990년 순이익의 15배에 아메리칸 익스프레스를 매수했다면, 1999년 말 이 기업의 이익 수익률은 48.8퍼센트가 될 것이다. 즉 아메리칸 익스프레스가 벌어들인 순이익이 투자자의 초기 투자금의 48.8퍼센트에 다다른 것이다.

투자자가 아메리칸 익스프레스를 순이익의 20배일 때 매수했다면, 1999년에 초기 투자금의 36.6퍼센트가 이익으로 돌아올 것이다. 표를 보면 1990년에 아메리칸 익스프레스의 주식을 매수한 투자자가 1999년 말 이 주식을 쉽게 매도하지 않을 것임을 알 수 있다. 이 주식들을 매도한다면 투자자로서의 의무를 태만히 하는 것이나 다름없다. 아메리칸 익스프레스의 연이익이 향후에도 매년 높은 이익 수익률을 보장해 줄 것으로 판단되기 때문이다.

> 투자자가 1990년 순이익의 15배에 아메리칸 익스프레스를 매수했다면, 1999년 말 이 기업의 이익 수익률은 48.8퍼센트가 될 것이다. 즉 아메리칸 익스프레스가 벌어들인 순이익이 투자자의 초기 투자금의 48.8퍼센트에 다다른 것이다.

주식이 채권보다 가치가 떨어질 때

위의 예를 통해 주식투자로 채권보다 더 나은 투자 수익률을 올릴 수 있는지를 판단할 수 있을 것이다. 주식투자로 채권 수익률을 능가하는 수익을 올릴 수 있을 때만 주식에 투자해야 한다. 예를 들어 1999년 후반 미국의 30년 만기 장기국채의 수익률은 6.3퍼센트였고, S&P 500종목은 평균적으로 순이익의 30배의 주가에 거래되어 평균 3.3퍼센트의 이익 수익률을 보였다. 2000년과 2001년에 기업의 이익이 꾸준히 오를 것이라고 예상되었지만, 여전히 채권이 주식보다 더 매력적으로 보였다. 1999년에 버핏이 새로운 주식투자를 망설인 이유이기도 했다. 주식의 이익 수익률이 올라 채권 수익률을 앞지르려면 금리가 내려가고 기업의 이익 성장률이 빠르게 증가해야 했다.

투자전략가인 에드워드 야데니Edward Yardeni의 분석을 통해 주식과 채권을 어떻게 평가해야 하는지 알아보자. 야데니는 주식이 과대평가되었는지 과소평가되었는지 알아보기 위해 채권 수익률과 주식의 이익 수익률 간의 관계에 주목했다. 최종적인 평가를 내리기 위해 그는 10년 만기 국채의 현재 수익률을 S&P 500대 기업의 기대 이익 수익률(애널리스트들이 공통적으로 차기년도 수익률이라고 예상하고 있는 추정치)과 비교했다. 〈그림 15-1〉에서 볼 수 있는 바와 같이 지난 20년간 이 두 수익률 사이에는 직접적이고 밀접한 상관관계가 있었다. 채권 수익률의 하락하자 곧 주식의 이익 수익률도 하락했다(PER가 상승함). 그 반대의 경우도 발생했다. 두 수익률 사이에 큰 차이가 존재할 때는 시장이 균형을 잃었다. 야데니의 분석을 통해 1999년 말 증시가 지나치게 과대평가된 상태였음을 알 수 있다.

그림 15-1 야데니의 주식 가치평가 모형

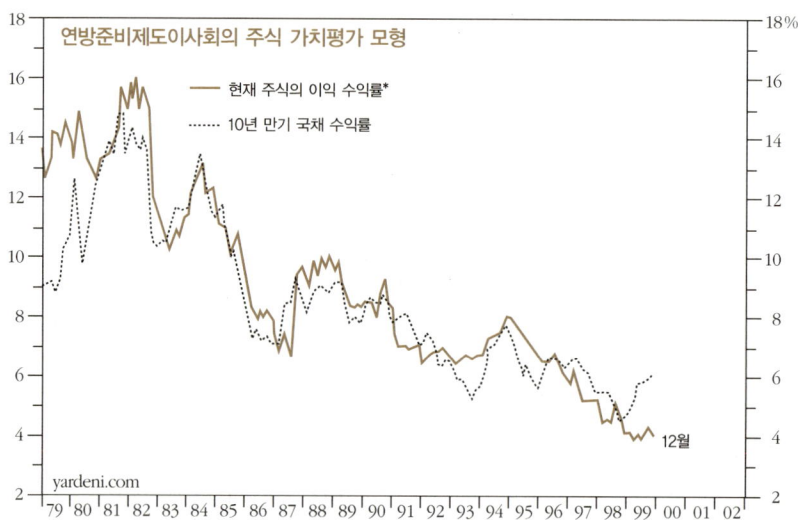

*S&P 500지수로 나눈 IBES(미국 기업전문 조사기관)의 향후 12개월의 이익 추정치

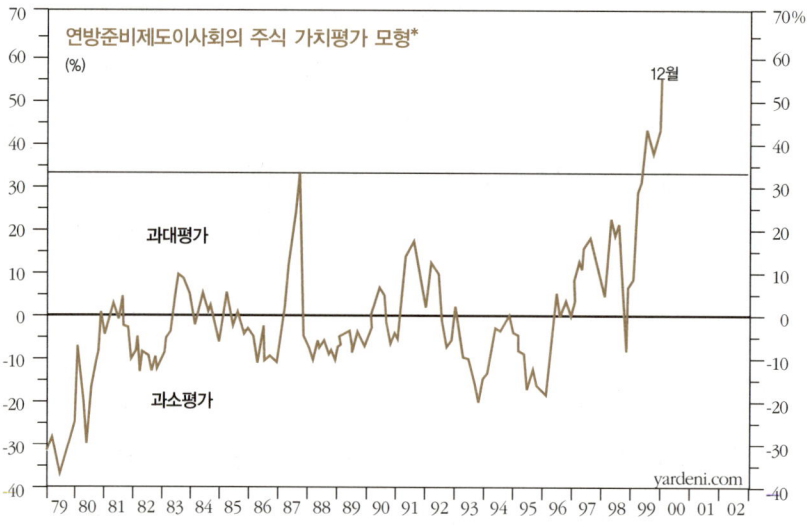

* 재무부 발행 10년 만기 채권 수익률로 나눈 IBES의 향후 12개월간의 이익 추정치와 S&P 500지수와의 비율

이 관계를 이해하는 또 다른 방법은 기업의 이익 성장률과 채권의 수익률을 비교함으로써 주식이 채권을 능가할 수 있는 수익률을 창출할 수 있을지 추산하는 것이다. 예를 들어 보겠다. 오라클의 주식은 2000년 봄, 약 82달러(순이익의 160배)에 거래되었다. 이와는 대조적으로 애널리스트들은 오라클의 이익이 향후 5년 동안 매년 30퍼센트씩 성장할 것이라고 예상하고 있었다. 따라서 이 종목은 예상 이익 성장률의 다섯 배 이상의 가격에 거래된 것이었다. 이 몇 가지 자료를 이용하여 향후 오라클에 투자했을 때 채권 수익률을 능가하는 수익을 올릴 가능성이 있는지 빠르게 판단할 수 있다.

> 투자자로서는 돈을 벌기 위해 다른 투자자들이 자신을 따라 주식에 투자하고 계속해서 더 높은 가격에 매수하기를 희망할 수밖에 없다.

오라클의 주식을 82달러에 매수하거나 매년 5.5퍼센트의 복리 수익률을 제공하는 재무부 발행 단기채권을 82달러에 매입할 수 있는 선택권을 가지고 있다고 생각하자. 어떤 것을 선택할 것인가? 이 단기채권을 매입하여 매년 말 신규발행 채권으로 계속해서 바꿔 사면 5년 후 82달러가 107.17달러로 증가할 것이다. 그래서 오라클 주식이 이 단기채권의 수익률을 앞서려면 5년 후 적어도 107.17달러에 거래되어야 한다. 간단한 것처럼 보이지만 현실적으로 오라클이 이 경주에서 승리하지 못할 수도 있다. 오라클의 최초 EPS가 0.5달러이고 그것이 매년 30퍼센트의 복리로 증가한다고 가정하자. 5년 후 오라클은 주당 1.86달러의 순이익을 올릴 것이다(5년간의 EPS는 각각 0.65달러, 0.85달러, 1.1달러, 1.43달러, 1.86달러가 될 것이다)(〈표 15-4〉 참조).

오라클이 단기채권을 앞서기 위해서는 5년 후 107.17달러에 거래되어야 한다는 것을 상기하라. 이것은 이 단기채권의 수익률을 따라잡기 위해

표 15-4 오라클의 투자 수익률

연도	EPS($)	82달러 투자금에 대한 누적 투자 수익률(%)
2001	0.65	0.8
2002	0.85	1.0
2003	1.10	1.3
2004	1.43	1.7
2005	1.86	2.3
2005년의 주가		
30 × EPS	55.80	
40 × EPS	74.40	
50 × EPS	93.00	
60 × EPS	111.60	

2005년이 되었을 때 순이익의 58배에 거래되어야 한다는 것을 의미한다. 그것이 문제다. 오라클이 채권 수익률을 앞서기 위해서는 5년 이상 계속 높은 가치평가를 받으며 거래되어야 한다. 투자자로서는 돈을 벌기 위해 다른 투자자들이 자신을 따라 주식에 투자하고 계속해서 더 높은 가격에 매수하기를 희망할 수밖에 없다. 이는 현재의 주가가 비싸더라도 나중에 더 어리석은 사람들이 나타나 이를 더 비싼 값에 살 것이라는 더 멍청한 바보 이론Greater Fool Theory이 적용되어야 가능한 것이다.

물론 오라클의 주식이 첫해에 107.17달러 이상으로 올라 투자자를 짧은 기간 내에 만족시켜 줄 가망이 없는 것은 아니다. 그러나 5년째 되는 해에 오라클의 주가가 하락할 가능성이 매우 높다. 장기간 동안 그렇게 높은 가격에 거래될 수 있는 주식은 없다. 투자자가 오라클 주식을 5년 동안 보유할 작정이라면 82달러에 사서는 안 된다. 하락할 위험이 도사리고 있기 때문이다. 5년 후 오라클의 주식이 순이익의 30배에 거래된다면(합리적인 가정임), 5년이 끝나는 시점에 주가가 55.80달러로 하락할 것이다. 오라클의 주식이 재무부 발행 채권의 수익률을 따라잡지 못할 뿐만 아니라 원금에서 32퍼센트를 잃게 되는 결과를 초래한다.

제4부 | 투자 손실을 피하는 워렌 버핏의 비밀 병기

올바른 투자 정신은 주가의 움직임을 대하는 태도에서 드러난다. 투기꾼의 관심은 주가의 변동을 내다보고 그 변동으로부터 이익을 취하려는 데 있다. 반면 투자자는 적절한 주식을 적정가에 매수해서 보유하는 데 관심을 둔다. 시장의 역동성은 가치투자자에게도 매우 중요하다. 주가가 하락하면 매수하고, 상승하면 매수를 중단해야 하기 때문이다. 우량주에 투자했더라도 주가 변동에 노출될 수밖에 없지만, 단기적인 급락이나 급등에 일희일비해서는 안 된다.

Warren Buffett

04
Avoiding Losses

제16장

손실을 피하기 위한
워렌 버핏의 규칙

무조건 손실을 막아라
'패자의 게임'에서 승자가 된 버핏

> 주식투자에서 손실을 피하는 가장 좋은 방법은 실수를 최소화하는 것이다. 실수를 줄일 수 있다면, 장기적으로 수익은 더욱더 불어난다. 당신이 보유한 포트폴리오의 수익률이 1년에 2퍼센트 포인트 높아진다면 연 수익은 복리로 인해 엄청나게 불어날 것이다. 11퍼센트로 예상하던 수익률이 단 2퍼센트 포인트만 올라가도 나중에 수십만 달러의 추가 이익을 얻을 수 있다.

워렌 버핏의 투자법을 연구하는 사람들은 한결같이 그가 놀라운 실적을 올린 과정이 비교적 단순해 보인다고 말한다. 좋은 종목을 가려낼 수 있는 인내심과 수학적 지식, 근면성만 갖춘다면 누구나 버핏이 올린 실적을 대략 따라잡을 수 있다는 것이다. 실제로 버핏의 인생을 1천 가지 이상의 작은 조각으로 분리해 본다면, 그가 달성한 대부분의 투자 성과는 아주 단순한 것으로 이루어졌음을 알 수 있다.

버핏은 비범한 수학적 재능을 지니고 있으며 다른 사람들이 간과하는 정보로부터 연관성을 찾아내는 확실히 약간 다른 사람이다. 하지만 그는 실제적으로 금융 분야에 기초지식이 있는 사람이라면 누구라도 자신이 적용한 원리를 익힐 수 있다고 말한다. 장부가치의 절반 가격에 주식을 사는 것이나, 연간 50퍼센트의 수익률을 보장받을 수 있는 M&A 차익거래에 뛰어드는 것이나, 코카콜라와 같은 종목이 순이익의 12배에 달할 때 거래

> 버핏이 100달러로 시작해서 현재 300억 달러의 부를 쌓았다면 시작 지점에서 도착 지점으로 이동하는 매일의 일과를 확인해야 한다. 버핏은 분명 하루하루를 남달리 살았기 때문에 다른 많은 투자자들보다 훨씬 더 높은 수익을 올릴 수 있었을 것이다.

하는 것이나, 몇 년 내에 자신의 투자 금액을 두 배로 불릴 수 있는 전환우선주에 투자하는 것처럼 부를 축적해 온 버핏의 방법은 알고 보면 그렇게 어렵지 않다. 이러한 부의 기회를 잡으려는 사람들로 인해 월스트리트는 연일 활화산처럼 부글부글 끓고 있다.

우리는 워렌 버핏과 같은 투자자들의 성공이 수십 년에 걸쳐 내린 수천 번의 중대한 결정에서 비롯된 것임을 간과하는 경향이 있다. 투자 의사결정의 대다수는 신속함이 요구되는 것들임에도 이들은 대부분 큰 실수를 저지르지 않는다. 이들이 어떻게 성공을 거두었는지 알아내려 한다면, 이들 행적의 처음과 끝만 보아서는 안 된다. 이를테면 버핏이 100달러로 시작해서 현재 300억 달러의 부를 쌓았다면 시작 지점에서 도착 지점으로 이동하는 매일의 일과를 확인해야 한다. 버핏은 분명 하루하루를 남달리 살았기 때문에 다른 많은 투자자들보다 훨씬 더 높은 수익을 올릴 수 있었을 것이다. 〈포브스〉지는 언젠가 다음과 같은 기사를 실었다. "버핏이 알아낸 것을 모든 사람들이 알았더라면, 그도 큰 수익을 올리지는 못했을 것이다."

포트폴리오를 다양한 종목으로 분산시키는 일반투자자는 장기투자를 하더라도 기껏 연 10~12퍼센트의 수익률을 낸다. 이는 아주 일반적인 결과다. 그러나 이 투자자가 코카콜라, 질레트, 캐피털 시티즈, 웰스파고 은행 등과 같이 버핏이 보유하는 종목들을 집중적으로 매수한다면, 아마 매년 3~4퍼센트 정도 더 높은 수익률을 올릴 수 있을 것이다. 이 종목들은 장기간에 걸쳐 시장 평균 수익률을 능가하는 성과를 보여 왔다. 이 기업들의 실적이 미국 기업들의 평균 주가를 상회했기 때문이다. 버핏처럼 선호 종목을 초저가에 집중적으로 매수하는 통찰력 있는 투자자라면, 2~3퍼센트 포인트 정도 추가 수익을 올릴 수 있다. 그러나 이러한 전략만으로는 버핏이 1950년대 중반과 1990년대 후반 사이에 획득한 연 33퍼센트의 복리 수익을 얻는 것은 불가능하다. 그렇다면 무엇이 더 필요한지 알아보자.

무조건 손실을 막아라

버핏은 다음과 같이 간단한 투자 규칙을 정했다.

- 첫 번째 규칙 : 돈을 잃지 않는다.
- 두 번째 규칙 : 첫 번째 규칙을 지킨다.

투자로 인해 손실이 발생하는 주요 원인은 다음과 같다.

- 손실을 볼 가능성이 높은 곳에 위험을 무릅쓰고 투자한다.
- 인플레이션율과 금리를 능가하는 수익률을 올리지 못할 대상에 투자한다.
- 투자 대상의 진정한 내재가치가 실현될 때까지 장기간 보유하지 않는다.

투자자들이 주기적으로 발생하는 투자 손실을 피할 수 있는 방법은 그리 많지 않다. 가장 안전한 방법은 모든 자산을 채권에 투자하고 만기까지

> 손실을 피하는 것은 추가 이익이 발생하는 것과 같은 효과가 있다. 단 1년이라도 손실을 입으면 포트폴리오의 최종가치가 크게 줄어든다. 투자자로서는 소중한 자금을 낭비하는 셈이 된다.

보유하는 것이다. 물론 인플레이션으로 인해 채권의 가치가 떨어질 수도 있다. 보유 기간 동안 금리가 오르면 채권의 내재가치가 떨어진다. 따라서 채권투자 시에도 인플레이션에 대한 보상을 받지 못할 수도 있다.

주식투자에서 손실을 피하는 가장 좋은 방법은 실수를 최소화하는 것이다. 실수를 줄일 수 있다면, 장기적으로 수익은 더욱더 불어난다. 우리는 이미 수익률이 약간만 올라가더라도 연수익이 얼마나 커지는지 알아보았다. 당신이 보유한 포트폴리오의 수익률이 1년에 2퍼센트 포인트 높아진다면 연수익은 복리로 인해 엄청나게 불어날 것이다. 11퍼센트로 예상하던 수익률이 단 2퍼센트 포인트만 올라가도 나중에 수십만 달러의 추가 이익을 얻을 수 있다.

손실을 피하는 것은 추가 이익이 발생하는 것과 같은 효과가 있다. 단 1년이라도 손실을 입으면 포트폴리오의 최종가치가 크게 줄어든다. 투자자로서는 소중한 자금을 낭비하는 셈이 된다. 이 손실을 보완하려면 다시 귀중한 시간을 들여야 한다. 그 외에도 손실은 복리의 긍정적인 효과를 감소시킨다.

A와 B, C 이렇게 세 가지 포트폴리오가 있다고 가정해 보자. 이 포트폴리오들은 모두 30년 동안 매년 10퍼센트의 수익률을 기록해 왔다. 그러나 B는 10년과 20년, 30년이 되는 해의 수익률이 0퍼센트였다. C는 10년과 20년, 30년이 되는 해에 10퍼센트의 손실을 보았다. A에서 1만 달러의 투자금은 30년째 되는 해까지 17만 4,490나 달러로 늘어날 것이다. 포트폴리오 B는 그보다 상당히 적은 13만 1,100달러로 마감된다. 전혀 수익을 올리지 못한 해가 세 번 있기 때문이다(〈표 16-1〉 참조). 이 포트폴리오가

표 16-1 손실을 피했을 때의 결과

A*			B**			C***		
연수	수익률(%)	포트폴리오 가치($)	연수	수익률(%)	포트폴리오 가치($)	연수	수익률(%)	포트폴리오 가치($)
		10,000			10,000			10,000
1	10	11,000	1	10	11,000	1	10	11,000
2	10	12,100	2	10	12,100	2	10	12,100
3	10	13,310	3	10	13,310	3	10	13,310
4	10	14,641	4	10	14,641	4	10	14,641
5	10	16,105	5	10	16,105	5	10	16,105
10	10	25,937	10	0	23,579	10	−10	21,222
15	10	41,772	15	10	37,975	15	10	34,177
20	10	67,275	20	0	55,599	20	−10	45,035
25	10	108,347	25	10	89,543	25	10	72,530
30	10	174,494	30	0	131,100	30	−10	95,572

* A는 매년 10퍼센트의 수익을 올린다.
* B는 10년과 20년, 30년이 되는 해에 수익이 없다.
* C는 10년과 20년, 30년이 되는 해에 10퍼센트의 손실을 입는다.

실질적으로 돈을 잃은 것은 아니지만, 장기적으로는 A에 비해 수익이 훨씬 낮을 수밖에 없다. 과거 실적을 따져 보면 B의 수익이 그렇게 나쁜 것은 아니다. 매년 그럭저럭 손실만은 피해 왔기 때문이다.

이와는 대조적으로 C는 10년과 20년, 30년이 되는 해에 10퍼센트의 손실을 입었다. 이로 인해 A에 비해 최종적 가치가 거의 7만 9천 달러 적게 나왔다. 복리의 효과로 인한 결과다. C의 10년차 실제 손실은 2,357달러에 불과하다. 20년차의 손실은 5,004달러, 30년차의 손실은 1만 619달러로 C의 총 손실은 1만 7,980달러이다. 복리의 위력은 한 번의 손실도 없이 꾸준히 연 10퍼센트의 수익을 올린 포트폴리오와는 달리 단 세 번의 실수를 총 7만 9천 달러의 손실로 키우고 말았다.

'패자의 게임'에서 승자가 된 버핏

대다수의 채권, 옵션, 선물 등의 상품 투자자들처럼 증시에서도 데이트레이딩에만 의존하는 투자자들은 장기적으로 돈을 잃게 되어 있다. 장기적으로 고수익을 올리려면 투자를 할 때 주식 보유 기간 및 매수가격과의 밀접한 관계를 따져야 한다. 빈번하게 매매를 하거나 근본적인 위험을 무시하는 등의 단기투자 방식으로는 장기간에 걸쳐 일관된 수익을 기대할 수 없다. 데이트레이더들은 자신의 실적을 깎아 내리는 제로섬 게임에 몰두하고 있는 것이다. 시간이 가면 수익을 내는 거래가 손실을 내는 거래와 동일해진다. 그리고 결국에는 세금과 수수료 등으로 계속해서 돈을 잃게 된다.

찰스 엘리스는 1975년 〈파이낸셜 애널리스트 저널 Financial Analysts Journal〉에 쓴 기사에서 '패자의 게임 loser's game'이라는 용어를 사용했다. 그는 특히 기관투자가들의 투자 수준은 모멘텀을 기대하고 벌이는 토너먼트로 전락할 것이라고 예견했다. 이 게임에서는 수만 명의 투자자들이 '미발견'된 종목을 다른 투자자에 앞서 매수하기 위해 경쟁하고 있다. 많은 투자자들이 참여해서 모두 같은 방식으로 정보를 수집하는 이 게임에서 투자자들은 자신도 모르게 '자발적인 실수'를 하기 쉽다.

엘리스는 펀드 매니저들이 시장 평균 수익률을 능가하는 수익을 추구하는 과정에서 오히려 그보다 열등한 수익을 얻게 되는 이유를 명료하게 요약했다. 시장 평균 수익률을 앞서기 위해 펀드 매니저들은 먼저 동료들의 수익을 앞서야 하며, 그렇게 하려면 단기 모멘텀을 쫓아 매매를 늘려 나가야 한다. 궁극적으로 이들은 자신의 열등한 실적을 만회하려다가 때때로 더 큰 손실을 초래한다.

엘리스는 가장 똑똑한 투자자나 연구비로 100만 달러를 쓰는 투자자가 성공적인 투자자가 되는 것은 아니라고 결론지었다. 단 한 종목으로 1천 퍼센트의 수익을 올린 투자자도 없다. 아무리 성공한 투자자라 해도 일생 동안 몇 번의 실수는 저지르게 마련이다. 다음은 찰스 엘리스의 글이다.

시황에 따라 활발히 움직이는 펀드 매니저들이 시장 평균 수익률을 능가할 수 있을 거라는 믿음은 두 가지 가정에 기초를 두고 있다. 하나는 증시에 유입되는 유동성을 이점으로 이용한다는 가정이고, 다른 하나는 기관투자가들이 승자의 게임winner's game을 한다는 가정이다. 이와 관련하여 나는 내 이론을 다음과 같이 간략하게 설명하고자 한다. 지난 10년간 많은 변화가 있었기 때문에 더 이상 이러한 가정이 통용되지 않는다. 또한 그들의 가정과는 반대로 시장 유동성은 더 이상 장점이 아니라, 손실을 불러오는 촉매제가 되었다. 투자 게임 자체가 패자의 게임이 되었기 때문에 장기간에 걸쳐 기관투자가들은 시장 평균 수익률을 앞서지 못할 것이다.

골프는 패자 게임의 훌륭한 본보기라 할 수 있다. PGA 토너먼트의 승자는 꼭 최장타를 날리거나, 퍼트를 가장 잘하거나, 숏게임을 가장 잘한 선수가 아닐 수 있다. 승자는 네 번의 라운드 동안 가장 실수를 덜 저지른 선수가 될 가능성이 크다. 이것만으로도 골프가 미식축구나 하키처럼 신체 접촉이 잦은 경기와 다르다는 것을 알 수 있다. 반대로 테니스 같은 경기에서조차도 경기 결과는 많은 점수를 얻기 위해 기술과 근육으로 상대를 제압하는 승자에 의해 결정된다.

골프에서는 패자의 플레이가 결과를 결정짓는다. 타이거 우즈Tiger

> 패자 게임의 규칙을 이해한다면 성공적인 투자를 위한 첫 단계를 통과한 것이나 다름없다. 워렌 버핏은 40년간 투자를 하면서 가장 실수를 적게 했기 때문에 투자자들 중에서 최정상의 자리에 서게 되었다.

Woods는 그와 직접 경기를 해본 적이 없는 모든 상대 선수들이 그보다 더 많은 실수를 하기 때문에 대부분의 대회에서 우승을 차지한다. 64명의 선수들 중 한 명이 우즈보다 실수를 덜하고 11언더파를 치면 우즈는 10언더파를 치더라도 게임에서 패할 수 있다. 최종적인 결과는 실제 타이거 우즈의 능력 밖에 있다. 어쩌면 그는 매 경기마다 선수들이 페어웨이에서 더 많은 실수를 하기를 기대했을 수도 있다. 볼링도 이와 비슷한 규칙하에 운영된다. 게임의 최종 결과는 핀을 더 못 맞힌 패자에 의해 결정된다.

패자 게임의 규칙을 이해한다면 성공적인 투자를 위한 첫 단계를 통과한 것이나 다름없다. 워렌 버핏은 40년간 투자를 하면서 가장 실수를 적게 했기 때문에 투자자들 중에서 최정상의 자리에 서게 되었다. 그는 자신이 저지른 가장 흔한 실수는 태만죄라고 인정했다. 자신도 이따금 급등주를 사지 못하거나 주식을 너무 빨리 파는 경우가 있었다는 것이다. 그러나 이러한 실수로 인해 금전적 손실을 입은 것은 아니었다. 단지 기회를 잃었을 뿐이다.

만약 1천 명의 투자자들로부터 여론조사를 실시해서 성공적인 투자를 위한 다섯 가지 규칙을 묻는다면, 그들의 대답은 다음과 같이 버핏의 대답과 약간 다를 것이다.

- 제1 규칙 : 장기적인 전망을 갖고 투자한다.
- 제2 규칙 : 돈을 투자해서 복리 효과를 누린다.
- 제3 규칙 : 시황에 집착하지 않는다.

- 제4 규칙 : 잘 아는 기업에만 충실히 투자한다.
- 제5 규칙 : 투자 대상을 다양화한다.

여전히 돈을 잃지 않으려는 버핏의 규칙을 떠올리면서 투자하는 사람들은 거의 없을 것이다. 안타깝게도 일부 투자자들은 1987년 이후 주요 주가지수들이 전례 없이 급등하는 데 익숙해져 있어서 손실이 발생하리라는 사실을 믿지 않는다. 지난 수년간 뮤추얼펀드를 운용하는 펀드 매니저들이 실시한 조사에 의하면 많은 개인투자자들이 뮤추얼펀드도 손실을 볼 수 있다는 것과 시장 평균 수익률이 10퍼센트 이상 하락할 수 있다는 사실을 믿으려 하지 않았다고 한다. 오히려 또 어떤 투자자들은 손실을 일시적인 퇴보나 주식을 매수할 새로운 기회로 본다. 또 다른 투자자들은 심리적 방어 수단을 쓰거나, 그들 자신이 정한 규칙을 위반하면서 손실을 피하려고 노력한다. 그들은 투자자들에게 손실을 보고해야만 하는 심리적 충격trauma을 피하기 위해 증권 시세 변동에 따라 의사결정을 내리고 손해를 볼 주식이든 흑자를 볼 주식이든 마구잡이로 사고 판다.

손실을 피하는 것은 장기적으로 투자에 성공하는 데 가장 중요한 요인이다. 버핏을 포함하여 어떠한 투자자도 개별 종목의 주기적인 손실에 영향력을 행사할 수 없다. 믿을 수 없을 정도로 싼 가격에 주식을 매수하는 경우에도 이따금 실수를 저지를 수 있다. 단지 버핏이 다른 투자자들과 다른 점은 자신의 포트폴리오 전체의 연간 손실을 피하는 능력에 있다.

종목을 다양화하는 것만으로는 손실이 발생할 가능성을 차단할 수 없다. 종목을 다양화할 때의 장점은 소수의 종목이 포트폴리오의 운영 성과를 떨어뜨리는 기회를 최소화할 수 있다는 것뿐이다. 투자자가 100가지 종목을 보유하고 있다고 할지라도 그의 포트폴리오는 항상 '시장 위험'에 취약할 것이다. 증시 침체기에는 거의 모든 종목들의 주가가 다 한꺼번에 하락할 것이기 때문이다.

대부분의 투자자들은 시황 자체를 손실을 피하는 수단으로 사용한다. 그들은 단순하게 손실을 볼 것 같으면 매도한다. 펀더멘털이 어떻든 상관하지 않는다. 1990년대 〈인베스터스 비즈니스 데일리 Investor's Business Daily〉에 의해 크게 각광받던 투자 전략은, 종목에 관계없이 매수가보다 8퍼센트 이상 하락하는 주식은 매도해야 한다는 것이었다. 시장 타이밍에 맞추어 매매를 하는 투자자들도 비슷한 전략을 구사한다. 그들은 개별 종목의 주가 흐름에 따라 단기매매를 하고 시장이 하락세로 반전하면 빠르게 시장을 빠져나온다.

궁극적으로 이 전략들은 투자를 투기의 형태로 강등시킨다. 주식 보유 기간이 짧기 때문에 성공 가능성도 줄어든다. 손실을 피할 요량으로 매수가 이상으로 주가가 오를 때까지, 수년 동안 실적이 좋지 않은 주식을 보유하는 투자자도 있다. 이러한 전략을 통해 수익을 올리려면, 궁극적으로 주식시장이 이 투자자의 결정이 올바르다는 것을 입증해 줘야만 할 것이다. 그러나 현실은 그렇지 않다. 워렌 버핏은 시황과 데이트레이더의 손에 자신의 운명을 맡기지 않았다. 연간 적절한 수익을 확보하기 위해 그가 사용한 방법은 시장 평균 수익률을 무시하는 것이었다. 그는 하락장세에서도 수익이 보장되는 종목에 투자하는 것이 궁극적으로 게임에서 승리하는 길이라고 생각했다.

제17장과 제18장에서는 버핏이 손실을 어떻게 피했는지 구체적으로 살펴보기로 하자.

제17장

마켓 타이밍으로
손실을 줄여라

가치투자자도 마켓 타이밍을 이용한다
시장 진입과 후퇴의 기준
전환우선주에 투자해야 할 때
살로몬 브라더스의 전환우선주 매입
질레트에 투자하다
아메리칸 익스프레스를 회생시키다
옵션 거래에 대한 버핏의 생각

> 우연이든 버핏 자신이 의도한 것이든 그는 역사상 가
> 장 기민한 마켓 타이머라 할 수 있다. 시장에 떠도는
> 위험을 재빨리 감지하고, 다른 투자자들이 위험하다고
> 생각하는 상황에서 큰 기회를 낚는 능력에 있어서 버
> 핏은 마켓 타이머로 유명한 조지 소로스나 마이클 스
> 타인하트보다 오히려 한수 위라 할 수 있다.

워렌 버핏은 매일매일의 증시 변동은 특별히 관심을 가지고 지켜보지 않는다고 되풀이해서 말해 왔다. 다우존스지수가 하루에 300포인트 오르든 내리든 그에게는 상관이 없었다. 하루 동안 금리가 오르락내리락하든, 자신의 포트폴리오의 가치가 2억 달러 감소(1999년에는 이런 일이 빈번하게 발생했다)하든 관심을 두지 않았다. 그는 1988년에 이렇게 말했다. "주식시장은 누군가 어리석은 짓을 하는지 확인하는 장소일 뿐이다. 나는 그저 사업에 투자하듯 주식에 투자하고 있다."

그러나 우연이든 버핏 자신이 의도한 것이든 그는 역사상 가장 기민한 마켓 타이머market timer(주가 조정 시 매수를 기다리는 투자자—역자주)라 할 수 있다. 시장에 떠도는 위험을 재빨리 감지하고, 다른 투자자들이 위험하다고 생각하는 상황에서 큰 기회를 낚는 능력에 있어서 버핏은 마켓 타이머로 유명한 조지 소로스George Soros나 마이클 스타인하트Michael

Steinhardt보다 오히려 한수 위라 할 수 있다. 이는 또한 그의 포트폴리오가 매년 손실을 보지 않은 주요 원인이기도 하다. 저가주를 발견해서 투자하는 그의 능력은 이미 입증되었다. 그러나 그의 성공 요인 중 일부가 시장 상황을 면밀히 조사하고 그로부터 이익을 얻는 데 있었다는 것은 그다지 알려지지 않았다. 따라서 버핏이 증시에 대해 비난하거나 옹호하는 발언을 할 때는 반드시 경청할 필요가 있다.

> "주식시장은 누군가 어리석은 짓을 하는지 확인하는 장소일 뿐이다. 나는 그저 사업에 투자하듯 주식에 투자하고 있다."

그의 마켓 타이밍 기법은 '퍽이 있는 곳에 가지 않고 퍽이 가려고 하는 곳에 간다'는 아이스하키 선수 웨인 그레츠키Wayne Gretzsky의 접근 방법과 비슷하다. 20세기의 위대한 투자자들은 모두 과소평가된 주식을 찾아서 먼 장래를 내다보고 투자했다. 그래서 시장 침체기가 와도 신경을 쓰지 않았다. 대신 그들은 회복기가 가까워지고 있다는 징후를 포착하려고 노력했다. 또한 활황기가 오면 후퇴기를 염두에 두고 그에 따라 계획을 세웠다. 월스트리트가 하락장세에 처해 있을 때조차도 증시를 활성화시킬 수 있는 촉매제를 찾았다. 그러는 한편으로 활황기가 끝나기 전에 다른 투자자들보다 먼저 보유 주식을 처분했다.

워렌 버핏은 좋은 주식을 매수하는 것 못지않게 나쁜 주식을 매수하지 않는 것도 성공 요인이라고 말한다. 또한 어떤 종목을 언제 매도했는지도 코카콜라, 가이코, 질레트와 같은 우량주를 매수하여 보유하기로 결정했던 것만큼이나 수익 창출에 큰 영향을 미쳤다고 했다. 금융 칼럼니스트인 휘트니 틸슨Whitney Tilson은 버핏이 지금까지 적어도 네 번 이상 마켓 타이밍을 살펴서 주식투자를 했다는 것을 상기시켜 주고 있다. 이 거래는 모두 정확하고 이익도 매우 높았던 것으로 입증되었다.

가치투자자도 마켓 타이밍을 이용한다

1970년대 초 버핏 투자조합 해산 1968년 초 버핏은 당시의 주식시장에 대해 깊은 우려를 표명했다. 1960년대에 형성된 활황장세로 인해 주가가 절정에 달했을 때, 그는 투자자들에게 위험이 닥쳐오고 있다는 것을 직감했다. 적정한 가격의 우량주를 발견할 수 없던 그는 집중적인 종목 연구를 통해 투자하는 자신의 기법으로는 모멘텀과 단기매매를 지향하는 시장에서 경쟁하기 어렵다는 것을 인정해야 했다. 이에 따라 그는 자신이 세웠던 투자조합을 1969년에 해산했다. 이때 그는 출자자들에게 이런 글을 썼다. "행운의 편지chain letter와 같이 단숨에 엄청난 돈이 증시로 유입되고 있다. 현재 증시에는 잘 속고 쉽게 자기최면에 걸리며 세상을 백안시하는 투자자들로 가득 차 있다."

버핏은 덧붙였다. "훗날 오늘의 현상은 투기열에 휩싸인 일대 사건으로 증시와 비즈니스 역사에 기록될 것이다." 정상적 주가 형성이 안 되는 시장에서는 가치투자자가 수많은 펀드 매니저들 사이에서 두각을 나타내기 힘들다는 사실에 버핏은 좌절했다. 곧 버핏은 투자조합을 청산하고 자신의 개인 재산 대부분으로 버크셔 해더웨이의 주식을 사들인 후, 5년 동안 주식투자에서 거의 손을 떼고 있었다. 이 결정 덕에 1929~1933년의 증시 대폭락 이래 미국 증시가 가장 참담한 하락장세에 빠져 있는 동안 그는 주식시장의 방관자로 있었다.

1974년 증시 대폭락 때 시장에 돌아오다 1969년에 주가가 절정에 달한 뒤 5년간 다수의 투자자들은 주식시장에 환멸을 느끼고 돌아섰다. 포트폴리오의 가치가 평균 40퍼센트 혹은 그 이상 떨어졌다. 1973~1974년의 대폭락 기간 동안 제록스, 월트 디즈니, GM, 시어스 로벅과 같은 블루칩을 보유한 투자자들의 포트폴리오는 60퍼센트 이상 하락했다. 주가가 대폭락하자 이 종목을 보유한 투자자들의 투매가 이어졌다. 일부 개인투자자들은 주식을 계속 보유한 채로 반등을 기다렸지만, 기다리다 지쳐서 포트폴리오의 가치가 50퍼센트 이상 폭락하자 결국 포기하고 내다 팔았다. 나머지 투자자들도 시장의 흐름을 뒤따랐다. 계속되는 주가 하락은 투자자들의 매도 심리를 자극했다. 투매는 투매를 낳았고, 주식시장은 손실의 산실이 되었다.

1974년, 어느 누구도 주식시장에 다시 돌아오고 싶지 않을 만큼 주가가 바닥으로 떨어졌다. 그러나 5년간의 공백으로 원기를 회복한 버핏은 이때 풍부한 자금을 무기로 주식시장에 뛰어들었다. 캔디 가게에 들어선 어린 아이처럼 버핏은 자신이 소화할 수 있는 것 이상의 가치를 발견했다. 이때 돌아온 투자자들은 2년 내에 74퍼센트의 수익을 거두어들였다.

1980년대의 호황을 미리 예측하다 1979년의 다우존스지수는 1964년과 비슷했다. 결과적으로 1포인트의 상승도 없이 15년이 지난 것이다. 투자자들 사이에 비관론이 극에 달했다. 일반투자자들은 포트폴리오를 채권, 부동산, 귀금속 등으로 채웠다. 15퍼센트의 배당수익률을 보장하는 주식조차도 거래가 잘 이뤄지지 않았다. 당시 시장을 주도하던 증시전략가들은 금융 공황이 다시 불어닥칠 것이라고 예측하면서 주식투자보다는 채권투자를 권장했다.

그러나 버핏의 눈에는 기회가 보였다. 대형 우량주가 헐값에 거래되고

> 그러나 버핏의 눈에는 기회가 보였다. 대형 우량주가 헐값에 거래되고 있었고, 일부는 미국 경제의 전망이 밝음에도 불구하고 장부가치 이하로 매매되고 있었다.

있었고, 일부는 미국 경제의 전망이 밝음에도 불구하고 장부가치 이하로 매매되고 있었다. 기업들의 ROE는 건전한 상태였고, 블루칩의 수익률은 두 자리수로 상승하고 있었으며, 1960년대 후반 증시의 건전성을 훼손하던 투기 과열 현상도 사라지고 없었다.

그는 주주들에게 말했다. "이제 주식은 장기적으로 채권보다 더 나은 수익률을 가져다 주고 있다. 그럼에도 불구하고 연기금 운용자들조차도 상당 비율의 자금을 채권에만 쏟아 붓고 있다. 반면 주식 거래량은 여전히 미미하다." 버핏의 말이 옳았다. 휘트니 틸슨은 이때 주식시장은 연간 17.2퍼센트의 수익률을 보장해 주었고, 채권의 수익률은 9.6퍼센트에 불과했다고 지적했다.

시장 진입과 후퇴의 기준

1980년대 중반까지도 버핏의 '매수 후 장기보유' 전략에는 변함이 없었다. 이때 그는 자신의 선호 종목인 가이코와 워싱턴 포스트, 캐피털 시티즈/ABC(후에 월트 디즈니와 합병됨)를 대량 매수했고, 이 종목을 오랫동안 보유할 것이라고 발표했다. 다른 종목에는 확신이 서지 않았다. 1986년 버크셔 해더웨이의 주주총회에서 버핏은 낮은 가격에 매수할 수 있는 적절한 종목을 찾기가 힘들다는 것을 토로했다. 버핏은 단기투자로 포트폴리오의 실질 가치를 떨어뜨리는 것보다는 기존의 보유 주식으로 이미 수천만 달러의 수익을 올렸으므로 차라리 포트폴리오의 규모를 줄이는 것이 낫다고 생각했다.

"요즘 주식시장에서 저가주를 발견하기가 힘들다. 버크셔 해더웨이는 현재 거론할 만한 가치가 있는 주식을 찾지 못하고 있다." 1987년의 주가 대폭락 5개월 전에도 그는 주주들에게 높은 잠재 수익률을 제공하는 대형주를 발견할 수 없다고 말했다. "주가가 10퍼센트 하락하더라도 매수할 만한 종목이 없다."

그가 10퍼센트 하락에 대해 언급한 것조차도 결과적으로 보면 지나치게 조심스러운 발언이었음을 알 수 있다. 주주들에게 자신의 딜레마에 대해 언급한 5개월 후 증시는 며칠 만에 30퍼센트나 급락했던 것이다. 그러나 대폭락 이전에 포트폴리오 규모를 줄인 덕분에 그는 버크셔 해더웨이의 주식 포트폴리오가 장부가치에 부정적인 영향을 끼치는 것을 막을 수 있었다. 〈표 17-1〉에서 보는 바와 같이 버핏은 무참히 과소평가된 시장에 뛰어들 준비를 갖추고서 1980년대를 맞이했던 것이다. 주식의 시장가치가 계속해서 상승하자 버핏의 보수주의가 빛을 발하게 되었다. 1987년 그는 단지 세 종목만 대량으로 보유하고 있었다. 1980년대 초만 해도 버핏의 포트폴리오는 18가지의 다양한 종목이 대량으로 채워져 있었던 것이다.

아무리 워렌 버핏이라 해도 증시가 언제 과대평가되고, 언제 과소평가되는지를 완벽하게 알 수 있는 공식을 가지고 있는 것은 아니다. 단지 그는 다음과 같이 몇 가지 상식적인 조건을 따져 보고 시장으로 뛰어들지 시장에서 빠져나올지를 결정한다.

이익 수익률과 채권 수익률 사이의 관계를 따져 본다 앞에서 우리는 버핏이 채권에 장기간 투자할 때보다 수익률이 높은 종목에만 투자한다는 것을 알 수 있었다. 채권 수익률이 상승해서 주식의 이익 수익률을 따라잡을 때 증시는 일반적으로 과대평가된 것이라 할 수 있다. 워렌 버핏은 PER의 역수인 주식의 이익 수익률이 채권 수익률을 상회하는 수준에 다다를 때 주식이 가장 매력적인 투자 대상이라고 평가하고 투자에 뛰어든다.

주식시장의 성장률을 따져 본다 과거를 되돌아보면 주식시장이 장기적으로 경제 성장률을 능가해서 성장할 수 없다는 것을 알 수 있다. 즉 기업의 매출, 순이익, 주가 등이 경제 규모를 넘어서는 비율로 상승할 것이라는 기대하는 것은 잘못이다. 예를 들어 주가가 경제 성장률의 네 배로 상승한다면 주식시장은 어느 시점엔가 하락장을 경험하게 되어 있다. 이와 반대로 경제가 성장하는 동안에 주가가 하락하면 조만간 주식이 과소평가되었음이 밝혀질 것이다.

수익의 증가율을 따져 본다 1982년 S&P 500지수의 PER는 7에 불과했다 (투자자들이 그들 대신 기업들이 벌어들인 수익 1달러당 지불하는 비용은 겨우 7달러였다). 1999년 중반 무렵에는 이 기업들의 PER가 34였다. 이 차이는 무엇을 의미하는가? 금리 하락은 일정 부분 PER의 상승에 영향이 미친다. 금리가 떨어지면 투자자에게 돌아가는 수익의 1달러당 가치가 늘어나는 것이다. 또한 수익이 증가하면 PER가 오른다. 1990년대 말 무렵 기업의 자기자본과 자산에 대한 수익률은 70년 만에 가장 높은 수치를 기록했다. 기업이 높은 수익률을 올리며 이익을 재투자할 수 있었기 때문에 수익 1달러당 가치가 높아지는 것은 것은 당연했다. 그러나 주가 상승은 대부분 투자자의 심리적 요인에서 기인한 것이었다. 투자자들은 가치에 관계없이 기꺼이 웃돈을 주고서 주식을 매수했다. PER가 예상보다 빠른 속도로 상승하면, 금리와 기업의 수익성이 변하는 것을 감안해서 투자자들은 이를 조정하기 위해 신경을 많이 써야 한다.

> 경제가 전속력으로 달리고 있지만 현재의 성장률을 유지하기가 어려울 것처럼 보이면, 투자자들은 주식투자 규모를 줄이고 다른 투자처를 모색해야 하는 건 아닌지 곰곰이 생각해 보아야 한다.

경제 상황을 따져 본다 경제가 전속력으로 달리고 있지만 현재의 성장률을 유지하기가 어려울 것처럼 보이면, 투자자들은 주식투자 규모를 줄이고 다른 투자처를 모색해야 하는 건 아닌지 곰곰이 생각해 보아야 한다. 이와 마찬가지로 불경기 동안에 주가는 일반적으로 저가로 떨어짐으로써 이때 매수한 투자자들에게 높은 투자 수익률을 기대하게 해준다. 제12장에서 언급한 버핏의 15퍼센트 투자 수익률 규칙을 적용하면 주식에 투자할 가치가 있는지 손쉽게 판단할 수 있다. 일반적인 규칙은 침체기 동안(PER가 가장 낮을 때) 매수하고 경기 활황이 최고조에 달해 더 이상 올라갈 수 없을 때(PER가 가장 높을 때) 매도하는 것이다.

주식시장에 대한 큰 그림을 그려 본다 버핏은 일단 매수한 종목은 장기간 보유하기 때문에 매수 전에 기업과 산업 그리고 시장 전체를 폭넓게 살펴본다. 버핏은 기업의 수익성이 단기적인 변화를 보인다면 그 기업의 주식을 쉽게 사거나 팔지 않는다. 그는 경제의 장기적인 펀더멘털을 평가하고 그러한 펀더멘털이 높은 주가를 지탱할 수 있는지 면밀히 조사한다. 만약 어떤 종목이 기대 수익률을 충족시키지 못할 거라 판단되면 그 주식에 투자하지 않는다. 〈표 17-1〉에서 보는 바와 같이 버핏은 가능할 때마다 경기 순환을 최대한 활용해 왔다. 미국의 거의 모든 산업계가 침체기를 겪을 때

표 17-1 1980년대 버크셔 해더웨이의 포트폴리오

회사명	1980	1981	1982	1983	1984	1985	1986	1987
어필리에이티드 출판	×	×	×	×	×	×		
알코아	×	×						
아카타		×						
비어트리스						×		
캐피탈 시티즈/ABC					×	×	×	×
클리블랜드 클리프	×	×						
크럼 앤드 포스터			×					
엑손					×			
GATX		×						
가이코	×	×	×	×	×	×	×	×
제너럴 푸드	×	×	×	×	×			
핸디 앤드 하먼	×	×	×	×	×	×	×	
인터퍼블릭 그룹	×	×	×	×				
카이저 알루미늄	×							
리어 시글러							×	
미디어 제너럴	×	×	×	×				
내셔널 디트로이트	×							
내셔널 스튜던트 마케팅	×							
노스웨스트 인더스트리					×			
오길비 앤드 매더	×	×	×	×				
핑커톤스	×	×						
RJ 레이놀드	×	×	×	×				
세이프코	×	×						
타임			×	×	×	×		
타임스 미러	×							
워싱턴 포스트	×	×	×	×	×	×	×	×
울워스(F.W.)	×							
보유 종목 수	18	15	11	10	10	7	6	3

버핏은 곧 수익성이 개선되리라는 것을 알고 때를 기다리며 많은 종목들을 매집하여 보유했던 것이다. 또한 호경기가 왔다고 해도 곧 경기 후퇴가 뒤따를 수 있다는 것을 감안해서 항상 신중하게 매도를 계획해 왔다.

전환우선주에 투자해야 할 때

1980년대 말과 1990년대 초 버핏에게 가장 큰 수익을 안겨 준 투자 대상 중 일부는 전환우선주였다. 전환우선주는 우선주와 같이 배당 수익을 올리기가 보통주보다 유리하며, 보통주로 전환할 수 있는 옵션이 주어지는 복합증권이다. 그는 1987년 살로몬 브라더스Salomon Brothers를 시작으로 1989년 질레트, 1991년 아메리칸 익스프레스, 1989년 챔피언 인터내셔널Champion International과 US항공까지 총 다섯 기업의 전환우선주에 투자해 왔다. 전환우선주로 그는 50억 달러 이상의 수익을 올렸고, 버핏은 이 기업들 중 특히 세 기업의 전환우선주를 다량 보유했다.

질레트가 발행한 전환우선주를 사면 채권에 투자했을 때와 마찬가지로 고정 수익을 얻게 되며, 또한 일정 기간 내에 일정한 조건에 따라 보통주로 전환할 수 있는 옵션을 행사할 수 있다. 전환우선주의 가격은 일반적으로 보통주보다 15~25퍼센트 비싸다. 전환사채의 경우에도 표면 이자율이 일반 채권 이자율보다 낮지만 보통주로 전환할 수 있는 옵션이 이 투자를 더 매력적으로 만든다. 예를 들어 X기업의 전환우선주나 전환사채에 1천 달러를 지불하고서 보통주 20주로 전환할 수 있는 옵션을 획득했다고 가정하자(주당 50달러에 전환). X사의 주식은 현재 주당 40달러에 거래되

버핏은 배당금과 주가 상승 잠재력이 시장 평균 수익률을 능가하는 종목을 발견했을 때, 전환우선주에 투자해 왔던 것이다.

고 있다. 보통주 20주는 800달러에 해당하므로 투자자는 전환우선주나 전환사채에 200달러의 프리미엄을 지불한 셈이다. 수익 구성 요소(채권의 이표이든 우선주 배당금의 형태로든)로 인해 프리미엄에 대해서는 나중에 보상받을 수 있다.

보통주의 주가가 상승하면 투자자는 전환을 통해 자본 이득을 추구할 수 있다. X기업의 주식이 50달러 이상 오르면 전환우선주 투자자는 당연히 자본 이득을 얻게 된다(주당 50달러×20주=1천 달러). 보통주 1달러 인상으로 전환우선주의 가치가 1달러 증가한다. 전환우선주 투자자는 보통주로 전환할 수도 있고 수익을 얻기 위해 나중에 이 보통주를 팔 수도 있다. 또한 전환우선주로 가지고 있지 않고 보통주로 전환하거나, 전환우선주를 계속 보유함으로써 배당수익을 올리는 선택권을 가진다. 전환우선주는 가격이 보통주만큼 하락하지 않는다는 점에서는 채권과 같다. 보통주의 가격이 아무리 낮아도 이론적으로 전환우선주는 액면가 이하로 떨어지지 않는다(기업이 자금난에 시달리지 않는 경우).

버핏은 배당금과 주가 상승 잠재력이 시장 평균 수익률을 능가하는 종목을 발견했을 때, 전환우선주에 투자해 왔던 것이다. 그는 1989년 연례 보고서에 다음과 같이 썼다. "어떠한 상황에서도 우리는 이 전환우선주들이 우리에게 투자수익과 배당수익을 돌려줄 것을 기대한다. 그렇지만 우리가 얻는 이익이 그것뿐이라면 그 결과는 너무나 실망스러울 것이다. 우리는 융통성flexibility을 포기한 결과로 다른 투자에서 얻을 수 있는 엄청난 기회를 놓칠 것이기 때문이다. 버크셔 해더웨이가 전환우선주에 투자해서 만족할 만한 결과를 얻게 되는 유일한 길은 투자 기업의 보통주 실적이 상승하기를 기다리는 것이다."

살로몬 브라더스의 전환우선주 매입

1980년대 중반 기업 합병의 물결이 거세지고 증시가 활황을 이루고 있을 때, 버핏은 신주 매수로부터 충분한 수익을 올리는 데 한계를 느꼈다. 이에 버핏은 〈표 17-1〉과 같이 확실한 수익이 보장되는 주식만 매입하면서 1987년까지 분명한 방어 자세를 취했다. 한편으로는 버크셔 해더웨이의 포트폴리오에 편입된 대부분의 주식들을 천천히 매도했다. 합병의 열풍으로 인해 투자자로서는 미래를 예측하기가 어려웠다. 거대 기업의 주식은 인수 가능성이 반영되어 주가가 크게 뛰어올랐으며, 그로 인해 잠재 수익률이 낮아졌다. 시가에 막대한 프리미엄이 붙어서 거래된 사실이 발표되었기 때문에, 만약 거래가 마무리되면 주식 매수자는 엄청난 주가 하락 위험을 떠안게 될 지경이었다.

버핏은 이러한 장에서는 적대적 M&A의 표적이 된 기업의 경영권을 방어해 주는 백기사white knight로 나서 전환우선주를 발행받는 것이 좋겠다고 생각했다. 그러면 M&A의 대상이 된 기업은 적대적 기업인수자의 지분을 감소시킬 수 있어 좋고, 버핏은 증시에서 기대할 수 있는 것보다 높은 수익을 올릴 수 있어 좋았다. 이로써 버핏의 포트폴리오는 주가 하락기에도 전환우선주의 풍부한 배당금 덕분에 고수익을 올릴 수 있게 되었다.

1987년의 주가 대폭락 1개월 전, 버핏은 새로이 살로몬 브라더스의 전환우선주를 7억 달러어치를 인수했다고 발표하여 버크셔 해더웨이 주주들을 놀라게 했다. 살로몬 브라더스는 후에 트래블러스 그룹에 합병되고, 그 후 트래블러스와 시티코프Citicorp가 합병되면서 시티그룹의 한 사업 부문으로 들어갔다.

> 버핏이 살로몬의 전환우선주를 매수한 시점에 살로몬은 화장품 회사 레브론의 회장인 로널드 페렐먼의 적대적 M&A를 방어하기 위해 노력하고 있었다. 그러나 버핏이 전환우선주를 매입했다는 뉴스가 발표되자 페렐먼은 인수 계획을 포기했다.

전환우선주 인수 당시 살로몬의 주식은 약 32달러에 거래되고 있었다. 전환우선주에는 주당 38달러에 보통주 1,840만 주를 전환할 수 있는 권리가 주어졌다. 일단 살로몬의 주가가 38달러를 넘어 오르기만 하면 보통주로 전환하여 미실현 이익(장부상 평가이익)을 기장할 수 있었다. 한편 전환우선주는 연 9퍼센트의 배당금(7억 달러 투자에 6,300만 달러)도 안겨 주었다. 이 투자은행이 장기간 충분한 수익과 ROA를 달성할 것으로 본 버핏은 살로몬에 투자하여 위험을 최소화하면서 이익을 내는 기회를 잡았다. 로버트 해그스트롬에 의하면 살로몬 주식이 1986년에 59달러로 최고점에 달했다고 한다. 이 주식이 3년 내에 다시 59달러까지 오르면 버핏의 총수익률은 88퍼센트가 될 것이다(그가 전환했다고 가정을 때). 살로몬 주식이 매수 5년 후인 1992년까지 다시 반등하지 않더라도 버핏은 여전히 연간 17.6퍼센트의 매력적인 수익률을 달성할 수 있다. 버핏이 보통주로 전환하지 않는다면, 살로몬은 1995년부터 5년에 걸쳐 상환할 수 있다.

버핏이 살로몬의 전환우선주를 매수한 시점에 살로몬은 화장품 회사 레브론Revlon의 회장인 로널드 페렐먼Ronald Perelman의 적대적 M&A를 방어하기 위해 노력하고 있었다. 페렐먼은 후에 질레트를 인수할 작정이었다. 페렐먼은 살로몬의 최대주주인 오펜하이머 가문과 주식 매수 협상을 벌이고 있었다. 남아프리카의 광산회사인 미네랄 리소시스Mineral Resources의 소유주인 이 가문은 살로몬의 지분 14퍼센트를 소유하고 있었다. 그러나 버핏이 전환우선주를 매입했다는 뉴스가 발표되자 페렐먼은 인수 계획을 포기했다. 후에 살로몬은 오펜하이머 가문으로부터 주식을 환매했다.

살로몬의 입장에서는 모든 일이 잘 풀리고 있었으나 버핏이 챙길 수 있는 이익은 아직 명확하지 않았다. 이는 한 회사에 투자한 것으로는 버핏이 투자해 온 것 중 가장 큰 규모였다. 버크셔 해더웨이의 자금을 자신이 오랫동안 기피하던 월스트리트의 투자은행에 투입한 것이다. 버핏은 수학적으로만 그 거래를 평가했다. 달리 좋은 투자 아이디어가 없었던 것이다. 약세장을 따라잡아 수익률을 보장받으려면 어쩔 수 없었다.

그런데 버핏이 매수한 지 한 달도 되지 않아 증시가 침체에 빠졌다. 살로몬의 주가는 16달러로 급락했다. 버핏은 이러한 폭락을 예측했기 때문에 살로몬의 보통주를 사지 않았던 것이다. 살로몬의 주가가 버핏이 전환 우선주를 매수할 당시의 32달러로 회복하는 데는 거의 4년이 걸렸다. 이 기간 동안 전환 조항은 무용지물이었다.

이러한 버핏의 대규모 투자가 빛을 보게 된 것은 그로부터 또 몇 년의 세월이 흐른 뒤였다. 1991년 8월 보통주가 38달러로 반등하고 있을 때 살로몬은 불법 채권 거래 행위에 연루되었다. 재무부 규정을 어기고 2년 만기 재무부 채권의 공매를 독점하다시피한 것이다. 고위 간부들은 그것이 범법행위라는 것을 알고 있었다. 그러나 연방정부의 조사가 시작될 때까지도 이 사실을 관계 당국에 통보하지 못했다. 살로몬의 주가는 곤두박질쳤으며, 버핏은 임시 회장직을 맡아 달라는 제안을 받았다.

버핏에게는 가장 어려운 시기였다. 그는 사건에 연루된 고위임원들을 해고하고, 경비를 삭감하며, 신용과 수익성을 회복하기 위해 고군분투했다. 또한 살로몬 브라더스를 상대로 한 수많은 법정소송에 대처하며, 연방정부의 조사에 응하고, 재무부 채권의 공모에 계속 참여할 수 있도록 하기 위해 미 의회 위원회를 설득해야 했다. 공모에 참여하지 못하면 살로몬은 도산할 수밖에 없었기 때문이다.

회사는 연방정부에 2억 9천만 달러의 벌금을 지불하는 것에 동의하게 되었고, 1992년 6월 버핏은 임시 회장직에서 물러났다. 살로몬의 주가가 버핏의 전환우선주 구입가인 38달러를 넘어서는 데는 총 6년이 걸렸다. 살로몬의 신 경영진에 대한 신뢰의 표현으로 버핏은 1993년 살로몬의 보통주를 매수하기 시작했고, 결과적으로 이 회사에 대한 총지분(보통주와 전환우선주의 합계)을 20퍼센트 이상으로 끌어올렸다.

그는 1995년 전환우선주의 20퍼센트를 현금화했다. 전환우선주를 현금과 상환할 수 있는 때가 된 것이다. 그리고 다음 해에는 20퍼센트를 보통주로 전환했다. 그해 말 남아 있던 전환우선주의 위험 회피를 위해 버크셔 해더웨이는 4억 4천만 달러어치의 교환증권을 발행했다. 이 증권의 매수인은 버크셔 해더웨이의 채권을 살로몬의 보통주로 전환할 수 있었다. 1997년 그는 살로몬에 대한 인수를 추진 중이던 트래블러스 그룹의 주식과 살로몬의 주식을 교환했다.

질레트에 투자하다

버핏은 면도기 업계에서 독보적 입지를 구축한 질레트에 대해 수십 년 전부터 관심을 가지고 있었지만, 1980년대에 이 회사가 적대적 M&A의 표적이 되기 전까지는 어떠한 행동도 취하지 않았다. 특히 M&A 투자조합인 코니스턴Coniston의 인수 공세에 질레트는 큰 손실을 입었다. 질레트는 위임장 쟁탈전proxy fight에서 52퍼센트의 표를 얻어 겨우 고비를 넘겼다. 그러나 그 과정에서 투자자들로부터 환매한 1,900만 주만큼 부채가 늘어나 재정 상태가 좋지 않았다.

이즈음에 질레트를 회생시킴으로써 이득을 볼 수 있다는 것을 알게 된 버핏은 회사가 독립적으로 운영될 수 있다는 조건하에 개입하게 되었다. 버핏은 질레트가 기업사냥꾼의 손에 넘어가지 않을 것임을 잘 알고 있었다. 1989년 7월 버핏은 질레트에 6억 달러의 출자를 제안했다. 그에 대한 대가로 회사는 매년 8.75퍼센트의 배당금을 지급하는 전환우선주를 그에게 발행해 주었다. 이 전환우선주에는 주당 50달러에 보통주 1,200만 주를 전환할 수 있는 권리가 주어졌다. 이는 당시 질레트 시가총액의 20퍼센트에 해당하는 금액이었다. 전환은 2년 후부터 가능했지만, 만일 주가가 62.5달러 이상이 되면 질레트가 전환을 요청할 권한을 가지는 조건이 있었다.

질레트는 버핏의 출자금을 모두 부채를 줄이는 데 투입했다. 버핏은 주가 하락의 우려가 없고 높은 수익을 창출하는 증권을 손에 넣게 된 것이다. 전환우선주의 지분 덕에 버핏은 질레트 보통주의 주가 상승에 편승할 수 있었다. 그 외에도 버핏은 질레트 이사회 이사가 되었으며, 미래 성장성이 높고 안정된 이 기업의 상당수 지분(11퍼센트)을 확보하게 되었다.

버핏은 질레트와의 거래에서 기대만큼 큰 수익을 올렸다. 센서 면도기 라인이 출시된 후 질레트의 수익성이 크게 호전되었다. 1989년에 38억 달러이던 매출액이 1994년에는 61억 달러로 급증했다. 1990년부터 1991년 초까지의 불경기로 주가가 일시적으로 하락했지만, 1991년 2월에 주가는 62.5달러 수준을 훨씬 넘어서서 73달러에 거래되었다. 그러자 질레트는 버핏에게 전환을 요구했다. 이로 인해 버핏은 2년도 채 되지 않아 약 2억

7,500억 달러의 미실현 이익을 올리게 되었다. 이후에도 버핏은 질레트의 주식을 매도하지 않았고, 세 번의 분할을 거쳐 9,600만 주를 보유하게 되었다.

아메리칸 익스프레스를 희생시키다

1991년 8월 버핏이 또 다른 기업의 전환우선주를 매수했다는 소식이 세간의 관심을 모았다. 거대 신용카드 회사인 아메리칸 익스프레스에 3억 달러를 투자한 것이다. 경기 침체기에서 막 벗어난 당시의 아메리칸 익스프레스는 오늘날과 같은 거대 금융 기업이 아니었다. 계열사인 투자은행 시어슨 레먼 브라더스Shearson Lehman Brothers의 손실이 기업의 실적을 깎아내리고 있었고, 그나마 신용카드 부문에서 얻은 이익도 중개업 부문을 지원하는 데 사용되었다. 이런 상황을 살펴본 버핏은 아메리칸 익스프레스에 출자가 필요하다는 것을 알게 되었다. 양측은 아메리칸 익스프레스에 이득을 주고 버크셔 해더웨이의 성장 잠재력을 높일 수 있는 계약을 신속하게 체결했다.

이때 버핏에게 제공된 주식은 살로몬이나 질레트로부터 매입한 전형적인 전환우선주와는 달랐다. 이 주식은 8.85퍼센트의 배당금(연간 2,655만 달러)을 지급하고, 전환 만기일이 도래하면 아메리칸 익스프레스가 임의대로 보통주 가격을 기준가로 하여 차환할 수 있다는 조건이었다. 이 주식 인수 계약이 발표될 때 아메리칸 익스프레스의 주식은 약 25달러에 거래되고 있었다. 버핏이 인수한 주식은 최대 1,224만 4,898주의 보통주로 전환될 수 있었다(전환가격은 주당 24.5달러). 3년 후 보통주가 24.5달러 이하로 거래되면 버핏은 전환 시기를 1년 더 연장할 수 있었다. 만약 아메리칸 익스프레스의 주식이 18달러로 떨어져도 여전히 전환 권리가 유지되지만, 투자 원금에서 7,960만 달러의 손실을 입을 수 있었다. 또한 아메리칸 익스프레스는 보통주가 37.53달러까지 오르면 전환우선주를 매수할 수 있는 권리를 갖고 있었다.

본질적으로 이 계약은 3년간의 주가 상승 가능성과 전환 만기일 전에 약 8천만 달러의 배당금을 보장하는 조건을 달고 있었다. 버핏이 보기에는 아메리칸 익스프레스는 성장 잠재력이 있었고, 8.85퍼센트의 배당률은 그 당시 채권 수익률보다 높았다. 버크셔 해더웨이가 배당금의 70퍼센트까지 세금공제를 받을 수 있었기 때문에, 이 전환우선주의 실질 배당률은 11퍼센트 이상인 셈이었다.

버핏은 예정대로 1994년에 보통주로 전환했고, 아메리칸 익스프레스의 보통주를 더 많이 축적하기 위해 1995년 1/4분기에 4,800만 주를 소리 없이 매집했다. 이로 인해 그는 9.8퍼센트의 이 회사 지분을 갖게 되었다. 아메리칸 익스프레스는 1990년대 버핏에게 가장 큰 수익을 안겨 준 종목이 되었다. 1990년대 말 버핏의 보유 지분(그 후 그는 200만 주를 추가로 매수했다)의 총액은 84억 달러에 달했다.

그는 1997년 연례보고서에 다음과 같이 기록했다. "행운과 기술이 교묘하게 결합된 덕에 이번 보유 주식이 엄청난 수익을 안겨 주었다. 110퍼센트의 행운이 작용했고, 나머지 투자 기술의 힘도 작용했다." 사실 버핏은 1994년 주식을 전환할 때 주식 전체를 매도할 의향이 있었다. 그러나 허츠Hertz의 CEO인 프랭크 올슨Frank Olson과 골프를 치면서 나눈 대화에서 그의 권유를 받아들여 매도를 하지 않았다.

옵션 거래에 대한 버핏의 생각

버핏은 선물 및 옵션과 같은 파생 금융상품 투자에 대해서는 부정적이라고 누차 의견을 피력했다. 이 상품들은 주식시장의 단기적인 가격 변동을 살펴 투자를 해야 하기 때문에 '투자'라기보다는 '도박'에 가깝다고 보았다. 이를테면 풋 옵션이나 콜 옵션 거래를 하는 투자자는 주가의 단기 움직임에 맞춰 투자하고, 투자액 전부를 지불할 필요 없이 차입 자본을 대폭 도입해서 수익을 증대시키는 경우가 많다.

예를 들어 주당 50달러인 AOL의 주가가 더 상승할 것이라고 생각하는 투자자는 50달러의 권리행사 가격strike price에 콜 옵션을 매수할 것이다. 콜 옵션 매수자는 옵션 계약 만료일 전에, 그 시점의 AOL의 주가에 관계없이 주당 50달러에 주식을 살 권리를 갖는다. 이 투자자가 이 옵션을 행사하기 위한 권리에 5달러의 프리미엄을 지불했다고 가정하자. 이때 지출한 500달러(옵션 계약의 한 단위는 100주)는 다시 회수할 수 없다.

AOL의 주식이 만료일 전에 55달러(권리행사 가격 50달러에 프리미엄 5달러를 더한 액수) 이상으로 오르면 이 사람은 이익을 얻게 된다. 주가가 60달러에 다다르면 옵션은 10달러의 가치를 갖게 된다(60달러에서 권리행사 가격 50달러 제외). 이는 투자 원금의 두 배다. 70달러로 오르면 옵션의 가치는 20달러다. 옵션 가치가 두 배가 되기 위해서 주가가 16.6퍼센트만 오르면 된다.

풋 옵션 거래를 하는 투자자는 그와 반대 과정을 거친다. 풋 옵션 매수자는 고정된 미래의 가격에 주식을 매수할 수 있는 권리를 획득하는 게 아니라, 후에 고정가에 주식을 매도할 권리를 사서 매도가를 미리 정해 놓으려는 목적을 갖고 있다. 그는 만약 주가가 프리미엄으로 치를 비용까지 더해서 충분히 하락했을 경우에 주식을 고정가에 매도할 권리를 얻으려고 프리미엄을 지불하는 것이다.

> 물론 워렌 버핏이 시험 삼아 옵션에 투자한다고 해서 실패하진 않을 것이다. 실제로 그는 코카콜라의 지분을 확대할 생각으로 풋 옵션 거래를 한 적이 있다.

물론 워렌 버핏이 시험 삼아 옵션에 투자한다고 해서 실패하진 않을 것이다. 실제로 그는 코카콜라의 지분을 확대할 생각으로 풋 옵션 거래를 한 적이 있다. 1993년 4월에 일어난 일이다. 그 당시 코카콜라의 주가는 39달러를 뛰어넘었다(주식분할 전). 버핏은 이미 코카콜라 주식을 9,340만 주 보유하고 있었지만, 추가로 더 매수하길 원했다. 그러나 주가가 급등하여 매수가 힘들게 될지도 모른다는 걱정이 앞섰다. 그는 주당 35달러의 행사가격에 500만 주의 풋 옵션을 쓰고, 750만 달러의 프리미엄(주당 1.5달러)을 거두어들였다.

버핏은 옵션을 통해 코카콜라 주식을 저렴하게, 더 많이 매집하려고 시도했던 것이다. 그 과정에서 소요 비용을 충당할 수 있는 프리미엄을 거두어들였다. 만약 옵션 만료일 전에 코카콜라의 주가가 떨어지면 풋 옵션 매수자는 주당 33.5달러(권리행사 가격 35달러에서 프리미엄 1.5달러 제외)에 500만 주의 주식을 버핏에게 양도한다. 버핏은 어쨌든 주식을 더 매입하기를 원해 왔고 매수 시기가 되어 주가가 하락하기만을 기다려 왔으므로 잘된 일이다.

그러나 코카콜라의 주가가 오르면 매수자는 권리를 행사하지 않을 것이며, 버핏은 750만 달러의 프리미엄을 손에 넣게 된다. 그 결과 주가가 버핏이 사기를 원하는 가격보다 더 올랐지만, 그는 프리미엄을 챙길 수 있을 것이다. 또한 코카콜라의 주식에 초과 지불하지도 않을 것이다.

버핏으로서는 코카콜라의 주식을 다시 살 수 있는 기회를 가지려면 1년을 더 기다려야 했을 것이다. 1994년 그는 그 당시 9,340만 주였던 보유 주식 수를 1억 주로 늘렸다. 이것은 1996년에 주식분할로 2억 주가 되었다. 그가 주식에 손을 댄 이후 수차에 걸쳐 옵션 거래를 해왔을지라도 공식적으로 보도된 것은 이때가 처음이었다. 그는 매수에 앞서 풋 옵션을 매도함으로써 미래에 주식을 매입할 때의 위험을 제거하려고 노력해 왔다. 이로 인해 그는 정해진 프리미엄을 거두어들이고 선호하는 주식의 가격이 하락하는 동안 그 주식을 매수할 수 있는 기회를 갖게 된다. 수학적으로 말하자면 코카콜라 주식을 매수하기 위해 옵션 거래를 적용함으로써 윈윈 상황을 연출할 수 있게 된다. 버핏은 이미 이러한 방식으로 많은 주식들을 취득해 왔다.

제18장

워렌 버핏만의
차익거래 전략

M&A를 앞둔 기업에 투자하다
코코아 열매로 차익거래를 하다
기다릴 줄 알아야 수익률이 올라간다
소규모 수익도 반드시 챙긴다
제너럴 다이내믹스로 행운을 잡다
포트폴리오의 일부는 차익거래로
버핏만의 차익거래 규칙

> 고향 오마하에 돌아온 후 투자조합을 설립해서 투자 업무를 시작하자마자, 버핏은 자신의 포트폴리오 실적을 우수하게 유지하기 위해 M&A 차익거래에 빈번하게 뛰어들었다. 특히 약세장이 이어지는 동안에 이런 차익거래는 버핏의 실적을 크게 높여 주었다.

워렌 버핏의 초기 경력과 활동은 언론에 그다지 노출되지 않았다. 그래서 이 오마하 출신 투자자가 청년 시절에는 어떤 방법으로 다우존스지수를 뛰어넘는 수익률을 올렸는지 자세히 아는 사람이 거의 없다. 물론 버핏뿐 아니라 벤저민 그레이엄 교수의 제자들에게는 시장 평균 수익률을 앞서는 수익률을 올리는 것이 어려운 일이 아니었다. 그들은 주식시장에서 그레이엄의 가르침을 그대로 실천함으로써 실제로 시장 평균 수익률을 앞섰다. 그러나 버핏의 성공은 우연 이상의 아무것도 아니라고 생각하는 사람들도 있었다. 그들 중에는 이 천재도 언젠가는 큰 손해를 보고 자신도 실패를 면할 수 없는 인간이라는 것을 인정하게 되기를 은근히 바라는 사람도 있었다.

그러나 그러한 일은 일어나지 않았다. 버핏은 매년 주요 지수의 평균 실적을 계속해서 능가했을 뿐만 아니라, 그 과정에서 손실을 입은 적이 거의 없었다. 버핏 파트너십을 해산한 후의 실적은 훨씬 더 뛰어났다. 시장의 단기 변동에 취약할 수밖에 없는 개인투자자가 수십 년간에 걸쳐 수백 종목의 주식을 매매하다 보면 한두 해 정도는 손실을 보게 되어 있다. 아무리 우수한 종목들로 포트폴리오를 구성하더라도 투자자가 수익률을 100퍼센트 완벽하게 통제할 수는 없는 것이다. 1987년 10월 19일 하루만에 다우존스지수가 508포인트 떨어졌을 때, 97퍼센트의 주가가 하락했다. 아마 그날 일반투자자 중 손해를 보지 않은 사람은 1천 명 중 1명 정도일 것이고, 그해에 주식투자로 돈을 번 사람은 10명 중 1명 정도일 것이다.

증시는 거의 4년에 한 번꼴로 하락하는 경향이 있기 때문에, 버핏처럼 40년 동안 투자를 하면 평균적으로 그중 10년 정도는 손실을 볼 것이라고 예상할 수 있다. 뛰어난 투자자라면 손실을 입는 해를 4~5년으로 줄일 수 있을지도 모른다. 워렌 버핏의 투자 실적을 살펴보면 버크셔 해더웨이의 장부가치가 35년 동안 계속해서 증가했다는 것을 알 수 있다. 이 35년간 S&P 500종목의 연간 수익률이 버크셔 해더웨이를 앞섰던 적은 단지 네 번밖에 되지 않는다. 이것은 골프에서 40년 동안 '이븐 파' 이상의 성적을 올린 것과 비슷하다.

장기적으로 무손실의 실적을 올리고 싶은 투자자라면 적어도 다음 세 가지 방법 중 하나를 따라야 한다.

- 매년 채권을 매입하여 만기까지 보유함으로써 평균 수익률 4~6퍼센트를 올리는 것에 만족한다.
- 매년 지속적으로 높은 이윤을 올리고 매도가를 더 높일 수 있는 비상장기업의 자산에 집중적으로 투자한다.

- 확실하게 수익을 가져다 줄 수 있는 상장기업의 주식으로 포트폴리오를 구성하고 가격 변동 위험에 대한 노출을 최소화한다.

M&A를 앞둔 기업에 투자하다

고향 오마하에 돌아온 후 투자조합을 설립해서 투자 업무를 시작하자마자, 버핏은 자신의 포트폴리오 실적을 우수하게 유지하기 위해 M&A 차익거래에 빈번하게 뛰어들었다. 특히 약세장이 이어지는 동안에 이런 차익거래는 버핏의 실적을 크게 높여 주었다. 강세장에서도 각 지수의 평균 수익률을 뛰어넘기 위해 기업 인수나 합병으로 수익을 낼 수 있는 기회를 찾았고, 대부분 성공을 거두었다. 버핏의 스승인 벤저민 그레이엄은 1926년부터 1956년까지 자신의 투자회사 그레이엄 뉴먼에서 투자 활동의 기본은 차익거래라고 가르쳤다. 이 회사에 투자한 사람들은 자신들의 투자금 중 일부가 단기적 가격 변동이 일어나는 상황에 투자될 것이라는 것을 보고받아서 알고 있었다. 즉 그들의 자금 중 일부는 기업의 구조조정, 청산, M&A 등을 이용한 차익거래나 전환사채, 전환우선주 등에 투입되었다.

그레이엄이 첫 번째로 선보인 투자 방식 중의 하나도 실제로 전형적인 차익거래였다. 1915년 21세의 나이에 그는 청산을 앞둔 지주회사인 구겐하임 익스플로레이션Guggenheim Exploration의 주식을 주당 69달러에 사들였다. 구겐하임은 케네콧Kennecott, 치노 코퍼Chino Copper, 아메리칸 스멜팅American Smelting, 레이 컨솔리데이티드Ray Consolidated 등과 같은 구리광업회사의 주식을 소규모로 보유하고 있었다. 버핏은 구겐하임이 보유한 주식의 가치는 주당 76달러 이상이었을 것이라고 말한다. 그러므로 이 회사에 69달러를 투자하면 76달러의 가치를 지닌 자산을 보유하게 되는 것이다. 그레이엄은 실제로 이 상황에서 구겐하임의 주가가 적어도 76달러까지만 올라도 주당 7달러의 수익을 올릴 수 있다고 보았다.

> M&A 차익거래에 투자하는 사람들은 실제로 M&A 대상 기업의 현재 주가와 M&A 체결 시의 주가 사이의 차익을 취하기 위해 노력한다.

차익거래란 엄밀한 의미로 불합리한 가격의 움직임을 이용해서 서로 다른 두 시장에서 증권을 동시에 사고파는 것을 의미한다. 예를 들어 휴렛패커드의 주식이 뉴욕 증권거래소에서 80달러에 팔리고 퍼시픽 증권거래소에서 82달러에 팔리고 있다고 치자. 이때 차익거래자는 뉴욕 증권거래소에서 자신이 살 수 있는 휴렛패커드의 모든 주식을 사서 퍼시픽 증권거래소에 팔아 2달러의 시세차익을 남길 수 있다. 문제는 이러한 기회가 자주 주어지지 않는다는 것이다. 뉴욕에서 휴렛패커드 주식을 매집함과 거의 동시에 그 시장에서 가격이 상승하게 마련이다. 한편 퍼시픽 증권거래소에서 동시에 매도를 하면 이 주식의 가격은 하락한다. 그래서 양 시장의 주가가 빠르게 다시 균등한 상태에 이르게 된다.

M&A 차익거래도 이와 비슷하다. M&A 차익거래에 투자하는 사람들은 실제로 M&A 대상 기업의 현재 주가와 M&A 체결 시의 주가(한 기업이 다른 기업의 주식에 대해 지불하기로 약속한 주가) 사이의 차익을 취하기 위해 노력한다. 예를 들어 머크가 파이저Pfizer를 인수하기 위해 주당 85달러를 제시하기로 했다고 치자. 파이저의 주식이 현재 80달러에 거래된다고 하면, 투자자는 파이저의 주식을 사서 인수가 완료될 때까지 보유하다가 그 주식을 머크에 넘김으로써 5달러의 이익을 보장받을 수 있다. 5달러의 이익은 80달러 투자금의 6.25퍼센트에 해당된다. 파이저 주식이 80달러 아

래로 떨어졌을 때 매입한 거라면, 잠재 수익률은 더 커진다.

M&A 차익거래를 잘 이용하면 매년 수익을 최대화하고 손실의 기회를 최소화하는 데 유용해진다. 보통 다른 기업을 인수하려는 기업들은 인수를 얼마나 빨리 성사시킬 수 있는지에 대해 미리 밝혀 둔다. 이것이 차익거래 시의 수익률을 결정하는 데 큰 영향을 준다. 머크의 사례에서 볼 때, 투자자가 파이저의 주식을 매수한 후 정확히 6개월 내에 머크가 파이저를 인수하게 된다면, 이때 거둬들인 5달러의 이익은 연 12.9퍼센트의 수익률이라는 결과로 나타난다. 인수가 4개월 내에 완료된다면 투자자의 수익률은 연 20퍼센트나 된다. 인수가 완료되고 머크로부터 대금을 지급받은 투자자는 이때의 수익을 이와 비슷한 이익을 가져다 주는 또 다른 차익거래에 재투자할 수 있다.

차익거래에 지속적으로 참여함으로써 투자자는 각 거래에서 얻게 되는 소규모의 수익을 축적하여 매년 큰 수익을 창출하는 데 보탤 수 있다. 만약 투자자가 3개월 내에 완료되는 M&A에 모두 참여해 매번 10퍼센트의 수익을 올리고, 이때 거래 시마다 발생되는 모든 수익을 재투자한다고 가정하자. 그러면 1년간의 수익률은 복리로 46.6퍼센트에 다다른다(〈표 18-1〉 참조).

월스트리트에서는 매일 10~20건의 합병이 발표되기 때문에 차익거래의 기회는 쉽게 찾을 수 있다. 이 중 일부는 투자자들에게 큰 수익을 창출할 수 있는 기회를 제공한다. 버핏은 자신의 차익거래 활동에 대한 공개를 꺼린다. 단지 자신도 이러한 차익거래를 자주 해왔고(특히 높은 수익을 기대할 수 있는 주식투자의 기회가 없는 경우), 지금도 계속하고 있으며, 이를 통해 실적을 향상시키고 있다고 말할 뿐이다.

표 18-1 차익거래를 통한 연간 복리 수익률

(단위 : %)

건당 수익률 (%)	M&A가 완료될 때까지의 기간			
	1개월	2개월	3개월	6개월
2	26.8	12.6	8.2	4.0
3	42.6	19.4	12.6	6.1
4	60.1	26.5	17.0	8.2
5	79.6	34.0	21.6	10.3
6	101.2	41.9	26.2	12.4
7	125.2	50.1	31.1	14.5
8	151.8	58.7	36.0	16.6
9	181.3	67.7	41.2	18.8
10	213.8	77.2	46.4	21.0
11	249.8	87.0	51.8	23.2
12	289.6	97.4	57.4	25.4
13	333.5	108.2	63.0	27.7
14	381.8	119.5	68.9	30.0
15	435.0	131.3	74.9	32.3

버핏은 1988년 주주들에게 보내는 연례보고서에 다음과 같이 썼다. "때때로 우리는 좋은 종목을 찾지 못할 경우, 단기적으로 현금을 보유하고만 있는 게 아니라 차익거래에 투자한다. 물론 우리는 과소평가된 주식을 매수해서 장기보유하는 것을 가장 선호한다. 그런데도 종종 이러한 투자 기회를 발견하지 못해 거액의 현금을 보유해야 할 때가 있다. 그러한 때에 차익거래를 함으로써 우리는 재무부 발행 채권보다 훨씬 더 높은 수익률을 올리고 있으며, 마땅한 투자처가 없어 아무 종목에나 섣불리 투자하게 되는 우를 범하지 않을 수 있다. 찰리는 우리가 차익거래를 하기로 합의를 한 다음에는 보통 이렇게 말한다. '그래, 좋아! 적어도 손해는 입지 않을

테니까.'"

버핏은 그레이엄이 1926년부터 1956년까지 차익거래로 연 20퍼센트의 수익을 올렸다고 썼다. 다우존스지수를 훨씬 상회하는 결과다. 1988년 버핏 자신은 당시까지 차익거래로부터 그레이엄의 20퍼센트를 훨씬 넘는 연평균 수익률을 달성했다고 밝혔다.

> 1950~1960년대 파트너십을 운영하면서 버핏은 수십 번 차익거래에 투자했다. 그는 투자를 되풀이함으로써 매번 투자를 할 때마다 거두어들인 소액의 수익이 연말에 엄청난 금액으로 불어난다는 것을 알게 되었다.

1950~1960년대 투자조합을 운영하면서 버핏은 수십 번 차익거래에 투자했다. 그는 투자를 되풀이함으로써 매번 투자를 할 때마다 거두어들인 소액의 수익이 연말에 엄청난 금액으로 불어난다는 것을 알게 되었다. 가장 중요한 것은 버핏이 주식시장의 변덕스러운 주가 변동으로부터 의뢰인의 투자금을 보호하기 위해 차익거래를 해왔다는 것이다. 대규모의 자금을 M&A(버핏은 이를 '워크아웃'이라고 부르곤 했다) 시의 주식 차익거래에 투입함으로써 시장 상황이 좋지 않을 때도 큰 수익을 올릴 수 있었던 것이다. 실제로 그는 하락장에서도 차익거래 덕에 손실을 보지 않을 수 있었다.

의뢰인의 투자금을 손실로부터 보호할 수 있는 방법 중의 하나가 차익거래라는 것을 알게 된 버핏은 보유하고 있던 포트폴리오의 편입 종목을 몇 가지로 줄였다. 1960년 2월 그는 조합원들에게 지금의 35퍼센트는 한 종목(회사명을 밝히지 않았음)에 투자했고, 나머지는 과소평가된 주식 몇 종목과 워크아웃 기업에 투자했다고 밝혔다. 그는 포트폴리오를 보호하기 위해 시장 상황에 연연하지 않는 투자 대상을 고르기 위해 노력했다.

일반적으로 M&A 차익거래는 버핏 투자조합의 포트폴리오를 구성하는 두 번째로 가장 큰 요소였다. 그는 투자자들에게 차익거래에 대해 좀처럼 언급하지 않았지만, 다음과 같이 거래 횟수와 자금 차용에 대해서는 간단하게 밝히곤 했다.

> 우리는 항상 10~15가지의 차익거래를 진행하고 있다. 일부는 시작 단계에 있고 일부는 완료 단계에 있다. 또한 차익거래에 투자하는 데 필요한 자금의 일부를 차입하기도 한다. 이 분야는 수익률 면에서 뿐만 아니라 시장 중개행위 면에서도 안전성이 높기 때문이다.

1999년 버크셔 해더웨이의 주주총회에서 주주들은 버핏이 새로운 투자조합을 결성하고 투자를 다시 시작한다면, 계속해서 시장 평균 수익률을 능가할 수 있는지에 대해 질문을 했다. 당연히 버핏은 소형주에 집중하고 차익거래에 참여함으로써 그렇게 할 수 있으리라 말했다. 그는 다음과 같은 말도 했다. "100만 달러를 가지고 1년에 50퍼센트의 수익을 올릴 수 있는 투자자는 나를 포함하여 12명 정도가 될 것이다."

버핏은 차익거래를 '수학 연습문제'로 본다. 상승과 하락에 대한 투자 위험이 있기 때문에 그에 대한 대가로 높은 투자 수익률을 기대할 수 있다는 것이다. 버핏은 1990년 다음과 같이 말했다. "M&A가 성사될 가능성이 90퍼센트이고 이때 3달러의 수익이 예상된다면, 2.7달러의 수익을 올릴 수 있다고 가정하는 것이 옳다. 반면에 합병이 취소될 가능성이 10퍼센트이고 이 경우 9달러의 손실이 예상된다면, 0.9달러의 손실을 가정할 수 있다. 따라서 총수익을 수학적으로 계산하면 '2.7달러-0.9달러=1.80달러'로 예상할 수 있다."

예를 들어 어떤 기업이 피플소프트PeopleSoft의 주식을 주당 20달러에 인수할 것이고, 현재 피플소프트의 주식이 17달러에 거래된다고 가정하자. 인수 완료 시의 주가보다 3달러 낮은 가격이다. 버핏의 방식으로 계산하여, 인수가 완료되어 3달러의 이익을 얻을 가능성이 90퍼센트라고 가정하자. 반대로 인수가 취소되어 9달러의 잠재적 손실이 발생할 가능성은 10퍼센트다. 이 경우 예상 수익은 1.8달러[(0.9×3달러)-(0.1×9달러)]다. 이것은 17달러 투자로 10.6퍼센트의 수익률을 올리는 것이다. 이것은 인수가 완료되는 데 1년이 소요될 때의 연간 수익률이다. 6개월만에 인수가 완료되면 연간 수익률은 22.3퍼센트[1-(1.106×1.106)]가 된다.

종종 M&A가 이루어질 때 두 자리수 이상의 단기 수익을 올릴 수 있는 경우도 있다. 1999년 4월 글로벌 크로싱은 통신 서비스를 확장할 목적으로 프런티어Frontier의 주식을 인수하기로 했다. 프런티어의 주주들은 계약이 완료되면 글로벌 크로싱의 주식을 주당 62달러에 받기로 했다. 그러나 당시 증시에서는 프런티어의 주식이 이보다 10~20퍼센트나 낮은 가격에 거래되고 있었다. 따라서 인수가 취소될지도 모른다는 투자자들의 우려가 글로벌 크로싱이 이 거래에 덧붙인 매매정지 조치collar(1987년 10월 블랙먼데이 이후 시장의 급변동을 방지하고 투자자들의 신뢰를 보호하기 위해 미국에서 도입된 제도-역자주)와 같은 보호 수단을 무색하게 할 정도였다. 그러나 1999년 9월 인수는 순조롭게 완료되었고, 일시적 단기 융자금을 제대로 이용한 투자자들은 세 자리수의 연간 수익률을 기록할 수 있었다.

버핏과 같은 투자자들은 그러한 시점에 참여했다. 이들은 그러한 기회를 놓치지 않고 45달러까지 떨어진 가격에 프런티어 주식을 샀다. 그리고 3~4개월 뒤에 17달러의 수익을 손에 넣게 되었다. 45달러의 투자로 38퍼센트의 수익률을 올린 셈이다. 인수가 완료되는 기간에 따라 연 162~262퍼센트의 수익을 올릴 수 있었다.

케이스Case는 1999년 5월 뉴 홀랜드NV New Holland NV 로부터 주당 55달러에 합병 제의를 받은 후 극심한 주가 변동을 보였다. 합병이 취소되었다는 소문이 인터넷 채팅룸에 떠돌기 시작한 지 두 달이 지난 후 케이스의 주가는 44달러로 급락했다. 약삭빠른 투자자들은 이때 44달러를 투자해 후에 11달러의 수익을 챙겼다. 합병이 성사될 때까지 몇 개월을 더 기다렸던 투자자들은 25퍼센트의 수익을 올릴 수 있었다.

> 보통 합병에 대한 소문이 돌면 주가가 급등락을 계속한다. 표적 회사의 주식은 합병에 대한 발표가 있는 날 급상승하여 발표 가격의 4~6퍼센트 아래 수준까지 다다른다. 그 후 며칠 또는 몇 주 후에 주가가 다시 떨어진다.

보통 합병에 대한 소문이 돌면 주가가 급등락을 계속한다. 표적 회사의 주식은 합병에 대한 발표가 있는 날 급상승하여 발표 가격의 4~6퍼센트 아래 수준까지 다다른다. 그 후 며칠 또는 몇 주 후에 주가가 다시 떨어진다. 대다수 개인투자자들은 인내가 부족하여 합병이 완료되는 날까지 기다리지 못하고 수익을 챙기려고 하기 때문이다. 이들 덕에 버핏과 같은 투자자들에게는 고수익을 올릴 수 있는 기회가 주어진다. 차익거래로 큰 수익을 올리려면 반드시 주가가 크게 떨어져야 하는 것은 아니다. X사가 Y사를 주당 20달러에 매수하길 원하고 Y사의 주식이 현재 19달러에 거래되고 있다면, 잠재 수익률은 연간 5.3퍼센트에 불과하다. Y사의 주식이 0.5달러 하락하여 18.5달러가 되면 수익률은 8.3퍼센트가 된다. 이 합병이 3개월 안에 완료되면 연간 수익률은 37.6퍼센트로 크게 오른다.

1990년 〈포브스〉지는 버핏의 차익거래 내역을 자세히 알아내기 위해 버크셔 해더웨이 소속의 보험회사들이 주정부 규제위원회에 제출한 재무 관련 서류들을 찾아냈다. 그들은 이 보험회사들이 버핏이 새로운 투자를 하는 데 필요한 대부분의 자금을 공급했다는 것을 알고서 이들의 보험문서들을 살펴보았다. 이를테면 〈포브스〉지는 주가 등락이 심한 증시에서 버크셔 해더웨이의 가치를 지속적으로 올리기 위해 버핏이 M&A 차익거래에 광범위하게 뛰어들었다는 것을 밝혀냈다. 흥미롭게도 버핏이 버크셔 해더웨이의 보유 종목 수를 크게 줄이던 시기였다. 그래서 일반투자자들이 주식투자로 손실을 보고 있을 때도 흑자를 낼 수 있었다.

그해 버핏은 머린 미들랜드Marine Midland, 페더레이티드Federated, 인터코Interco 등과 같이 잘 알려지지 않은 회사들을 포함하여 크래프트Kraft, RJR 나비스코RJR Nabisco, 필립 모리스 등의 M&A 차익거래에 참여했다. 그는 사우스랜드Southland에 270만 달러를 투자하여 10일도 안 되어 330만 달러로 불렸다. 700퍼센트 이상의 연간 수익률을 달성한 셈이다. 〈포브스〉지는 1987년 S&P 500종목의 수익률이 5퍼센트인 반면 버핏은 차익거래로 90퍼센트의 수익률을 올렸다고 추정했다.

1988년 버핏은 20번의 차익거래에 투자하여 35퍼센트의 수익률을 올렸다. 〈포춘〉지는 버핏이 다음 해에는 운이 없었다고 보도했다. 그는 차익거래에서 31퍼센트의 손실을 보았던 것이다. 그는 이러한 손실을 주주들에게 상세히 밝히지는 않았다. 그러나 M&A 열기가 과열되고 있기 때문에, 1989년에는 차익거래의 참여를 줄이겠다고 주주들에게 보고한 바가 있다. 버핏은 다음과 같이 덧붙였다. "다른 투자자들이 신중하지 않을수록, 우리는 더욱더 신중하게 투자해야 한다." 그해 버핏은 RJR 나비스코의 차익거래 주식 일부를 M&A 전문회사이자 약칭 KKR로 알려진 콜버그 크래비스 로버츠Kohlberg Kravis Roberts에 넘기고, 나머지는 총 6,400만 달러의 이익을 남기고 시장에 내다 팔았다.

코코아 열매로 차익거래를 하다

그레이엄 뉴먼에서 일하기 시작한 첫해인 1954년, 젊은 버핏은 수많은 차익거래 중 아주 특이한 경우를 경험하게 되었다. 그가 거리낌 없이 얘기하는 몇 안 되는 차익거래 사례 중 하나다. 당시 가까스로 이익을 내고 있던 초콜릿 제조업체 록우드는 코코아 가격이 일시적으로 열 배 급등하자, 난국을 타개하고 이익을 내기 위해 재고를 처리하려고 노력했다. 그런데 당시 록우드는 매출에 대해 50퍼센트에 가까운 소득세를 납부해야 했다.

다행히 같은 해 국세청은 기업 구조조정의 일환으로 주주들에게 재고품을 판매하면 재고 판매에 대한 세금을 징수하지 않겠다고 했다. 이런 변경된 규정을 이용해서 록우드는 코코아 버터 사업부를 매각하고, 1,300만 파운드의 코코아 열매를 그 사업부의 재고로 양도하겠다고 발표했다. 그 거래의 일환으로 록우드는 주주들로부터 주식을 환매하고 대금은 주당 80파운드의 코코아 열매로 치르겠다고 제안했다. 코코아 열매가 파운드당 60센트에 거래되고 있었으므로 주당 48달러에 환매하는 셈이었다. 그 발표가 있기 직전 록우드의 주가는 15달러에 불과했다.

버핏은 이 기회를 놓치지 않았다. 그는 주식시장에서 그 회사의 주식을 매수하여 록우드에 되팔기로 했다. 그리고 주식 대신 받은 코코아 열매를 팔고 그 수익으로 더 많은 록우드 주식을 사들였다. 이로 인해 버핏은 코코아 열매 가격과 록우드 주가 사이의 차이가 줄어들 때까지 계속해서 이득을 챙길 수 있었다. 버핏은 이렇게 말했다. "수주일 동안 매우 바빴다. 나는 주식을 사들이고 코코아 열매를 팔았으며, 증권과 창고 영수증을 서로 교환하기 위해 주기적으로 슈로더 트러스트Schroeder Trust에 들렀다.

이익이 짭짤했다. 내가 지출한 경비는 지하철 교통비뿐이었다."

기다릴 줄 알아야 수익률이 올라간다

1981년 9월 M&A 전문회사인 KKR는 종이, 인쇄물, 산림 제품 등을 생산하는 아카타Arcata의 모든 자산을 매입하겠다고 제의했다. 그 당시 아카타는 회사가 소유한 토지의 평가액과 관련하여 연방정부와 분쟁에 휘말려 있었다. 정부는 레드우드 국립공원을 확장하기 위해 1978년 약 1,300만 평에 달하는 아카타의 삼림지를 수용하고 그에 대한 보상으로 9,790만 달러를 지급했다. 아카타는 그 금액이 부적절하다고 이의를 제기했던 것이다. 이 분쟁은 KKR이 이 회사를 인수하는 것을 더 복잡하게 만들었다. 최종적으로 KKR은 아카타에 주당 37달러를 지불하고, 이 산림지에 대해 정부가 추가로 지급하는 보상금의 3분의 2를 제공하겠다고 제의했다.

버핏은 이 사건이 있은 지 몇 년이 지난 후 다음과 같이 썼다. "우리는 KKR의 거래가 성사되지 않을 경우 어떠한 일이 발생할지 곰곰이 생각했고, 그 결과 편안한 마음을 갖게 되었다. 아카타의 경영진과 임원들은 회사를 처분할 계획을 분명히 가지고 있었고 최종적으로 매각을 결심했기 때문이다. KKR이 포기를 했더라면, 물론 아카타는 인수 대금을 더 낮추더라도 다른 대상을 찾았을 게 분명하다. 우리는 정부의 보상금에 대한 아카타의 주장이 정말 어떤 가치가 있는지 따져 보았던 것이다. 하지만 떡갈나무와 느릅나무조차도 구별하지 못하는 나로서는 알 바가 없었다."

이 계약은 1982년 1월에 체결될 것으로 예정되었다. 따라서 버핏은 주당 33.5~38달러의 가격대에 아카타의 주식 65만 5천 주를 샀다. 그는 이 주식을 최소한 주당 37달러에 매도하고 정부와의 최종 협상 결과에 따른 보상금을 받게 될 것이라고 생각했다. 그러나 이 인수 협상이 뜻하지 않은 장애에 부딪쳤다. KKR의 대출업자가 목재산업에 대한 우려를 표명했던 것이다. 이 거래를 승인하기 위한 회의는 수개월간 지연되었다. 최종적으로 KKR은 주당 37.5달러를 지불할 것을 동의했다. 이로 인해 버핏은 6개월에 걸쳐 170만 달러의 수익을 챙기게 되었다.

> 단기간의 소규모 수익에 큰 의미를 두지 않는 투자자들이 많다. 그러나 워렌 버핏 같은 투자자들이 소규모 수익에도 큰 매력을 느꼈다는 것을 알게 된다면, 어느 누구라도 소규모 수익을 무시하지 못할 것이다.

5년 후 법원에서는 연방정부가 삼림지에 대해 처음에 적절한 보상을 해준 것이 아니므로 아카타에 추가로 5억 1,900만 달러를 지급하라고 판결했다. 버핏은 추가로 주당 29.48달러를 받았다. 총 1,930만 달러였다.

소규모 수익도 반드시 챙긴다

단기간의 소규모 수익에 큰 의미를 두지 않는 투자자들이 많다. 그러나 워렌 버핏 같은 투자자들이 소규모 수익에도 큰 매력을 느꼈다는 것을 안다면, 소규모 수익이라고 함부로 무시하지 못할 것이다. 예를 들어 1999년 초, 버핏은 MGI 프로퍼티스MGI Properties의 주식을 매집하고 있다고 발표했다. 이 회사는 사무용 빌딩과 아파트 단지들로 포트폴리오를 구성해서 투자하는 부동산 투자신탁 회사였다. 언론은 즉시 버핏이 이례적으로 부동산 투자신탁 사업에 손을 대기 시작했다고 보도했다. 부동산 투자신탁은 수익률이 30년 만기 재무부 채권보다 기껏해야 3퍼센트 높기 때문에 버핏이 선호하는 업종이 아니라고 생각했던 것이다.

이와는 달리 버핏에게는 MGI 프로퍼티스가 차익거래 수익을 안겨 주는 전형적인 워크아웃 기업이었다. 1998년 10월 MGI 프로퍼티스의 이사들은 모든 자산을 청산하고 특별 배당금으로 주주에게 그 수익을 돌려주기로 한 계획을 승인했다. 그들은 자산의 매각으로 투자자들에게 주당 약 29~30달러를 분배할 수 있는 것으로 추정했다. 이 발표가 있었을 때, 이 회사의 주식은 24달러에 거래되고 있었다. MGI가 매각에 착수했을 때 청산이 예정대로 완결될 가능성은 100퍼센트였다. 그 시점에서 투자자들로서는 29~30달러를 받기 위해 얼마나 오래 기다려야 하는가가 관건이었다. 버핏은 주가가 29달러를 향해 상승하고 있었을 때 MGI의 주식 수만 주를 매수하기 시작했던 것이다. 그는 주당 1~3달러의 수익을 목표로 하며 5천만 달러 이상을 투자했다.

다시 한 번 버핏은 수학적 결정을 내렸던 것이다. 자산 매각이 취소될 가능성은 없어 보였다. 따라서 주가가 하락할 위험도 없었다. 사실상 MGI의 청산은 순조롭게 진행되었다. 회사는 1999년 5월까지 사무용 공간의 80퍼센트 이상을 매각하기로 한 계약에 서명했던 것이다. 버핏이 주식을 열심히 매집하던 시점이었다. 주당 평균 27.50달러를 지불하고 산 주식이 청산으로 인해 주가가 30달러로 오르면, 몇 개월 내에 10.9퍼센트의 수익을 보장받을 수 있을 거라고 생각했다.

투자자들이 이 거래에 대해 이상하게 생각한 것은 버핏이 버크셔 해더웨이를 통해서가 아니라 자신의 개인 계좌를 통해 주식을 매입했다는 점이었다. 자신이 운영하는 버크셔 해더웨이의 포트폴리오 외에도 그는 몇 가지 포트폴리오를 더 운용하고 있었다. 말하자면 그것은 버핏 자신의 투자 자금원으로 구성된 것이었다. 버핏이 MGI 프로퍼티스의 주식을 매수했을 때, 버크셔 해더웨이가 보유한 주식의 시가총액은 380억 달러에 달했다. 그렇다면 버핏이 기껏해야 수백만 달러의 수익밖에 올릴 수 없는 청산 차익거래에 참여했던 이유는 무엇일까? 그것은 수익이 확실하게 보장된다면 아무리 수익 규모가 작은 투자라도 기회를 잡겠다는 그의 비즈니스 철학 때문이였다. 자신이 아무리 부자라 해도 단 몇 퍼센트라도 수익을 창출할 수 있는 상황이 오면 워렌 버핏은 그냥 지나치지 않았던 것이다.

제너럴 다이내믹스로 행운을 잡다

1992년 7월 당시 구조조정 중에 있던 방위산업체인 제너럴 다이내믹스는 자사의 주식 30퍼센트 이상을 주당 65.37~72.25달러의 가격대에 더치 경매Dutch auction(증권 등의 인수시장에서 발행자가 가격을 최고 호가로부터 점차 낮추어 가면서 물량을 소화시키는 경매 방식-역자주)으로 환매할 것이라고 발표했다(제너럴 다이내믹스는 1대 2로 주식을 두 번 분할했다). 수개월 전 이 회사는 방위산업과 관계없는 사업부(데이터 시스템즈Data Systems, 세스나 항공Cessna Aircraft, 휴스 항공Hughes Aircraft)를 매각하고 12억 5천만 달러의 자금을 마련했다. 미군이 점차적으로 군비를 감축하고 방위산업체로의 주문을 줄이고 있었으므로 제너럴 다이내믹스는 수익금 12억 5천만 달러를 회사에 재투자하지 않고, 발행주식 수를 줄이고 투자자들을 위해 EPS를 실질적으로 증가시키는 데 사용하기로 하는 대담한 조치를 취했다.

이것이 주당 몇 달러의 이익을 취할 수 있는 기회라는 것을 감지한 버핏은 버크셔 해더웨이를 통해 주당 평균 72달러(두 번 분할 후 18달러)에 제너럴 다이내믹스의 주식 430만 주를 매수했다. 버핏은 1992년 연례보고서에 이렇게 썼다. "나는 제너럴 다이내믹스가 자사의 주식 30퍼센트 정도를 환매할 것이라고 발표했던 지난 여름까지 이 회사에 대해 거의 관심을 기울이지 않았다. 단지 차익거래의 기회를 포착하고 소규모 수익을 바라면서 주식을 매집하기 시작했다."

버핏이 제너럴 다이내믹스를 연구하기 시작하고 이 회사의 CEO 윌리엄 앤더스William Anders의 독특한 기업회생 노력을 목격한 것은 주식을 매수한 후였다. 앤더스는 수천 명의 직원을 해고하고, 일부 공장을 폐쇄하였으며, 연구개발비를 삭감함으로써 수천만 달러의 회사 경비를 줄였다. 월스트리트는 앤더스의 조치에 고무된 것처럼 보였다. 제너럴 다이내믹스가 더치 경매를 발표하기도 전에 회사의 주식이 바닥권으로부터 두 배 이상 뛰었다. 그러나 주가는 여전히 회사의 장부가치 이하로 거래되고 있었다. 그 점이 버핏의 관심을 끌었다.

버핏은 430만 주를 매도하지 않고 기다렸다. 주가가 더 상승할 여력이 있다고 보았기 때문이다. 버핏은 이 주식을 그 후 5년간 계속 보유했고, 그동안 주가는 거의 네 배로 뛰었다. 그 외에도 제너럴 다이내믹스는 1993년 세 번의 특별 배당금을 지급했다. 주당 50달러에 달하는 배당금이었다(주식 분할 후 12.50달러). 버핏이 보유하고 있는 430만 주는 분할 후 1,720만 주가 되었다. 버핏은 1994년 4월에 보유 주식의 20퍼센트를, 같은 해 8월에는 14퍼센트를 매도했다. 그리고 그 후 2년에 걸쳐 추가로 20퍼센트를 처분했다.

1998년에 버크셔 해더웨이는 제너럴 다이내믹스의 주식 769만 3,637주를 보유하고 있었다. 총액은 5억 3천만 달러에 달했다. 1994년과 1997년 사이에 매도한 주식의 이익을 포함하여 주당 배당금 50달러와 세전이익의 합계는 1999년 중반 약 4억 5천만 달러에 이르렀다. 버핏은 이 투자 결과를 확인한 후 "우리에게는 행운이 뒤따랐다."라고 겸손하게 말했다.

포트폴리오의 일부는 차익거래로

포트폴리오의 연간 수익률을 높이고 싶은 투자자라면, M&A 차익거래를 진지하게 고려해 보아야 한다. 버핏과 같이 차익거래를 포트폴리오에 포함시킴으로써 몇 퍼센트라도 잠재 수익률을 높일 수 있다. 〈표 18-3〉은 투자자가 차익거래에 참여하기 위해 자신의 포트폴리오 투자 자금의 25퍼센트를 여분으로 남겨 놓음으로써 포트폴리오 전체의 수익을 증대시키는 방법을 보여 주고 있다. 필자는 투자자가 차익거래로 20퍼센트의 연간 수익을 올릴 수 있다고 가정했다. 포트폴리오의 나머지(75퍼센트)는 S&P 500종목에 투자한 것으로 가정했다.

 1960년 1만 달러로 투자를 시작해서 그중 25퍼센트를 차익거래에 투자한 투자자는 1998년 말까지 자신의 포트폴리오의 가치를 177만 4,802달러로 끌어올렸다. 연평균 14.6퍼센트의 복리 수익률을 올린 셈이다. 이와는 대조적으로 포트폴리오의 100퍼센트를 S&P 500종목에만 투자했더라면, 1만 달러가 81만 7,402달러로 변했을 거라는 가정이 나왔다. 포트폴리오에 M&A 차익거래를 포함시킨 투자자의 절반에도 미치지 못하는 액수였다. 연평균 복리 수익률은 12.3퍼센트였다.

연평균 복리 수익률을 2.3퍼센트 포인트(14.6-12.3퍼센트)만큼 더 늘릴 수 있다면, 연간 손실의 가능성을 줄이는 데 큰 도움이 된다. 〈표 18-3〉에 제시한 예를 보면, S&P 500종목에만 투자한 투자자는 38년 투자하여 8년간 손실을 보았다. 포트폴리오의 25퍼센트를 차익거래에 투입한 투자자는 38년 중 5년만 손실을 보았다. 이 투자자는 1978년부터 21년 동안 한 번도 손실을 보지 않았다.

> 얼핏 보기에는 2.3퍼센트 포인트의 추가적인 복리 수익률이 그다지 대단하지 않은 것으로 생각될 수도 있다. 하지만 복리의 힘을 타면 2.3퍼센트 포인트는 엄청나게 불어난다.

얼핏 보기에는 2.3퍼센트 포인트의 추가적인 복리 수익률이 그다지 대단하지 않은 것으로 생각될 수도 있다. 하지만 복리의 힘을 타면 2.3퍼센트 포인트는 엄청나게 불어난다. 차익거래의 수완에 따라 더 훌륭한 결과를 맛볼 수도 있다. 차익거래로부터 올리는 연간 수익률이 매년 25퍼센트로 늘어난다면, 1만 달러가 1998년 말까지 271만 9,955달러가 된다. 15.9퍼센트에 달하는 복리 수익률의 혜택을 본 덕분이다.

필자가 이미 밝힌 바와 같이 버핏은 의뢰인의 투자금 중 상당 부분을 워크아웃 기업에 투자했고, 이런 기업의 주식을 사들이기 위해 자금을 차입하기도 했다. 차입금을 사용한 덕에 수익이 배가되었다. 버핏의 투자조합의 수익이 매년 다우존스지수를 뛰어넘은 것은 놀라운 일이 아니었다. 〈표 18-2〉에서 필자는 투자자가 포트폴리오의 절반을 이 지수의 편입 종목에 투자하고, 나머지 반을 연 20퍼센트의 수익률을 올릴 수 있는 차익거래에 투자하면 전체적인 수익률이 얼마나 증가하는지를 보여 주고 있다. 세 번째 난에서는 포트폴리오 관리자가 차익거래 증권을 신용구매한 것으로 가정했다. 표에서 보는 바와 같이 차입금을 사용함으로써 이 투자자의 수익률이 버핏의 수익률에 근접해 가고 있다.

표 18-2 다우존스지수 투자와 차익거래로 이루어진 포트폴리오의 수익률

(단위 : %)

연도	다우존스지수의 수익률(%)	다우존스지수+ 50퍼센트 차익거래의 수익률(%)	다우존스지수+ 차입금에 의한 50퍼센트 차익거래의 수익률(%)	버핏의 수익률(%)
1957	-8.4	5.8	8.7	10.4
1958	38.5	29.3	43.9	40.9
1959	20.0	20.0	30.0	25.9
1960	-6.2	6.9	10.4	22.8
1961	22.4	21.2	31.8	45.9
1962	-7.6	6.2	9.3	13.9
1963	20.6	20.3	30.5	38.7
1964	18.7	19.4	29.0	27.8
1965	14.2	17.1	25.7	47.2
1966	-15.6	2.2	3.3	20.4
1967	19.3	19.7	29.5	35.9
1968	7.7	13.9	20.8	58.8
1969	-11.6	4.2	6.3	6.8
평균 수익률	7.4	14.0	20.9	29.5

그렇다면 이만큼 수익을 올리는 게 가능한데도 대다수의 투자자들이 차익거래에 뛰어들지 않는 이유는 무엇일까? 솔직히 대부분의 투자자들은 성장주에 투자해서 매년 20~30퍼센트의 수익을 올리기를 기대하기 때문에 한 번에 기껏 2~3퍼센트의 수익을 거두는 것에는 별 관심을 두지 않는 경향이 있다. 이 차익거래들을 합하면 연간 수익률이 주요 시장 지수들보다 훨씬 높다는 것을 인식하지 못하기 때문이다.

버핏만이 차익거래를 하고 있는 것은 아니다. 전 세계 수백 명의 전문투자자들이 M&A와 관련된 주식투자로 먹고산다. 그들은 다른 일은 거의 하지 않고 모니터 앞에 앉아 M&A에 대한 새로운 뉴스를 찾고 있다. 정보가

> 버핏은 1년에 수백 번 M&A 소식이 발표되어도 확실하다고 인정되는 서너 곳에만 투자한다. 그리고 그러한 거래에 대해 철저히 조사를 한 후, 고수익을 보장받기 위해 주가가 일시적으로 급락할 때를 기다린다.

입수되면 거래 내용을 분석하고 전략을 세운 후 행동에 옮긴다. 그들은 자신의 목표에 따라 몇 시간 또는 며칠 내에 포지션을 취하고 있다. 그런데 M&A가 완료될 때까지 주식을 보유하고서 현금이나 주식을 받는 투자자는 그리 많지 않다.

그러나 표에서 알 수 있듯이 차익거래로부터 버핏만큼 수익을 올린 투자자는 없었다. 그가 확실한 거래에만 손을 댔기 때문이다. 게다가 버핏은 인내심도 매우 강했다. 이와는 반대로 대다수 차익거래자들은 잦은 매매를 통해 자신이 왜 차익거래를 하는지를 정당화시켜야 하기 때문에, 가능한 많은 거래에 빠르게 반응하는 경향이 있다. 어떤 경우에는 합병에 대한 내용이 자세히 발표되기도 전에 행동에 착수한다. 그러나 버핏은 1년에 수백 번 M&A 소식이 발표되어도 확실하다고 인정되는 서너 곳에만 투자한다. 그리고 그러한 거래에 대해 철저히 조사한 후, 고수익을 보장받기 위해 주가가 일시적으로 급락할 때를 기다린다.

또한 버핏은 항상 주주들의 이익을 위해 일한다는 점에서 다른 차익거래 전문가들과 다르다. 그는 합병이 이루어지도록 영향력을 행사하거나 금융 지원을 하기보다는(1980년대 M&A 전문가들이 그랬다) 합병이 발표된 후 포지션을 취한다. 그는 M&A에 대한 루머만 나돌 때 투자에 착수한 적은 결코 없다. 버핏이 차익거래를 통해 달성하려는 목표는 그 기업의 지배지분을 취득하고서 경영권을 인계하라고 강요하려는 것이 아니라, 주가의 차이로부터 이익을 추구하려는 것이다. 그는 파산을 목적으로 자산을 획득하는 데도 관심이 없다. 그의 역할은 단순히 이 거래 속에 숨어 있는 수학적 공식을 이용해 수익을 올리는 것이다. 거래 자체는 버핏에게 중요

표 18-3 차익거래로 인한 수익률의 차이

	S&P 500종목 포트폴리오		25퍼센트 차익거래 포트폴리오*	
	(단위 : %)	(단위 : $)	(단위 : %)	(단위 : $)
		10,000		10,000
1960	0.5	10,050	5.4	10,538
1961	26.9	12,753	25.2	13,190
1962	-8.7	11,644	-1.5	12,989
1963	22.8	14,299	22.1	15,860
1964	16.5	16,658	17.4	18,615
1965	12.5	18,740	14.4	21,291
1966	-10.1	16,847	-2.6	20,743
1967	24.0	20,891	23.0	25,514
1968	11.1	23,210	13.3	28,914
1969	-8.5	21,237	-1.4	28,516
1970	4.0	22,086	8.0*	30,798
1971	14.3	25,245	15.7	35,640
1972	19.0	30,041	19.3	42,501
1973	-14.7	25,625	-6.0	39,940
1974	-26.5	18,835	-14.9	33,999
1975	37.2	25,841	32.9	45,185
1976	23.8	31,991	22.9	55,510
1977	-7.2	29,688	-0.4	55,288
1978	6.6	31,647	10.0	60,789
1979	18.4	37,470	18.8	72,217
1980	32.4	49,611	29.3	93,377
1981	-4.9	47,180	1.3	94,614
1982	21.4	57,276	21.1	114,531
1983	22.5	70,163	21.9	139,584
1984	6.3	74,584	9.7	153,159
1985	32.2	98,599	29.2	197,805
1986	18.5	116,840	18.9	235,140
1987	5.2	122,916	8.9	256,068
1988	16.8	143,566	17.6	301,136
1989	31.5	188,789	28.6	387,336
1990	-3.2	182,748	2.6	397,406
1991	30.4	238,303	27.8	507,885
1992	7.7	256,653	10.8	562,610
1993	9.9	282,061	12.4	632,514
1994	1.3	285,728	6.0	670,307
1995	37.5	392,876	33.1	892,346
1996	23.0	483,238	22.3	1,090,893
1997	33.4	644,639	30.1	1,418,707
1998	26.8	817,402	25.1	1,774,802
수익률	12.3		14.6	

*차익거래로부터 획득한 수익률을 연 20퍼센트로 가정함

하지 않다. M&A를 하는 회사 자체에 관심을 두고 있는 것이 아니기 때문이다. 그는 단순히 수익을 올릴 수 있는 기회를 뒤쫓을 뿐이다.

차익거래를 통해 충분히 시장 평균 수익률을 능가할 수 있다는 증거를 찾고 싶다면, 1920년대부터 시작된 그레이엄과 그 후의 버핏의 차익거래 성과를 살펴보면 된다. 버핏의 경우에는 M&A 차익거래로 일반적인 가치투자자들이 기대하는 것보다 훨씬 높은 연간 수익률을 올릴 수 있었다. 놀라운 것은 실제 어느 투자자라도 차익거래로부터 그와 비슷한 수익을 올릴 수 있다는 것이다. 버핏은 1988년 연례보고서에 다음과 같이 기술했다.

그레이엄 뉴먼과 버핏 투자조합, 버크셔 해더웨이로 이어지는 63년간의 차익거래 경험으로 나는 효율적 시장이론이 얼마나 어리석은 이론인지 알 수 있었다. 몇 번의 행운으로 인해 결과가 왜곡되지는 않는다. 우리는 명확하지 않은 사실에 대해 깊이 탐구하거나, 제품이나 경영에 대한 예리한 통찰력을 개발할 필요도 없었다. 우리는 단순히 공개된 정보에 따라 행동하면 되었던 것이다.

버핏만의 차익거래 규칙

그렇다면 워렌 버핏은 어떤 규칙을 세워 놓았기에 다른 수많은 차익거래자들보다 훨씬 우월한 실적을 올릴 수 있었을까? 그 비법은 다음과 같다.

첫째, M&A 체결 시 주식보다는 현금을 받을 수 있는 거래에 투자하고 이미 발표된 M&A 거래에만 집중한다. 한 예로 인수 후에 현금으로 50달러를 제공한다는 거래가 50달러짜리 주식을 준다는 거래보다 더 낫다. 현금 거래는 표적 주식의 주가 하락을 제한하는 힘을 갖고 있기 때문이다. 투자자가 결과적으로 얻게 되는 금액이 원래의 제안 가격보다 적을 가능성이 있는 거래는 피해야 한다. 주식이 50달러에 매매되고 있는 한 기업이 합병 후에 그 주식의 1.5주를 제공하겠다고 하는 거래에 참여했다고 치자. 그 주식은 거래 제의가 있는 날에는 투자자에게 75달러의 가치가 있을 것이다. 그러나 혹시라도 거래가 성사되는 시점에 주가가 30달러로 떨어지면 투자자가 얻게 되는 것은 45달러어치의 주식뿐이다.

> 인수 후에 현금으로 50달러를 제공한다는 거래가 50달러짜리 주식을 준다는 거래보다 더 낫다. 현금 거래는 표적 주식의 주가 하락을 제한하는 힘을 갖고 있기 때문이다.

둘째, 기대 수익률을 미리 결정한다. 합병이 발표되면 포지션을 취하기 전에 잠재 수익과 잠재 손실, 합병 성공 가능성 등을 추산해 보아야 한다. 그런 후 거래가 완료되는 데 필요한 기간과 연간 잠재 수익률을 계산해 본다. 연간 20~30퍼센트 이상의 수익을 가져다 주지 못할 것으로 판단되는 거래는 피하는 것이 좋다.

셋째, 반드시 거래가 성사될 것인지 확인한 후 투자한다. 만약 거래가 취소되면 표적 주식의 가격이 예상할 수 없을 정도로 하락할 수 있다. 감독기관이 독점금지법에 저촉되는 합병으로 인정하거나, 인수 대상 기업의 주가가 급락하거나, 인수 금액이 분쟁을 야기하거나, 주주들이 합병을 반대하는 등 여러 가지 이유들로 거래가 취소될 수 있다. 공익사업체나 외국인회사와 관련된 일부 거래는 계약 완료까지 1년 이상이 걸릴 수도 있다. 이 경우 상당한 시일 동안 자금이 묶이게 된다.

넷째, 표적 기업의 주주들이 인수 주체 기업의 주식을 받게 되는 주식합병stock merger에 관여하는 경우, 보호 수단으로 매매정지 조치가 가능한

지 확인한다. 합병을 이용해 수익을 올리려면 합병이 발표된 이후 표적 주식의 가격이 하락하는 것을 방지하는 메커니즘이 마련된 상황에 투자해야 한다. 일반적으로 M&A 주체 기업은 주식의 거래 가격에 따라 제공하려는 주식의 수량을 늘릴 것이다.

다섯째, 수익 창출을 원한다면 차익거래에만 의존하지 않는다. 시장은 주가에 대해 정확한 판단을 하기도 하지만 그만큼 부정확한 판단도 한다. 무작위로 M&A 상황에 뛰어들면 그저 그런 수익만 올리게 될 수도 있다. 인내심을 가지고 모든 사항들을 조심스럽게 검토해야 한다. 시장가격과 인수가격 사이에 큰 차이가 발생하면, 시장 참여자들 사이에서는 이 거래가 취소될 수도 있다는 우려가 떠돌 수도 있다. 어떤 투자자들은 거래가 진행되지 않을 것이라는 정보를 입수해서 이미 행동을 취했을지도 모른다.

마지막으로, M&A가 이루어질 것이 확실하다고 판단되면, 차입금을 사용해서라도 차익거래에 뛰어든다. 차익거래 주식을 매수하기 위해 주기적으로 투자자금을 차입한다면 포트폴리오의 수익을 한층 더 증대시킬 수 있다. 물론 거래가 취소된다면, 차입금에 의한 주식 매수로 인해 손실이 배가될 위험이 있다. 또한 융자금 이자율이 연간 7~8퍼센트를 상회할 경우에는 이자율을 크게 상회하는 연간 수익률(투자위험도 고려해야 함)을 올릴 수 있는 기회가 왔을 때만 차입을 고려해야 한다.

부록 · 1

현명한 투자자들의 17가지 습관

다니엘 골먼Daniel Goleman은 《감성 지능Emotional Intelligence》이라는 책에서 인류는 1만 년 전에야 비로소 자기 역량을 발휘할 수 있게 되었다고 설명했다. 부족하나마 인간이 환경에 적응할 수 있기까지 그만큼 시간이 걸렸다는 것이다. 공룡은 신체적으로나 지각적으로나 환경에 적응하고 진화하는 데 1억 5천만 년이 걸렸다. 이와 대조적으로 우리 인간은 환경에 대한 적응을 마친 후, 500여 세대가 태어나서 죽는 1만년 동안에 오늘날의 업적을 이루어 왔다. 이 기간은 인간의 잠재력을 극대화하는 데 충분하지 못했다.

예를 들어 우리가 걷고, 달리고, 손가락을 움직이고, 물건을 운반하는 능력은 초기 인류가 가지고 있던 능력과 크게 다르지 않다. 아마 100만 년 후에 우리는 한 시간에 35마일을 달리고, 시속 200킬로미터의 속도로 야구공을 던지며, 900킬로그램의 물건을 등에 질 수 있을지도 모른다. 그러나 지금 당장은 하루아침에 인류의 유전학적 체력에 있어 비약적인 도약이 이루어지지 않는다는 것을 인정해야 한다. 이와 마찬가지로 골먼은 우리의 인지 능력에도 큰 변화가 없었다고 말한다. 논리적으로 생각하고 감성을 표현하며 결정을 내리는 우리의 능력은 초기 문명사회에서 볼 수 있던 능력과 별반 다르지 않다. 그는 이렇게 말했다. "우리의 감성적 진화는 지난 100만 년이라는 세월을 통해 서서히 이루어진 것이다. 따라서 지난 1만 년 동안에는 우리의 정서적 삶에 눈에 띄는 큰 변화가 없었다."

행태재무론behavioral finance의 권위자인 마이클 모보신Michael Mauboussin은 정신의 진화에 대한 골먼의 이론은 투자자들과 특별한 관계가 있다고 말했다. 경제학 및 재무학 분야의 새로운 사실들은 인류가 존재해 왔다고 알려진 시간의 5만분의 1 정도에 불과한 지난 40년 동안에 세상에 공개되어 실험을 거치고, 적용이 이루어졌다는 것이다.

유전적인 관점에서 볼 때 인류는 스스로 인식상의 적응을 이루도록 해주는 이러한 이론을 아직 충분히 접해 보지 못했다. 그리고 문제가 있다. 학자들은 돈을 합리적으로 관리하거나, 포트폴리오를 다양화하거나, 정보를 분석하는 방법에 관해 지쳐 쓰러질 때까지 가르칠 수 있다. 하지만 200만 년 동안 별로 진화를 하지 않은 우리의 지적 능력은 우리가 항상 합리적으로 행동하려고 할 때마다 방해를 한다. 모보신은 다음과 같이 주장한다. "우리가 환경에 적응하는 데 수만 년이 걸렸다는 것은, 자금시장에서 합리적으로 투자하는 방법을 이해하는 정신적 능력이 부족하다는 뜻일 것이다. 인간에게는 위험과 보상을 합리적으로 비교 및 검토할 수 있는 능력이 부족하다. 우리는 무형자산이 어떤 잠재적 수익을 가져다 줄지를 고려하는 것보다 위협적인 표범을 보았을 때 필사적으로 도망가는 데 더 익숙해져 있다."

자신의 한계를 알게 된다면, 주식투자를 할 때 저지르는 실수를 줄일 수 있다. 모보신에 의하면 투자자들은 주식에 대해 판단할 때 다음과 같이 인간 본연의 실수를 그대로 되풀이하는 경향이 있다.

- 인간은 군중 속의 일원이 되고자 하는 선천적인 욕망을 지니고 있고, 혼자서 실수를 하는 것보다 여럿이서 함께 실수를 저지르는 것이 더 안전하다고 느낀다.
- 인간은 자신의 능력을 과신함으로써 자주 손해를 입는다.
- 인간은 가능성을 합리적으로 판단하기가 어렵다.
- 인간은 절박하게 답을 갈구하고 있을 때 그 질문의 답을 제공해 줄 것 같은 이야기가 나오면 앞뒤 재지 않고 쉽게 빠져든다.
- 인간은 정확한 증거가 없을 때조차도 쉽게 '어림짐작'에 의존한다.
- 인간은 기회 및 가능성과 관련된 통계적으로 자명한 이치를 쉽게 무시하는 경향이 있다.
- 인간은 일부(예를 들어 성공적인 주식투자자)가 지니고 있는 직관력을 쉽게 자기 것으로 만들 수 있으리라고 믿고 있다.

감성과 습관은 투자 과정에서 중요한 역할을 한다. 자신의 합리적이지 못한 행동을 논리적인 사고를 통해 덮어 버릴 수 있다면 더 훌륭한 투자자가 될 수 있다. 워렌 버핏은 돈과 관련하여 철저하게 감성을 배제했다. 그는 알다시피 완벽하게 합리적인 투자자에 가깝다. 당연히 그도 때때로 실수를 저지르긴 했다. 그러나 그는 열정과 감정을 수학적 사고력과는 별개로 유지해 왔기 때문에 투자의 세계에서 최고의 자리에 올라설 수 있었다.

　버핏의 업적을 따라잡고 싶다면 먼저 그의 종목 선정 습관을 이해해야 한다. 필자는 워렌 버핏이 인간 본연의 행동 및 감성을 주제로 언급한 것들을 옮겨 투자자들이 참고할 수 있도록 했다.

1. 다른 사람의 충고보다는 자신의 판단을 따르는 것이 낫다.

》 여러분은 스스로 생각하는 버릇을 들여야 한다. 이른바 지능지수가 높다고 하는 사람들이 생각도 없이 남의 의견만 따르는 것을 보면, 나는 항상 놀라움을 금치 못한다. 나는 다른 사람들과 대화를 나누어서 좋은 투자 아이디어를 얻은 적이 거의 없다.

》 다른 분야의 전문가, 예를 들어 치과의사는 일반인들에게 많은 도움을 준다. 그러나 전체적으로 우리는 전문적인 머니 매니저로부터 우리 자신의 돈에 대해 얻을 것이 별로 없다.

》 자신의 지식과 경험에 대해 자신감을 가져야 한다. 여러분이 어떠한 사실로부터 결론을 내려 자신의 판단이 옳고 확신한다면, 다른 사람이 이에 대해 주저하거나 다른 의견을 낼지라도 행동에 옮겨야 한다. 다른 사람이 여러분의 의견에 반대한다는 것이 여러분의 의견이 옳거나 틀리다는 뜻은 아니다. 그러나 올바른 자료와 이성에 근거한 거라면, 여러분이 옳을 게 분명하다. 이와 비슷하게 투자의 세계에서 적절한 지식을 갖추고 검증

된 판단을 내릴 수 있다면, 행동에 옮길 수 있는 용기만 갖추면 된다.

> **2. 가격 수용자가 되어서도 안 되고, 시장이 항상 옳다고 가정해서도 안 된다.**

>> 새로운 정보가 주가에 곧바로 반영된다는 효율적 시장이론을 곧이곧대로 받아들이는 수많은 가격 수용자price taker들은 나를 비롯하여 많은 그레이엄의 추종자들에게 큰 도움이 되었다.

>> 벤저민 그레이엄의 미스터 마켓Mr. Market에 대한 이야기는 대부분의 전문가들과 학자들이 효율적 시장이론과 동적 헤징dynamic hedging, 베타계수 등에 대해 논하는 오늘날의 투자 세계에서는 시대에 뒤떨어진 것처럼 보일지도 모른다. 이들은 왜 그러한 문제에 관심을 가지고 있을까? 신비에 싸인 듯한 이 기법들이 투자 조언을 할 때 뭔가 쓸모가 있기 때문이다. 결국 몇몇 의사들은 "아스피린을 두 알 복용하세요."라는 말만으로 그 명성과 부를 누리고 있을지도 모른다.

> **3. 주식투자를 할 때는 사업에 대한 상식과 지식이 학문적 공식보다 훨씬 더 중요하다.**

>> 베타계수, 효율적 시장이론, 현대 포트폴리오 이론, 옵션 가격결정 모

형, 신흥시장 등을 이해하지 못해도 누구나 투자에 성공할 수 있다. 어쩌면 이러한 것들을 모르는 편이 더 나을 수도 있다. 물론 대부분의 비즈니스 스쿨에서는 여전히 이러한 과목들을 배운다. 그러나 나는 주식투자에 관해서는 두 가지만 제대로 배우면 된다고 생각한다. 하나는 기업의 가치를 평가하는 방법이고, 다른 하나는 주가를 판단하는 방법이다.

>> 나는 35년 동안 가치투자를 해왔다. 그러나 그 기간 동안 가차투자법이 하나의 투자 경향이 되어 시장에서 크게 확산된 적은 한 번도 없다. 인간에게는 쉬운 것을 어렵게 만들려고 하는 괴팍한 특성이 있는 것처럼 보인다.

>> 나는 사업가였기 때문에 더 나은 투자자가 될 수 있었고, 투자자였기 때문에 더 나은 사업가가 될 수도 있었다.

>> 우리는 물론 진부한 학문적 이론들에서도 큰 도움을 받았다. 그것이 브리지 게임이든, 체스이든, 주식 선정이든 간에 이러한 지적인 경쟁에서 생각을 하는 것이 에너지 낭비라고 배운 자와 경쟁하는 것보다 더 유리한 것은 없을 것이다.

> 4. 매일매일의 주가 변동은 무시하는 것이 좋다. 보다 큰 그림을 그리기 위해서 반드시 필요한 것이 아니기 때문이다.

>> 나는 결코 시황을 이용해서 돈을 벌려고 하지 않고 다음 날 문을 닫은

뒤 향후 5년간 문을 열지 않을 거라고 가정하고 주식을 산다.

≫ 어떤 이유에서인지 모르지만 대다수 투자자들은 주식의 가치가 아니라, 가격만 보는 경향이 있다. 자신이 이해하지 못하는 일을 하거나 자신이 아닌 다른 사람을 위해 그 일을 할 때 일이 잘 풀리기는 어렵다. 가장 어리석은 투자법은 주가가 오를 것으로 생각되기 때문에 주식을 매수하는 것이다.

> **5. 나는 주식시장에 떠돌고 있는 예측에 의존하지 않는다. 대부분 잘못된 것으로 판명되거나 잦은 매매를 부추기기 때문이다.**

≫ 우리는 애널리스트들이 내놓는 예상이나 예측에 결코 의존하지 않는다. 그것은 착각과 환상을 만들어 낸다. 예측이 세부적일수록 주의를 더 기울여야 한다. 따라서 우리는 예상과 예측보다는 기업의 실적과 성과에 더 관심을 기울인다. 기업의 미래가 밝아 보인다고 해도 과거의 실적이 좋지 않으면, 기회가 오더라도 그 기업에 투자하지 말아야 한다.

≫ 우리는 거시경제 요인들에 대해 생각하며 시간을 보내지 않는다. 예를 들어 가장 존경받는 어떤 전문가가 산업이나 금리에 관해 예측한 자료를 수치와 함께 제공하더라도 관심을 기울이지 않는다. 단순히 우리가 쉽게 이해할 수 있으며, 주가가 적당하고 훌륭한 경영진이 운영하는 기업에 초점을 맞출 뿐이다. 의회에서 어떤 조치를 취한다고 해도 우리는 그것에 관

심을 기울이지 않는다. 그리고 그러한 문제들에 관해 의견을 정립하는 것이 도움이 된다고 생각하지도 않는다.

>> 우리는 주식을 사는 시기보다는 살 때의 가격이 더 중요하다고 생각한다. 쉽게 예측할 수 없는 경기나 증시에 대한 단기적인 우려 때문에, 장기적인 미래가 내다보이는 훌륭한 기업의 주식을 사지 않는 것은 어리석은 일이다. 정보가 결여된 추측 때문에 풍부한 정보에 근거해서 내린 결정을 뒤집어서는 안 된다. 버크셔 해더웨이는 1967년 내셔널 인뎀니티, 1972년 시즈 캔디숍, 1977년 버펄로 뉴스, 1983년 네브래스카 퍼니처 마트, 1986년 스콧 페처Scott Fetzer를 인수했다. 그 당시 인수하기에 적당한 가격이었기 때문이다. 우리는 다우존스지수나 연방준비제도이사회, 경기 등에 어떤 변수가 생기든 관심을 두지 않고, 그 기업들이 어떠한 일을 할 수 있을 것인지만 깊이 생각했다. 실제로 기업 전체를 인수할 때 이 접근법이 유용하다면, 증시를 통해 개별 종목 몇 주를 매수할 때도 이 방법을 그대로 써야 하지 않겠는가.

수천 명의 전문가들이 과잉매수 원인과 과잉매도 원인, 머리-어깨 모형head-and-shoulder pattern, 풋-콜 비율put-call ratio, 연방준비제도이사회의 정책, 외국인 투자, 하늘의 별자리 움직임, 떡갈나무의 이끼 등을 연구하지만 그 누구도 확실하게 시장을 예측할 수는 없다.

> **6. 주식투자란 기업의 일부를 사들임으로써 그 기업의 재산을 공유하는 것이다. 사고팔기를 반복하는 것은 진정한 투자가 아니다.**

≫ 투자는 자산이 존속하는 기간 동안 자산으로 인한 수익이 얼마일지를 예측하는 활동이다. 반면 투기는 시장의 심리를 예측하는 활동이다.

≫ 여러분이 투자자라면 기업의 자산에 어떤 일이 생길지를 연구해야 할 것이다. 그러나 투기꾼이라면 그 기업과는 별개로 주가에 어떤 일이 생길지를 예측하면 된다.

≫ 올바른 투자 정신은 주가의 움직임을 대하는 태도에서 드러난다. 투기꾼의 관심은 주가의 변동을 내다보고 그 변동으로부터 이익을 취하려는 데 있다. 반면 투자자는 적절한 주식을 적정가에 매수해서 보유하는 데 관심을 둔다. 시장의 역동성은 가치투자자에게도 매우 중요하다. 주가가 하락하면 매수하고, 상승하면 매수를 중단해야 하기 때문이다. 우량주에 투자했더라도 주가 변동에 노출될 수밖에 없지만, 단기적인 급락이나 급등에 일희일비해서는 안 된다.

≫ 우리는 투기꾼뿐만 아니라 투기를 부추기는 증권사에도 관심을 기울이지 않는다. 대신 장기적인 전망을 가지고 기업을 연구하고 그에 따라 투자를 하는 사람을 높이 평가한다. 또한 우리는 자금을 차입해서 무조건적으로 투자하기보다는 자금을 이성적으로 투자해서 고수익을 올릴 수 있는 지혜를 갖추려고 노력하는 중이다. 원래 주식시장은 이성적이며 친사회적인 성향을 갖고 있는데, 거의 비슷한 영역에서 유사한 부류의 사람들이 비슷한 용어를 사용하며 운영하고 있는 '도박장'이라는 곳과 헷갈리는 사람들이 있다.

7. 투자의 세계에서는 언제나 오만으로 인해 모든 것이 망가진다.

▶▶ 고대 그리스의 정치가 데모스테네스는 "사람들은 자신이 바라는 것을 믿는다."라고 말했다. 데모스테네스가 말한 바와 같이 사람들은 미래를 전망하고 자신의 재능을 평가할 때 지나치게 낙관적이다. 예를 들어 스웨덴에서 연구한 어느 자료에 의하면, 자동차 운전자의 90퍼센트가 자신이 평균 이상의 운전 실력을 지니고 있다고 생각하는 것으로 나타났다. 자동차와 자동차 관련 제품을 파는 데 성공한 사람들이 운전자들로 하여금 자신의 운전 실력에 대해 지나친 확신을 가지도록 만든 것이다. 반대되는 증거가 있든 없든 실제 모든 투자전문가들은 자신에 대한 대중적 평가는 평균 이상이라고 믿고 있다. 똑똑하고 부지런한 사람들도 자기 자신에 대한 과신에서 비롯된 재앙으로부터 자유스러울 수 없다. 종종 그들은 자신이 남들보다 재능이 뛰어나다고 믿기 때문에 더 힘겨운 삶을 살아가는 경우가 있다.

지나치게 생각에 몰두하면 오히려 실수를 유발하게 되는 경우가 많다. 아무리 좋은 일이라 해도 항상 지나치면 부작용이 따르게 마련이다. 생각도 예외는 아니다. 자기 과신에 대한 최선의 방어책은 노벨 물리학상 수상자인 리처드 파인먼Richard Feynman이 언급한 다음과 같은 사고방식에서 찾아볼 수 있다. "첫 번째 원칙은 여러분 스스로가 자신을 속이지도 말고, 속이기 쉬운 사람이 되어서도 안 된다는 것이다."

8. 시간을 포트폴리오의 자연스러운 친구로 만들어야 한다.

>> 주식투자에 관한 또 다른 대안이 있다. 일단 투자를 했으면 아무것도 하지 않고 그냥 지켜보는 것이다. 매매를 지나치게 자주 반복하는 것은 올바른 투자법이 아니다. 한 번에 좋은 종목을 사들여서 수년간 보유함으로써 자연스럽게 부를 축적하도록 노력해야 한다.

>> 아무리 신중하고 신념이 확고한 투자자일지라도 매도 시기가 오기 전에 팔아야 한다고 고함치는 회의론자의 영향에는 나약해지게 마련이다. 다행히도 우리 버크셔 해더웨이 사람들은 모두 같은 투자 격언을 중시한다. 하나는 "가능할 때 이익을 취하라."이고, 다른 하나는 "수익을 볼 수 있다는 확신을 손실을 볼 가능성보다 중시해야 한다."라는 것이다. 적절한 종목을 적정가에 매수했고, 주가가 상승할 거라는 증거가 확실하며, 모든 것이 생각하는 방향으로 흘러가고 있다면, 조급하게 주식을 팔아서는 안 된다. 다섯 배의 수익률은 1만 달러를 5만 달러로 만든다. 그러나 그 후 다섯 배는 1만 달러를 25만 달러로 불어나게 한다. 이와 같이 돈을 25배로 불리는 기회는 유명한 펀드 매니저들에게도 쉽게 찾아오지 않는다. 개인 투자자에게는 평생에 한두 번 올까 말까 한 기회이므로 일단 기회가 왔다면 최대한 활용해야 한다.

>> 시간은 열등한 기업의 적인 동시에 위대한 기업의 친구다. 여러분이 ROE가 20~25퍼센트인 기업에 투자를 했다면, 시간은 여러분의 친구가

되어 줄 것이다. 그러나 여러분의 투자자금이 올리는 수익률이 낮다면 시간은 여러분의 적이나 다름없다.

> **9. 과도한 분석으로 수렁에 빠져서는 안 된다. 더 많은 실수를 저지르게 될 뿐이다.**

▶▶나는 투자자로서 좀처럼 서너 가지 이상의 변수에는 의존하지 않는다. 그밖의 모든 것들은 잡음에 불과하다.

▶▶내가 알고 있는 가장 비범한 투자자 중 한 사람은 장기투자자의 모범으로 일컬어지고 있다. 그는 오랫동안 조금씩 주식을 매수하여 수백 종목들을 보유하고 있다. 한 증권사의 직원이었던 그는 연봉 1만 달러 이상은 받아 본 적이 없다고 나에게 밝힌 적이 있다. 그리고 그는 자금이나 상속 재산도 거의 없이 직장생활을 시작했다.

그는 자신이 거둔 성공에 대해 얘기하기를 좋아했다. 특히 그중 한 가지 이야기는 아주 인상 깊었다. 20대에 그는 상대적으로 잘 알려지지 않은 한 기업에 1,400달러를 투자했다. 그 후 60년 동안 그 주식은 여러 번의 분할을 거쳐 1주가 360주로 불어났다. 이와 맞물려 1,400달러는 200만 달러로 폭증했다. 언젠가 그는 경영진과의 대화를 통해 그 기업을 점검한 적이 있다며, 나에게 이렇게 말했다. "그 회사의 경영진들이 자신들의 회사가 무엇을 하는 회사인지를 잘 알고 있다고 생각됐다."

이것은 아주 간단하게 주식을 분석하는 방법이다. 주가 및 기업과 관련된 수치가 적절하고 경영진이 무엇을 하고 있는지 알고 있는 회사의 주식에 투자한다면, 40쪽이나 되는 사업보고서 같은 건 굳이 들여다보지 않아도 될 것이다.

▶▶ 투자자들은 그들의 실적이 올림픽 다이빙 종목의 채점 방식대로 전산처리되는 것이 아니라는 것을 기억해야 한다. 즉 난이도가 적용되지 않는다는 것이다. 여기 한 기업이 있다. 투자자는 이해하기에도 쉽고 지속되기에도 쉬운 하나의 중대한 요인을 가지고서 이 기업의 가치에 대해 평가해야 한다. 이 기업에 대해 제대로 알고 투자를 결정한다면, 결과적으로 끊임없이 변하고 복잡한 수많은 변수들을 사용하여 분석한 후 투자를 했을 때와 똑같은 수익을 가져다 줄 것이다.

▶▶ 주식시장은 스트라이크로 인한 콜드게임이 없기 때문에 매번 방망이를 휘두를 필요가 없다. 여러분이 좋아하는 투구가 들어올 때까지 기다리면 된다. 그러나 혹시라도 여러분이 펀드 매니저라면 수많은 팬들이 몰려들어 계속해서 "이봐, 선수! 빨리 방망이를 휘두르라고!" 하면서 소리를 지를 때는 많은 문제가 생긴다.

10. 자신의 능력 내에서 기업들을 평가해야 한다.

▶▶ 현명한 투자는 쉽다고는 말할 수 없지만, 그다지 복잡하지는 않다. 투자자에게 필요한 것은 투자를 하기 위해 선택한 기업들을 정확하게 평가하

는 능력이다. '선택한'이란 말에 주목하자. 모든 기업에 관해서 전문가가 될 필요는 없다. 여러분의 역량 내에 있는 기업들만 평가할 수 있으면 된다. 역량이 어느 정도인지는 중요하지 않다. 그러나 그 경계선을 설정하는 것이 중요하다.

투자자로서 여러분의 목표는 무슨 일을 하는지 쉽게 이해할 수 있는 기업의 지분을 합리적인 가격에 사들이는 것이다. 단 그 기업은 지금부터 5년, 10년 또는 20년 후에 실질적으로 수익이 더 증가할 수 있는 기업이어야 한다. 장기간에 걸쳐 여러분은 이 기준에 맞는 기업은 그리 많지 않다는 것을 알게 될 것이다. 그래서 이러한 기업을 찾을 경우 다량의 주식을 매수해야 한다. 자신이 정한 기준을 벗어나는 유혹에 빠져서는 안 된다. 10년 동안 보유할 주식이 아니라면, 10분도 보유해서는 안 된다.

▶▶우리가 주식투자를 위해 채택한 전략은 집중투자 전략이다. 그런데 간혹 몇몇 전문가들은 우리의 전략이 분산투자를 하는 보수적인 투자자들의 전략에 비해 너무 위험하다고 주장한다. 우리는 이 주장에 동의하지 않는다. 오히려 우리는 포트폴리오 집중 전략이 투자 위험을 감소시키고 있다고 믿는다. 단 투자자가 주식을 사기 전에 투자 대상 기업에 대해 갖고 있는 열정과 그 기업의 펀더멘털에 대해 느끼는 안락감의 수준이 높을 경우에 한한다.

> **11. 그 기업을 소유하면 주주에게 어떤 가치를 가져다 주는지, 기업을 운영하기 위해 얼마의 비용이 드는지 확인한 후 투자해야 한다.**

≫ 정말 모순이라고 생각될 정도로 기묘한 것은 여러 기업이 일정한 액수의 돈을 벌고 그 밖의 다른 것이 동등하다면, 자산이 적은 기업일수록 기업의 가치가 더 크다는 것이다. 회계장부를 들여다본다고 해서 그런 내용을 다 알 수 있는 건 아니지만, 정말로 바람직한 기업은 많은 돈을 들이지 않으면서도 제대로 운영되고 있는 기업이다.

≫ 여러분에게 매년 더 많은 돈을 벌어다 주는 기업은 훌륭한 투자 대상이다. 우리 버크셔 해더웨이는 그와 같은 기업들에 투자하고 있다. 매우 만족스러운 수준으로 돈을 재투자하는 기업 역시 훌륭한 기업이다. 모든 기업 중 최악의 기업은 크게 성장은 하지만 자기자본의 재투자로 인한 이익률이 매우 낮은 기업이다. 때때로 사람들은 이를 인식하지 못하고서 열악한 기업에 계속 투자한다.

> 12. 한 기업의 가치란 누군가가 그 기업이나 그 기업의 제품에 기꺼이 지불한 금액과 정확히 같을 것이라고 믿는 함정에 빠져서는 안 된다. 언젠가는 단지 인식상의 평가만 높은 기업에 엄청난 돈을 지불하는 결과를 초래하게 될지도 모른다.

≫ 누군가가 프랑스에 있는 약 1만 평의 포도밭에서 재배되는 포도가 세계 최고의 포도라고 했다고 치자. 그러나 나는 그 말의 99퍼센트는 소문에 따른 것이고, 나머지 1퍼센트는 취중에 나온 말일 거라는 의심을 감출 수가 없다.

13. 독점적 위치에 있는 기업을 찾아라. 그 기업들을 보면 그 가치를 알게 될 것이다.

▶▶ 여러분이 시즈 캔디 숍을 소유했다고 치자. 그리고 벽에 있는 거울을 들여다보면서 "거울아, 거울아, 벽에 걸린 거울아! 이번 가을에는 캔디를 얼마에 팔아야 하지?" 하고 묻는 경우, 거울이 "이제 가격을 더 올려 받아도 됩니다."라고 대답할 거라면 훌륭한 회사다.

▶▶ 주식투자를 할 때 한 산업이 사회에 얼마나 많은 영향을 줄지 또는 그 산업이 얼마나 성장할 것인지를 평가하는 것보다 더 중요한 것이 있다. 바로 경쟁우위가 어느 정도이고 무엇보다도 그러한 경쟁우위가 얼마나 오래 지속될 수 있느냐를 판단하는 것이다. 신뢰도가 높은 제품과 서비스를 제공하는 기업을 골라 투자해야 한다.

14. 주식을 매수하기 전에 충분히 공부를 해야 한다.

▶▶ 나는 누구든지 광범위한 분야의 책이나 자료를 읽지 않고서는 진정 훌륭한 투자자가 될 수 없다고 생각한다. 그 회사의 제품에 대해 잘 알고 있는 5~10개 기업을 투자 대상으로 선정해야겠다고 목표를 정하라. 이 기업들의 재무 현황에 대해서는 꼭 알아야 할 필요는 없다. 그리고 이 기업들에 대해 지난 5~10년 동안 언론에 보도된 기사들과 사업보고서를 가능

한 많이 입수한 후 빠짐없이 읽어 보라. 다 읽은 후 자신에게 물어보라. "반드시 알아야 할 것 중에 빼먹은 것은 없는가?" 오래전부터 나는 여러 기업들을 돌아다니며 관심을 두고 있는 회사의 직원들뿐만 아니라 경쟁사까지 찾아가서 대화를 나누곤 했다. 나는 그들에게 끊임없이 질문을 던지곤 했다. 그것은 일련의 기업 분석 과정이었다. 그러고 나서 기업에 대한 보고서를 쓰기로 했다. 어떤 회사는 보고서를 쓰기가 쉬웠고, 어떤 회사는 훨씬 어려웠다. 우리는 결론적으로 보고서를 쓰기가 쉬운 회사를 선정해서 투자했다.

15. 단지 인기를 끄는 종목이라고 해서 매수하거나 매도해서는 안 된다.

▶▶기회가 왔을 때는 행동에 돌입해야 한다. 나의 경우에는 수많은 투자 아이디어가 샘솟을 때가 있었고, 전혀 아이디어가 떠오르지 않을 때도 많았다. 다음 주에 아이디어가 떠오르면 나는 그때 분명히 행동에 옮길 것이지만, 지금 당장 아이디어가 떠오르지 않으면 아무런 행동도 취하지 않을 것이다.

▶▶투자자가 어떤 행동을 취했다고 해서 돈을 벌 수 있는 것은 아니다. 그 행동이 옳아야만 한다. 옳은 행동이 나올 때까지 기다려야 한다. 기다리는 것에 관해 말하자면, 우리는 무한정 기다린다.

16. 주가가 낮다고 해서 꼭 매수 기회로 간주해서는 안 된다. 가치가 높고 펀더멘털이 우수한 기업을 찾아서 투자해야 한다.

>> 주식투자를 하기 위해 그 주식이 꼭 최저가로 떨어질 때까지 기다릴 필요는 없다. 그 기업의 내재가치보다 낮은 가격에 도달했다면 매수 신호로 보아도 된다. 그리고 정직하고 능력 있는 경영진이 운영하는 기업을 골라야 한다. 현재의 기업가치보다 더 낮은 가격에 주가가 형성되어 있고, 경영진을 신뢰할 수 있는 기업이 있는가? 그렇다면 그 기업의 주식을 다량으로 보유할 준비를 갖춰라. 반드시 돈을 벌게 되어 있다.

>> 투자자는 지금 주식을 사들여서 2년이 지나면 주당 얼마나 많은 돈을 벌 수 있을지 정확히 예측하기 어렵다. 사실 이것은 그 기업의 경영진도 알 수 없다. 이러한 상황에서 고속 성장 중인 기업의 주식이 얼마나 과대평가되었는지에 대해서도 어느 정도 정확하게 이야기할 수 있는 사람은 없을 것이다. 성장률이 높아 10년 후 그 기업이 네 배로 성장할 게 확실하다면, 현재 주가가 35퍼센트 과대평가되었는지 그렇지 않은지는 큰 문제가 아닐 것이다. 그러나 정말 중요한 것은 후에 훨씬 더 큰 가치를 손에 쥐게 되는 기회를 놓쳐서는 안 된다는 것이다.

17. 기업 소유자의 관점에서 주식을 보유한다면, 주가 변동은 아주 우호적인 역할을 할 것이다.

>> 벤저민 그레이엄은 주식을 기업의 일부로 보아야 한다고 말했다. 따라서 주가 변동도 여러분의 적이 아닌 친구로 보아야 한다. 주식시장에서 일어나고 있는 어리석은 움직임에 동참하기보다는 그것으로부터 이익을 취해야 한다. 그레이엄은 주식투자에 있어 아주 중요한 개념을 소개했다. 그것이 바로 '안전마진'이다. 나는 지금부터 100년 후에도 이 아이디어가 건전한 투자의 초석으로 간주될 것이라고 생각한다.

>> 모멘텀을 기다리는 투자자들은 보통 주가가 오르면 기뻐하고 주가가 내리면 애석해한다. 그들은 식품 가격이 오르거나 내릴 때는 그런 식으로 반응하지 않는다. 먹고살기 위해서는 영원히 식품을 구입해야 한다는 것을 알고 있는 그들은 식품 가격이 떨어지는 것을 환영하고 가격이 오르는 것을 싫어한다. 식품 가격이 하락하는 것을 좋아하지 않는 사람은 식품 판매자뿐일 것이다. 이와 비슷하게 비록 신문용지의 가격 하락은 버펄로 뉴스가 보유한 신문용지 재고의 가치 하락이라는 뜻일 수도 있지만, 이 회사는 마찬가지로 신문용지의 가격 하락을 반긴다. 이 회사에서는 영속적으로 신문용지를 사야 하는 구매자의 입장이기 때문이다.

우리는 버크셔 해더웨이의 투자에 대해 이와 비슷하게 생각한다. 우리 회사는 내가 살아 있는 한 기업이나 기업의 일부인 주식에 투자를 할 것이다. 그래서 주가가 하락하면 우리에게 이롭고 주가가 오르면 우리에게 손실이 오는 것은 당연하다.

주가가 떨어지거나 저가로 보합세가 유지되는 주된 원인은 비관주의에 있다. 어떤 때는 이 비관주의가 전 산업에 만연되고 어떤 때는 어떤 특정 기업이나 산업에만 국한되는 경우가 있다. 우리는 이런 환경 속에서 회사를 운영하는 것을 좋아한다. 우리가 비관주의를 좋아하기 때문이 아니라, 이 비관주의가 만들어 내는 주가에 관심이 많기 때문이다. 합리적 주식 매수의 적은 낙천주의다.

그러나 기업이나 주식이 단순히 인기가 없을 때 매수하는 것이 현명한 선택이라는 뜻이 아니다. 소외된 종목 발굴법 역시 군중심리를 따르는 전략만큼 어리석다. 중요한 것은 무작정 남을 따를 것이 아니라 스스로의 판단을 따라야 한다는 것이다. 삶에 대한 관찰을 통해 버트랜드 러셀Bertrand Russell이 쏟아 낸 다음 말은 불행하게도 금융계에 그대로 적용되고 있다. "대부분의 사람들은 생각을 하느니 차라리 죽기를 원할 것이다. 정말로 많은 사람들이 그렇게 하고 있다."

>> 가치투자자들에게 주가 변동은 단 하나의 중요한 의미밖에 던져 주지 않는다. 가격이 급락할 때 현명하게 매수하고 가격이 급등할 때 현명하게 매도할 기회를 잡으라는 것이다. 시황에 대한 관심은 끊고 회사의 경영 실적에 관심을 기울이는 투자자일수록 더 많은 수익을 올릴 수 있을 것이다.

부록 · 2

'미스터 마켓'에게
당하지 않는 방법

워렌 버핏은 투자자들이 주식시장에 대해 한 가지 단순한 사실만 깨달아도 멋진 종목을 선정할 가능성이 높아질 거라고 말했다. 주식시장은 투자자를 이끌어 주기 위해서가 아니라 투자자에게 봉사하기 위해서 존재한다는 것을 명심해야 한다. 버크셔 해더웨이의 1987년 연례보고서에서 발췌한 다음 내용은 워렌 버핏이 주가와 주식시장을 어떻게 받아들이는지를 이해하는 데 큰 도움이 될 것이다.

찰리와 나는 버크셔 해더웨이 소속 보험사들의 자금을 가지고 주식에 투자할 때마다 마치 기업을 통째로 사들이는 것처럼 거래를 해왔다. 우리는 그 기업의 경제적 전망, 회사 운영을 책임지고 있는 경영진, 우리가 지불해야 할 가격 등에 대해 면밀하게 검토한다. 보유 기간이나 매도가 같은 것에 대해서는 깊이 생각하지 않는다. 우리는 진정 그 기업의 내재가치가 만족할 만한 비율로 오늘 것으로 기대되면 주식을 반영구적으로 보유하기 때문이다. 투자할 때 우리는 자신을 시장 분석가도 거시경제 분석가도 증권 분석가도 아닌 기업 분석가로 간주한다.

주식시장은 우리에게 주기적으로 군침이 돌 정도의 기회를 제공하기 때문에 우리의 접근 방법은 주식시장에서 거래가 활발해질수록 유용해진다. 그러나 그것이 꼭 가장 중요한 것은 아니다. 우리가 보유하고 있는 주식이 장기적으로 거래가 중단된다고 해도 버크셔 해더웨이의 자회사인 월드 북 World Book이나 페크하이머Fechheimer가 일일시세를 발표하지 않듯이 우리에겐 별 문제가 되지 않는다. 결과적으로 우리 회사의 경제적 운은 우리가 투자한 기업의 경제적 운에 의해 결정될 것이다.

나의 스승 벤저민 그레이엄은 내가 투자 성공하는 데 가장 중요하다고 믿어 온 증시 등락에 대한 태도를 바꿔 주었다. 그는 주식시세란 것이 어떤 한 기업의 투자자인 '미스터 마켓'이라 불리는 사람에 의해 결정된다고 가정해 보라고 조언했다. 미스터 마켓은 매일 나타나서 여러분이 가진 주식을 사거나 자신의 주식을 여러분에게 팔기를 원하며 이때의 가격을 결정하려 든다. 여러분이 한 기업에 대해 아주 안정적으로 운영되고 있다고 평가하더라도 미스터 마켓은 꼭 그렇게 판단하지는 않는다. 불행하게도 이 사람은 정서적으로 치유 불능 상태에 있다. 때때로 그는 날아갈 듯 기분이 좋은 날이면, 자기가 투자한 기업에 호의적인 영향을 주는 요인만을 보며 곧 좋은 일이 생길 것이라고 말한다. 그럴 때 그는 여러분에게 주식을 사라고 하며 매우 높은 매매가를 부른다. 여러분이 그가 보유하고 있는 지분을 헐값에 낚아채거나 자기에게 돌아가는 몫이 줄어드는 일이 없게 하기 위해서다. 또 어떤 때는 풀이 죽은 채로 기업이나 산업에 나쁜 일들만 생길 것이라고 말한다.

이 경우 그는 매우 낮은 가격을 제시하며 주식을 팔려 한다. 여러분이 가격이 폭락하고 있는 주식을 자기에게 되팔까 봐 두려워하고 있는 것이다.

그래도 미스터 마켓에게는 귀여운 구석이 있다. 자신이 무시당해도 별로 꺼리지 않는다는 것이다. 오늘 그가 제시한 가격에 여러분이 별 흥미를 보이지 않는다고 해도 별로 실망하지 않고, 내일이면 다시 새로운 가격을 가지고 나타나기 때문이다. 거래를 하고 안 하고는 순전히 여러분의 선택에 달려 있다. 이런 상황에서 그가 점점 더 절박해할수록 여러분에게는 유리하다.

그러나 여러분은 무도회의 신데렐라처럼 경고를 무시하지 말아야 한다. 그렇지 않으면 한순간 모든 것이 호박과 생쥐로 바뀌어 버릴 것이다. 미스터 마켓은 여러분을 이끌어 주기 위해서가 아니라, 여러분에게 이용당하려고 존재하는 것이나 다름없다. 여러분에게 유용한 것은 그의 머리가 아니라 지갑일 뿐이다. 그가 어느 날 특히 바보 같은 모습으로 나타난다면, 그를 무시해도 되고 이용해도 된다. 그러나 미스터 마켓에게 휘둘리게 된다면 불행한 일이 생긴다. 여러분이 미스터 마켓보다 훨씬 더 훌륭하게 기업을 이해하고 평가할 수 있다는 확신이 없다면, 여러분은 이 게임에 참가해서는 안 된다. 포커 게임을 할 때 이런 얘기를 들어 본 적이 있을 것이다. "포커판에 뛰어든 지 30분이 지났는데도 누가 봉인지 모르겠다면, 바로 당신이 봉이다."

벤저민 그레이엄의 미스터 마켓에 대한 이야기는 대부분의 전문가들과 학자들이 효율적 시장이론과 동적 헤징, 베타계수 등에 대해 논하는 오늘날의 투자 세계에서는 뒤떨어진 것처럼 보일지도 모른다. 이들은 왜 그러한 문제에 관심을 가지고 있을까? 신비에 싸인 듯한 이 기법들이 투자 조언을 하는 사람들에게는 뭔가 쓸모가 있기 때문이다. 결국 몇몇 의사들은 "아스피린을 두 알 복용하세요."라는 말만으로 그 명성과 부를 누리고 있을지도 모른다.

투자자들이 난해하게 느끼는 시장가치는 이와는 또 다른 이야기다. 나는 난해한 공식과 컴퓨터 프로그램, 주식과 시장의 주가 행태price behavior에 따라 형성되는 신호 등이 투자를 성공으로 이끄는 것은 아니라고 생각한다. 오히려 투자자는 뛰어난 판단력을 갖고서 시장 전반을 떠도는 전염성 강한 행동으로부터 자신의 생각과 행동을 분리시켜야만 성공할 수 있다. 이런 과정에서 나는 미스터 마켓 개념을 염두에 두는 것이 매우 유용하다는 것을 알았다. 그레이엄의 가르침에 따라 찰리와 나는 우리의 선택이 성공적인지 그렇지 않은지 판단하기 위해 매일 또는 연간의 주가흐름이 아니라 기업의 운영 실적을 잣대로 삼았다. 시장이 한동안에는 기업의 성공을 무시할 수도 있지만, 결과적으로는 그 성공을 높이 평가해 줄 것이라는 확신을 가졌던 것이다. 그레이엄은 말했다. "단기적으로 볼 때 시장은 '자동 투표기'이지만 장기적으로는 '정교한 저울'이다." 기업의 내재가치가 만족스러운 비율로 증가하는 한, 시장에서 기업의 성공을 인정해 주는 속도는 그렇게 중요하지 않다. 사실상 늦게 인정해 주는 편이 나을 수도 있다. 저렴한 가격에 좋은 주식을 더 많이 매수할 수 있는 기회일 수도 있기 때문이다.

물론 때때로 시장은 한 기업의 펀더멘털로부터 알 수 있는 것보다 가치를 더 높게 매겨 주는 때도 있다. 그러한 경우에 우리는 주식을 매도한다. 또한 우리는 더욱더 과소평가되거나 우리가 더 잘 이해하고 있다고 믿는 종목에 투자하기 위한 자금 마련을 이유로 정당평가되거나 과소평가된 주식조차도 매도할 때가 있다. 그러나 우리는 단순히 주가가 올랐다거나 주식을 장기간 보유했다고 해서 매도하지는 않는다. 우리는 기업의 ROE가 만족스럽고, 경영진이 능력 있고 정직하며, 시장이 그 기업을 과대평가하지 않는 한 어떠한 주식에도 투자할 것이며, 또 절대로 팔지 않을 것이다.

부록 · 3

인터넷을 이용한 가치투자법

젊었을 때 워렌 버핏은 사업보고서와 자신이 도입한 여러 가지 종목 선정법에 대한 자료들을 읽으면서 집에서 하루에 12시간 이상을 보냈다. 독서와 자료 조사에 심취한 결과, 숫자에 대한 암기력이 놀라울 정도로 늘어났다. 집에서 보고서를 읽지 않을 때는 오마하에 있는 대학 도서관에서 투자 관련 책자와 연구논문, 금융 신문 등을 읽었다.

그는 혼자서도 월스트리트의 전문가들보다 더 철저하게 기업을 연구했다. 버핏이 가장 선호하는 참고 자료는 〈밸류라인 인베스트먼트 서베이〉지와 스탠더드 앤드 푸어스와 무디스Moody's 등에서 출간한 다양한 기업 안내 책자들이었다. 이 자료로부터 그는 많은 투자 기법을 고안해 냈다. 지방의 도서관에서도 쉽게 접할 수 있는 이 책자들은 수백 개 기업과 그들의 제품 라인을 소개하고 최근 10~15년간의 재무 자료들을 담고 있다.

버핏은 이 자료들이 매우 유익했기 때문에 오랫동안 즐겨 이용했다. 예를 들어 〈밸류라인 인베스트먼트 서베이〉지는 투자할 기업을 선정하기 위한 초기 자료로 활용할 수 있었다. 이 자료는 기업들을 산업별로 구분하고, ROE, 분기별 실적, 감가상각률, 발행주식 수, 매출 이익률, 부채 수준, 연간 현금흐름과 같은 자세한 통계 자료를 소개한다. 그는 정기총회에서 가끔 이런 말을 했다. "나는 1쪽부터 시작해서 마지막 쪽까지 기업에 대해 빠짐없이 읽었다. 이 자료를 다 읽으면 여기에 있는 모든 기업에 대한 중요한 사실들을 알게 되었다."

그렇다고 버핏은 자신이 연구한 모든 기업들의 주식을 매수하지는 않았다. 대신에 그는 미래에 관심을 갖게 될지도 모른다는 생각으로 모든 기업들을 마음속에 정리를 해놓았다. 따라서 어떤 종목이 짧은 기간 동안 20퍼센트 이상 하락하면, 버핏으로서는 이미 자신이 연구를 마쳤고 가치에 대한 개념 정립이 완료된 기업일 가능성이 많다. 이때는 보통 단순히 과거에 메모해 놓은 자료를 검토하고 이 기업의 주가가 적정한지 신속히 판단하는 일만 남게 된다.

이제 인터넷 덕분에 하루에 12시간 이상 투자 정보를 검토할 필요가 없어졌다. 개인투자자들은 버핏이 며칠에 걸려 입수하던 그와 같은 정보를 인터넷을 통해 몇 시간 내에 찾아낼 수 있게 되었다. 너도나도 설치해 놓았고 쉽게 접할 수 있는 인터넷 덕에 과거 1년에 수만 달러를 지불하고 입수해야 했던 정보에 이제는 쉽게 접근할 수 있다. 물론 개방된 정보에 한한다. 버핏은 정보 활용에 대해 이렇게 말했다.

내 경험으로는 고가의 비용을 지불하고 얻게 되는 비즈니스 자료와 저비용의 자료 사이에는 별로 차이가 없는 것 같다. 나는 네브래스카 대학을 졸업했다. 그전에는 와튼 스쿨을 다녔다. 와튼 스쿨에서만큼 네브래스카 대학에서도 많은 것을 배웠다. 그렇다고 해서 공부를 하기 위해 3만 5천 달러나 되는 많은 돈을 지불할 필요는 없다. 학습의 대부분은 독학으로 가능하다. 자주 도서관을 찾아가고 인터넷을 검색해 보라. 온갖 종류의 정보가 산재해 있을 것이다.

인터넷에는 전 세계의 기업에 관한 방대한 양의 자료들이 있으므로 투자에 관심을 가진 사람들은 시간을 절약하기 위해서라도 인터넷을 최효율적으로 이용해야 한다. 다른 형태의 정보에서와 마찬가지로 정보에 대한 편집은 투자자의 몫이다. 인터넷은 저수수료 거래, 무료 뉴스 서비스, 최신 주가와 차트, 수익률 예측 등 많은 정보들을 제공한다. 하지만 투자를 위한 최종 결정을 내릴 때는 결코 인터넷에 의존해서는 안 된다.

가치투자자에게 유용한 인터넷 사이트

❉ 회계 정보
www.cpalinks.com
www.aicpa.org
www.dtonline.com
www.ey.com
www.accounting.rutgers.edu
www.gt.com
www.kpmg.com
www.pwcglobal.com

❉ 재무 정보와 교육
www.aaii.org
www.ibbotson.com
www.newsletteraccess.com
www.moodys.com
www.fool.com
www.standardpoors.com

❧ 정부 및 공공기관

www.bls.gov
www.occ.treas.gov
www.crc-conquest.org
www.stat-usa.gov
www.fdic.gov
www.ny.frb.org
www.stls.frb.org
www.gao.gov
www.sec.gov
www.edgar-online.com
www.ustreas.gov
www.house.gov
www.senate.gov
www.whitehouse.gov

❧ 신문과 잡지

www.ajc.com
www.barrons.com
www.bostonglobe.com
www.businessweek.com
www.suntimes.com
www.denverpost.com
www.economist.com
www.ft.com
www.forbes.com
www.fortune.com
www.gannett.com
www.chron.com
www.inc.com
www.thestandard.com
www.kiplinger.com
www.latimes.com
www.herald.com
www.money.com
www.newsweek.com
www.nytimes.com
www.phillynews.com
www.redherring.com
www.sfgate.com/chronicle
www.seattletimes.com
www.slate.com
www.smartmoney.com
www.time.com
www.tribune.com
www.vanityfair.com
www.variety.com
www.wsj.com
www.twst.com
www.washingtonpost.com
www.worth.com

❧ 뉴스 서비스

www.abcnews.com
www.bbc.co.uk
www.bloomberg.com
www.businesswire.com
www.cbc.ca
www.marketwatch.com
www.cnbc.com
www.cnnfn.com
www.c-span.org

www.dailystocks.com
www.foxnews.com
www.nbcnews.com
www.newspage.com
www.prnewswire.com
www.moneynet.com
www.streeteye.com
http://finance.yahoo.com

❉ 증권거래소
www.qualisteam.com
www.amex.com
www.cbot.com
www.cboe.com
www.cme.com
www.kcbt.com
www.lme.co.uk
www.londonstokex.co.uk
www.nasdaq.com
www.nyce.com
www.nymex.com
www.nyse.com
www.pacificex.com
www.phlx.com
www.tse.or.jp
www.tse.com

❉ 투자 정보 및 상담
www.briefing.com
www.dailyrocket.com
www.esignal.com

www.futuresweb.com
www.interquote.com
www.investools.com
www.investorlinks.com
www.quicken.com
www.thestreet.com

❉ 채권 정보
www.bondsonline.com
www.convertbond.com

❉ 기업의 가치평가
www.nvst.com
www.quicken.com/investments/stkeval
www.appraisers.org

❉ 기업 개요
www.hoovers.com

❉ 수익 예측
www.earningswhispers.com
www.vcall.com

❉ 경제 지표와 관련 링크
www.yardeni.com
http://condor.depaul.edu/~dshannon

❉ 임원 연봉
www.paywatch.org

❧ 글로벌 투자

www.global-investor.com

www.tradershaven.com

❧ 금융 관련 차트

www.globalfindata.com

www.pinnacledata.com

www.bigcharts.com

❧ 내부자 거래

www.fedfil.com

www.insidertrader.com

www.dailystocks.com

❧ M&A 발표

www.madaily.com

www.mergerstat.com

www.moneycentral.msn.com

www.investhelp.com

www.takeovertarget.com

❧ 포트폴리오 추적

www.investor.msn.com

www.stockup.com

www.dailystocks.com

❧ 위임장 투표

www.proxyvote.com

❧ 시세 정보 제공

www.wwquote.com

www.itfa.com

❧ 스톡 옵션

www.cbot.com

www.cboe.com

www.nceo.org

감사의 말

이 책을 집필하기 시작한 날부터 나는 작가의 옷이 아니라 워렌 버핏의 투자법을 전하는 사도의 옷을 입기로 했다. 그러므로 자신에 관한 기록과 비화를 세상에게 공개하도록 지원해 준 워렌 버핏의 배려가 없이는 이 책을 세상에 내놓을 수 없었다. 그의 투자법을 따름으로써 그가 이룬 성공의 일부라도 성취할 수 있었던 사람이라면 워렌 버핏에게 무한한 고마움을 느낄 것이다. 워렌 버핏의 서민적이고 매우 합리적인 투자법을 제대로 적용한다면 어느 투자자든 혜택을 볼 수 있다.

공교롭게도 이 책의 원고 작성을 모두 마친 날, 다우존스지수와 나스닥지수가 증시 개장 이래 1일 최대 하락폭을 기록했다. 워렌 버핏의 가르침을 알고 있는 투자자라면, 이런 상황에서도 이성적인 방향을 모색할 수 있을 것이다. 그 어떤 투자자보다도 명확하고 유익한 투자법을 개발해 냈던 워렌 버핏에게 무한한 존경을 표한다.

내가 힘들어할 때마다 격려해 주고 인내심으로 지켜 준 레베카Rebecca에게 고맙다는 말을 꼭 하고 싶다. 그리고 유난히 뛰어난 통찰력을 지니고 있으며, 나와 변함 없는 우정을 나누는 메리 버핏Mary Buffett에게 깊은 감사를 드린다. 워렌 버핏의 비서이자 며느리였던 그녀는 이 책의 출간에 큰 공헌을 했다. 또한 나의 동료이며 퍼듀 대학의 재정학 강사인 케네스 포가치Kenneth Pogach에게도 감사를 표한다. 그의 투자에 대한 열정과 시장을 바라보는 시각은 나의 투자 실력을 향상시키는 데 많은 도움을 주었다. 또한 앨라배마 주의 버밍엄에 살고 있는 앤드루 킬패트릭Andrew Kilpatrick에게 감사를 드린다. 그는 워렌 버핏에 대한 숨은 이야기들을 상세히 밝히기 위해 부단히 노력했다. 버핏에 대한 글을 쓰는 사람이라면 누구든 그의 도움을 받는 것이 좋을 것이다. 또한 워렌 버핏과 벤저민 그레이엄에 관한 책을 쓴 적이 있는 자넷 로Janet Lowe의 그칠 줄 모르는 열정에도 찬사를 보낸다. 이 책이 출간되기까지 인내와 헌신으로 도움을 준 맥그로-힐 출판사의 제프리 크레임스Jeffrey Krames에게도 감사를 드린다. 그는 버핏의 투자법이 언론과 대중에게 강한 질타를 받던 시기에도 전혀 동요하지 않았다.

나는 또한 내가 다시 책을 쓸 수 있도록 도움을 준 출판 에이전트 웨스 네프Wes Neff와 이 책의 제작을 맡았던 패티 월렌버그Patty Wallenburg에게도 감사를 표한다.

끝으로 사랑하는 아이들 캘빈Calvin과 나탈리Natalie에게도 고맙다는 말을 전하고 싶다.

티머시 빅

참고 문헌

제1장

Andrew Kilpatrick, *Of Permanent Value : The Story of Warren Buffett*, AKPE, 1988

John Neff, *John Neff on Investing*, New York, John Wiley & Sons, 1999

John Train, *The Money Masters*, New York, HaperBusiness, 1980

Martin Fridson, *How to Be a Billionaire*, New York, John Wiley & Sons, 2000

Roger Lowenstein, *Beffett : The Making of an American Capitalist*, New York, Doubleday, 1996

제2장

Andrew Kilpatrick, *Of Permanent Value : The Story of Warren Buffett*, AKPE, 1988

Charles Munger, Annual meeting of Wesco Financial, 1993

From a 1998 appearance with Bill Gates before business students at the University of Washington, Seattle

Letter to patners, October 9, 1969

제3장

Andrew Kilpatrick, *Of Permanent Value : The Story of Warren Buffett*, AKPE, 1988

Roger Lowenstein, *Beffett : The Making of an American Capitalist*, New York, Doubleday, 1995

"Mr. Beffett on the Stock Market," *Fortune*, Novemver 22, 1999. Reprinted with permission of the magazine

"Warren Buffett-The Pragmatist," *Esquire*, June, 1988

Annual report of Berkshire Hathaway, 1998

Letter to patners, Januarry 18, 1963

제4장

Benjamin Graham, *The Intelligent Investor*, 4th ed. New York, HaperBusiness, 1973

Jim Rasmussen, "Buffett Talks Strategy with Students," Omaha *World-Herald*, January 2, 1994

Linda Grant, "The $4 Billion Regular Guy," *The Los Angeles Times Magazine*, April 7, 1991

Philip Fisher, *Common Stocks and Uncommon Profits*, reprint of the 1958 ed., New York, John Wiley & Sons, 1996

Robert Hagstrom, Jr., *The Warren Buffett Portfolio*, New York, John Wiley & Sons, 1999

제5장

Andrew Kilpatrick, *Of Permanent Value : The Story of Warren Buffett*, AKPE, 1988

Janet Lowe, *Warren Buffett Speaks : Wit and Wisdom from the World's Greatest Investor*, New York, John Wiley & Sons, 1997

Story told by Andrew Kilpatrick

제6장

Robert Dorr, "Newspaper Holdings Kind to Omaha Investor Buffett," *Omaha World-Herald*, April 16, 1978

"Mr. Buffett on the Stock Market," a transcription of speeches Buffett gave privately to business leaders in 1999, which were collated by friend Carol Loomis and published in *Fortune*, November 22, 1999

Lecture to business students st University of North Carolina, Chapel Hill, 1995
Special letter to shareholders, August 5, 1998, when the New York Stock Exchange was considering letting Berkshire Hathaway's stock trade on the exchange

제7장
Charles Munger, speech before the Foundation Financial Officers Group in Snata Monica, California, October 14, 1998
Peter Bernstein, *Against the Gods-The Remarkable Story of Risk*, New York, John Wiley & Sons, 1996

제9장
Benjamin Graham and David Dodd, *Security Analysis*, reprint of 1934 ed., New York, McGraw-Hill, 1997
Benjamin Graham, *The Intelligent Investor*, 4th rev. ed., New York, HaperBusiness, 1973
John Burr Williams, *The Theory of Investment Value*, reprint of 1938 ed., Burlington, Fraser Publishing Co., 1997
Annual report of Berkshire Hathaway, 1989/1996

제10장
Marilyn Ostermiller, "Power Source," *Best's Review-Property-Casulty Insurance Edition*, June 1, 1999
"Owners Manual" distributed to Berkshire Hathaway shareholers, 1996
Annual report of Berkshire Hathaway, 1982/1988/1998

제11장
Annual report of Berkshire Hathaway, 1977/1979

제12장
Annual report of Berkshire Hathaway, 1996

제13장
Charles Munger, speech before the Foundation Financial Officers Group in Snata

Monica, California, October 14, 1998

제14장
Andrew Kilpatrick, *Of Permanent Value : The Story of Warren Buffett*, Birmingham, AKPE, 1994
Outstanding Investor Digest, September 24, 1998
Annual report of Berkshire Hathaway, 1992/1999

제15장
Warren Buffett, "How Inflation Swindles the Investor," *Fortune*, May 5, 1977
Annual report of Berkshire Hathaway, 1981

제16장
Charles Ellis, "The Loser's Game," *Financial Analysts Journal*, July/August, 1975
T. Pouschine, "Will the Real Warren Buffett Please Stand Up," *Forbes*, March 19, 1990

제17장
"Faces Behind the Figures," *Forbes*, January 4, 1988

제18장
Janet Lowe, *Value investing Made Easy*, New York, McGraw-Hill, 1996
Outstanding Investor Digest, April 18, 1990
T. Pouschine, "Will the Real Warren Buffett Please Stand Up," *Forbes*, March 19, 1990
Annual report of Berkshire Hathaway, 1988/1992
Letter to patners, February 20, 1960/1962

부록 1
Andrew Kilpatrick, *Of Permanent Value : The Story of Warren Buffett*, Burlington, AKPE, 1994
Benjamin Graham, *The Intelligent Investor*, 4th rev. ed., New York, HaperBusiness, 1973

Charles Munger, speech before the Foundation Financial Officers Group in Snata Monica, California, October 14, 1998

Diniel Goleman, *Emotional Intelligence*, New York, Bantam Books, 1995

Gary Strauss, "Buffett a Buddy to Targeted Firms," *USA Today*, August 9, 1989

Janet Lowe, *Value Investing Made Easy*, New York, McGraw-Hill, 1996

Janet Lowe, *Warren Buffett Speaks : Wit and Wisdom from the World's Greatest Investor*, New York, John Wiley & Sons, 1997

Jim Rasmussen, "Billionaire Talks Strategy with Students," *Omaha World-Herald*, January 2, 1994

Linda Grant, "Striking Out at Wall Street," *US News & World Report*, June 20, 1994

L. J. Davis, "Buffett Takes Stock," *The New York Times Magazine*, April 1, 1990

Michael A. Lee-Chin, Chairman and Chief Executive Officer, AIC Limited

Michael Mauboussin, "What Have You Learned the Past 2 Seconds," Equity Research Paper, March 12, 1997

Peter Lynch, *One up on Wall Street*, New York, Penguin Books, 1989

Philip Fisher, *Common Stocks and Uncommon Profits*, reprint of the 1958 ed., New York, John Wiley & Sons, 1996

Warren Buffett, Letter to US Representative John Dingell of Michigan, Chairman of the House of Representative Subcommittee on Oversight and Investigations, March 1982, from Lowe, *Warren Buffett Speaks*

Warren Buffett, *Nightly Business Report*, PBS, December 13, 1994

"Buffett Listed by Fortune with Wall Street Winners," *Omaha World-Herald*, July 31, 1983

Forbes 400, October 18, 1993

Fortune, November 22, 1999

Interview with Philip Carret, *Outstanding Investor Digest*, October 31, 1990

Speech to the New York Society of Security Analysts, December 6, 1994

Lecture to Stanford Business School, Aprill 18, 1990

Annual meeting of Berkshire Hathaway, 1982/1988/1998/1999

Annual report of Berkshire Hathaway, 1981/1987/1988/1990/1993/1994/1996

부록 2

"You Won the Lottery," *George*, April 2000